杜斌丞

(1888—1947)

伟大的爱国主义者、教育家和政治活动家

曾任民盟中央常务委员兼西北总支部主任委员

杜斌丞

◎张国全 著

群言出版社
Qunyan Press
·北京·

图书在版编目（CIP）数据

杜斌丞 / 张国全著 .— 北京：群言出版社，
2013.10
（民盟历史文献）
ISBN 978-7-80256-494-7

Ⅰ. ①杜… Ⅱ. ①张… Ⅲ. ①杜斌丞（1888 ~ 1947）
—传记 Ⅳ. ① K827=6

中国版本图书馆 CIP 数据核字（2013）第 239571 号

出 版 人　范　芳
责任编辑　盛利君
封面设计　群言艺术设计中心·齐立娟

出版发行　群言出版社（Qunyan Press）
地　　址　北京市东城区东厂胡同北巷 1 号（100006）
网　　站　www. qypublish.com
电子信箱　qunyancbs@126.com
总 编 办　010-65265404　65138815
发 行 部　010-65263345　65220236
经　　销　全国新华书店
读者服务　010-65262436　65276609
法律顾问　北京市君泰律师事务所

印　　刷　北京画中画印刷有限公司
版　　次　2014 年 1 月第 1 版　2014 年 1 月第 1 次印刷
开　　本　880 × 1230　　1/32
印　　张　13.5
字　　数　370 千字
书　　号　ISBN 978-7-80256-494-7
定　　价　46.00 元

前 言

中国民主同盟成立于1941年3月，正值抗日民族统一战线遭到国民党独裁统治破坏的危难之际。民盟以贯彻抗日主张、实践民主精神、尊重思想自由、提倡依法治国为政治纲领。民盟凝聚了当时绝大多数进步知识分子和社会精英，可谓群贤毕集。在不同的历史时期，黄炎培、张澜、沈钧儒、杨明轩、闻一多、李公朴、梁漱溟、史良、胡愈之、楚图南、吴晗、费孝通……这些民盟前辈精英们纵横捭阖、开阔放达，本着知识分子的人文良知和社会责任“奔走国是”，在政治、经济、军事、外交、教育、社会等领域都提出了明确的纲领和主张，将平等、民主、自由的思想播撒在中国的土地上。

在那苍黄翻覆、陵谷变迁的大时代，在那风云变幻、波澜壮阔的动荡岁月里，历史的浪潮将中国民主同盟，将有志于民族振兴的贤良才俊推上了风口浪尖，他们在改变中国命运的同时，也改变了自己的人生轨迹。他们为历史的进程，为国家富强、民族振兴和民主政治的进步做出了卓越的贡献；他们将自己的荣辱与民族存亡紧紧地联系在一起，为中国的民主、繁荣奋斗了一生，为后人留下了许多宝贵的精神财富；他们关于新民主主义社会的探索，至今仍具有巨大的影响和现实意义。

在和平盛世的今天，为了保存这珍贵的历史财富，为了让后人记住先辈们的独立之精神、自由之思想以及他们为国为民、励精图治的奋斗事迹，我们通过多年的精心准备和积累，出版了《民盟历史文献》丛书，这不仅仅是追忆往昔、缅怀先贤，也不仅仅是为了从学术研究的角度去厘清历史、臧否人物，更重要的是：通过回顾那段曲折的历史，传承民盟与中国共产党肝胆相照、荣辱与共的真挚感情；纪念民盟先贤为新中国做出的巨大贡献；呈现近现代中国社会的嬗变和进步知识分子的爱国情怀；同时也是为了民盟薪火相传、与时俱进的需要；为了让那些隽永传奇的人物和可歌可泣的历史再现后人的眼前。

路漫漫其修远兮，吾将上下而求索。《民盟历史文献》丛书的出版，是对先贤们多党合作历史的尊崇和传承。

《民盟历史文献》编委会

序　言

张宝文

国全同志把数十万言的传记体长篇小说《杜斌丞》寄来，要我写个序，我欣然同意。原因主要是，杜斌丞是我们民盟西北组织的创始人。众所周知，中国民主同盟是中国近代史上一个重要的民主党派，诞生在抗日战争国共关系最为紧张时期，她与中国共产党一起为争取民主和平而共同战斗，留下了肝胆相照、荣辱与共的光辉佳话。杜斌丞是我们民盟历史上一个重要人物，作为民盟中央常委，他被国民党反动派公开枪杀在西安玉祥门外，成为民盟为民主和平而牺牲的职位最高的领导同志。

杜斌丞出生在陕北米脂县。幼时在当地上私塾，后来到关中上中学，虽然学的是传统旧学，但因有他的五姨夫高祖宪的一路呵护，渐渐接受了新文化、新思想。后来，他在声援"蒲案"过程中，得到了锻炼。正当杜斌丞准备到北京深造的时候，家里因二哥生意赔本，只好辍学教书。一年后，杜斌丞考上了北京高等师范学校。在他的五姨夫家，杜斌丞结识了陕北革命先驱惠又光，民主思想深入其心。临近毕业时，他怀抱"教育救国"的理想，在陕西督学袁刚的举荐下，来到榆林中学，次年升为校长，渡过了长达 10 年的改造教育、培育人才的艰难历程，培养出了谢子长、刘志丹、高岗、杜聿明等一大批优秀人才。在此期间，他与魏野畴、李子洲、杨虎城、王森然等革命志士广泛交往，为后来的革命斗争打下了坚实基础。1927年，大革命的风暴来临，杜斌丞的思想发生了大的转变，目击蒋介石政权的反动腐败，使他的反蒋意识增长起来，在行动上比较明确地趋向革命。杨虎城主政陕西后，杜斌丞成了他的高参。由于杨杜关系密切，因而有了“非杜言不决”的说法。为了反蒋，他解救刘志丹，保护谢子长，护送高岗，与共产党人建立了深厚的情谊。为了反蒋，他到甘肃去搞“西北大联合”，到汉中去联络红军，在西安促成“双十二”事变，在中国革命的进程中做出了巨大贡献。中国民主同盟秘密成立后，杜斌丞便着手组织西北民盟，三次到西南，与当地民主人士取得密切联系，使西北民主运动和全国联成了一体。他坚决依靠中国共产党，并在工作中与其保持一致，使斗争不断取得了胜利。西北民主运动的蓬勃发展，使蒋介石、胡宗南大为震怒，李敷仁遭受了暗杀，杜斌丞受到特务的监视，失去了行动自由。蒋介石对杜斌丞先是封官许愿，进行拉拢。拉拢不成，便在胡宗南占领延安的第二天，下令逮捕了杜斌丞。在解放大军占领潼关，即将进攻西安之时，立即公开枪杀了杜斌丞，并诬杜斌丞为“共匪关中地委负责人”。而毛泽东对杜斌丞则是赞赏有加，亲笔题词：“为人民而死，虽死犹生。”

我与张国全同志只见过一面。那是在2011年4月23日，我到西安参加民盟陕西省委举办的“庆祝中国民主同盟成立70周年纪念大会”。会议期间，我和国全接触不多，但他给我留下了很好的印象，他是一个有着文人气质的盟员。他告诉我，延安盟市委主委高长天不幸罹难后，由他主持工作。提起高长天，我记起了，他在2001年和王树茂、张国全主编的《民盟与延安》由东方出版社出版，那是一本不错的书。那年，高长天同志来盟中央开会，带来了800本《民盟与延安》，赠给了民盟中央，我也得到了一本。可见，张国全同志研究民盟历史已经有许多年头了。他是一个勤奋的人。

我翻看了《杜斌丞》书稿后，感觉文笔不错，立意深远。可以说，该书写的是大统战，全面反映了杜斌丞为民主奋斗的一生。也从侧面反映了中国共产党人为了人民的事业，团结民主人士，与日本帝国主义斗争，与国民党反动派斗争，不断从胜利走向胜利。如今，群言出版社决定出版《杜斌丞》一书，我十分高兴。我相信，随着《杜斌丞》的公开出版，会有越来越多的人关注西北历史，研究杜斌丞。

民盟70多年的历史，是一部与中国共产党肝胆相照、荣辱与共的历史。70多年来，为实现国家的民主和富强，民盟盟员与中国共产党人心想在一处，血流在一起，涌现出了一大批可歌可泣、可圈可点的人物，值得我们回忆，值得我们纪念。近些年来，我们以多种形式举办民盟领导人、革命先烈的纪念活动，加强了盟史资料的收集、抢救、整理和研究工作，积极支持开展口述历史活动、出版民盟历史人物和历史文献丛书，在全国创建了一批盟员教育基地。我们的目的是，希望社会大众了解我国多党合作的历史，珍惜目前来之不易的政治环境和和谐的政治局面，特别是希望广大民盟成员，进一步继承和发扬民盟的优良传统，知盟、爱盟、兴盟，与中国共产党一道，为推进中国特色社会主义伟大事业做出更大的贡献。

是为序。

2013年8月26日于北京

目 录

第一章

在陕北的北部，榆林的南部，有一个米脂县。这米脂县是以其地有米脂水，沃壤宜粟，米汁淅之如脂而得名。东临佳县，南接绥德，西连子洲、横山，北界榆林，糜谷种植特别悠久，所产小米粒粒饱满，色泽金黄，质优味佳，可制米糕、米酒、米茶等多种食品，又是小米薄酥脆的主要原料。其形据山川，境连沙漠，无定河穿境而过，属黄土高原丘陵沟壑区。米脂县传说是貂蝉故里，盛产美女。这里历史悠久、人才辈出。在历史长河中涌现出西夏国奠基者李继迁，明末农民起义领袖李自成，共和先驱高攀桂，民主斗士杜斌丞，开明人士李鼎铭，抗日名将杜聿明，布衣作家李健侯，秦腔泰斗马健翎等人物。在米脂县城的北面，盘龙山南麓，建有李自成行宫，李自成两次返回故里，曾在此居住。行宫依山而建，布局严谨，排列有序。其中尔楼的设计匠心独具，为使音响效果达到最佳境界，建造时石匠将数十口瓷缸置于地下，具有余音绕梁，三日不绝之奇效。

闲话休提，言归正传。且说 1888 年 5 月 10 日这一天，只见山峦起伏，阴云密布，似有黑云压城的感觉。一会儿，电闪雷鸣，大雨倾盆。在米脂县城城隍庙湾住着一户人家，主家姓杜，老爷叫杜自敏。这杜自敏虽喜好读书，但因不善八股文，屡试科场而难以得志，以故督责诸子甚严。杜自敏的夫人出生于该县杨家沟大户人家，姓马，虽少文化，但明事理，识大体，教子有方。这时，在中间的一个窑洞内，传出了婴儿的哭声。一助产婆从窑中跑出，对院子里的杜自敏喊道："老爷，老爷，生了，生了，是个男孩。"随着话音落地，天空又是一声电闪雷鸣。

石板街上寥无人影，水溢街巷。

夜幕渐渐降临，天上出现了几颗星星，在不断闪烁，其中有一颗十分耀眼。

在杜自敏家的泄灯下，杜夫人头上围着头巾，怀里抱着刚出生的孩子，正在喂奶，她对地上徘徊的杜自敏说："老爷，给宝宝起下名字没有？"杜自敏说："有了，小名就叫绍儿。大名么，叫斌丞，对，就叫斌丞。"杜夫人说："看把你高兴的。"杜自敏说："当然了，这名字好，文武全才，必有辅佐之功。"

这时，从门外跑进两个小男孩，一个叫杜丰功，一个叫杜守功，他们两个嘴里嚷着："娘，娘，我们要看小弟弟。"小斌丞受到惊吓，哭了起来。杜夫人嗔道："去，看把弟弟吓的。"

几年以后，杜斌丞渐渐长大了，父亲送他上了学。

米脂城的私塾设在城隍庙大殿内，距杜家有百十米远。五六个学生正在背书："人之初，性本善，性相近，习相远……"私塾先生朱维代手拿一把戒尺，在学生中间走来走去。这朱维代是榆林镇川朱家寨人，专以教书为生。当下，一学生突然问朱先生："'人之初，性本善'是什么意思？"朱先生严厉地说："自己想。"小斌丞看了看先生，又背起书来："人之初，性本善……"

放学了，在米脂街上，学生们背着书包走在回家的路上。一孩子蹦着跳着，故意撞倒另一个学生。被撞倒的学生从地上爬起来，拍拍身上的土，眼泪流了出来。

小斌丞紧走几步，挡在撞人的同学面前，厉声道："站住！"

"干什么？"

"给同学道歉。"

"凭什么？"

小斌丞举起拳头："凭这个。"

撞人的同学看看壮实的斌丞，低下了头。

杜夫人坐在炕上正在做针线，旁边躺着襁褓中的杜耀功。小斌丞一掀门帘走了进来，放下书包，说："娘，我饿了，有吃的没有？"

"有，锅里有你五姨夫刚拿来的油馍馍，正热着呢！"

斌丞掀开锅盖，拿出一个油馍馍吃了起来。

"绍儿，学习难不难？"

"不难，就是没意思。"

"你可要好好学习。我受尽艰辛，只盼你们兄弟都能读书成器，做个在社会上有作为的人。娘对你的希望很大，你要学你五姨夫小时读书的刻苦精神。"

杜斌丞的五姨夫，姓高，名祖宪，字又尼，米脂县城东街人，16 岁时南下关中在泾阳味经书院求学，接受了康有为、梁启超的维新思想，1902 年夏应乡试中举。当下，杜斌丞对娘说："娘，我记下了。"

"好孩子。"

"娘，我爹呢？"

"和你五姨夫上街去了。"

突然，斌丞的眼前一亮，看到柜子上放着一本书，书上写着"水浒传"三个字，便问："娘，这是谁的书？"

"这是你五姨夫给你拿来的。"

斌丞拿起书，爱不释手的样子，说："娘，我看书去了。"说完，拿上书出门去了。

一会儿，杜自敏和高祖宪相跟着走了进来。杜自敏问夫人："绍儿还没放学？"

杜马氏说："回来了，刚到厢房看书去了。"

杜自敏摇摇头，嘴里自语道："这孩子！"

说着，从门里出去了。

杜夫人问高祖宪："他姨夫，你说绍儿这孩子能念下书不？"

高祖宪说："咋不能，教育孩子，要使他们乐而学之，不能使他们畏而学之。主要是要把他们培养成有壮志，德才兼备，体魄雄健的人。不但要有知识，还要学会应用知识。有些人小时博闻强记，便不善慎思明辨，则小时了了，大未必然。绍儿在外表上看起来没有一些孩子那样聪明伶俐，但笃志好学，敏于判断，将来必有成就。”

杜夫人说：“那感情好。”

高祖宪说：“不是我说大话，绍儿现在虽说是个‘牛皮灯笼’，但他将来必定成为‘玻璃灯笼’。”

又一日，学生们正在背《百家姓》：“赵钱孙李，周吴郑王，冯陈褚卫，蒋沈韩杨……”城隍庙外，天地间狂风大作，乌云密布，一会儿下起大雨来了。河槽里水面越来越高，有人大喊：“发洪水了。”瞬间工夫，天晴雨跻。大桥上，看洪水的人越来越多。

朱维代匆匆走进庙内，对正在背《百家姓》的学生们说：“放学，赶快回家。”孩子们赶紧收拾学习用具，朱维代吩咐道：“路上要注意安全。”

学生们都快步往外跑，杜斌丞落在最后。斜刺里，朱维代的小女儿朱佩英跑过来，说：“斌丞哥，我也要去看洪水。”朱维代看见了，断喝道：“不许去。”朱佩英不情愿地返回屋里。

几年后。

一班子吹手响吹细打，一辆花轿穿街而过。杜斌丞头戴礼帽，身披彩带，骑着高头大马，走在迎亲队伍的前面。周围人头攒动，看着热闹，鞭炮“噼噼啪啪”响个不停。有一个乞丐钻进人群问：“谁结婚哩？”人群中有一个说道：“这你都不知道，城隍庙湾杜家的三少爷。”

乞丐得讯，钻出人群向杜家跑去。

在杜家大院，人山人海，有许多人忙碌着，还有许多人跑来看红火。红喜字、红衣服、红被子、红鞭炮、红帐子、红灯笼……杜家大院一时变得红漾了。杜斌丞和新娘跪在红地毯上。旁边，有一人嘴里喊着：

“一拜天地。”

“二拜高堂。”

“夫妻对拜。”

“送入洞房。”

院内一角，吹鼓手们吹得正欢，锣鼓家什捣得震天价响。这时，一群乞丐从大门涌了进来，嘴里嚷着：“贺喜，贺喜。”一总管模样的人走过来招呼道：“别挤，别挤，都有，都有。”说着，给每个乞丐发着毛票。

米脂城里，夜幕深沉。灯下，杜斌丞和妻子常氏商量道：“听娘说，五姨夫在绥德中学堂当校长，我还想念书，不知你同意不同意？”常氏说：“你自己都想好了，还问我干什么。”杜斌丞说：“我这不是和你商量嘛！”常氏说：“男子汉大丈夫，定了的事，就去做吧！”杜斌丞猛地上前亲了一口妻子，说：“你真是我的好婆姨。”

妻子常氏羞得满脸通红。

绥德距米脂，两城之间约有 70 华里的路程。自古就有米脂的婆姨绥德的汉的传说。是说，米脂出了个貂蝉，绥德出了个吕布。这两个县在陕北都是很有名的。且说这一天，在绥德中学堂院内，杜斌丞背着一袋粮食，跟在五姨夫高祖宪身后。来来往往的人和高祖宪打着招呼：“校长好。”

人们用异样的目光扫着走在后面的杜斌丞。

这绥德中学堂是在雕山书院的基础上改建的，学制四年，设有修身、经学、国文、历史、地理、数学、物理、化学、博物、外文、图画、音乐、体操等课程。这一天，在绥德中学堂大操场，高祖宪挥舞手臂，正在做开学讲话。学生按班级排列，黑压压一片，听得聚精会神。高祖宪说：“同学们，鸦片之役，列强知我积弱可欺，鲸吞蚕食，瓜分豆剥。大好河山，沦于异族，神明华胄，降为奴班。祸莫惨于国亡，哀莫大于心死。凡我黄帝子孙,必须勤学进取,崇文崇理,尚实尚武,树立完全之人格,为爱国之志士,任救国之前驱,使我五千年之文明古国,一洗东亚病夫之羞,崛起于东方,屹立于世界强国之林。”

高祖宪讲到最后,拳头定格在空中。几秒钟后,人群中爆发出雷鸣般的掌声。杜斌丞使劲地鼓着掌,激动得眼泪都流出来了。

几日后。操场上,有几个学生正在打篮球。操场一角的小树林里,杜斌丞正拿着一本书,走着念着:“幼年也曾习得一点奴隶学问,想望做一个奴隶官儿,不料海禁大开,风云益急,来了什么英吉利、法兰西、俄罗斯、德意志,到我们中国通商,不上五十年,弄得中国民穷财尽。这还罢了,他们又时时的兴兵动马,来犯我邦。他们连战连胜,我国屡战屡败,日本占了台湾,俄国占了旅顺,英国占了威海卫,法国占了广州湾,德国占了胶州湾,把我们十八省都画在那各国的势力圈内,丝毫也不准我们自由。中国的官员好像他的奴隶一般,中国的百姓,好像他的牛马一样。”

这时,有一个同学远远地叫着:“斌丞,过来玩球来。”杜斌丞说:“你们玩。”说完,继续念着:“又有那一班传教的教士,如狼似虎,一点儿待他不好,便办起教案来,要怎么样,就怎么样。”

转眼间,一年过去了。一年间,杜斌丞不仅学业大有长进,还长成了一个壮小伙子。一天夜里,高祖宪正在办公,杜斌丞在另一张桌子上写作业。过了一会儿,高祖宪抬起头来,问斌丞:“绍儿,我过几天准备到日本留学,我想问你,你今后有什么打算?”

杜斌丞想了想,说:“我想考三原宏道高等学堂,不知能考上不?”

高祖宪说:“有志气,按你现有的基础,一定能考上。”

杜斌丞说:“姨夫,那你到日本学几年?”

高祖宪说:“两三年吧。”

杜斌丞说:“那你为什么选择去日本?”

高祖宪回答道："主要是想去考察一下日本的民情、国情。"

放假了，杜斌丞回到家里，帮大人收割庄稼、拾柴。有时到二哥的柜台上去算算账，有时去会会同学。一天，杜斌丞盘腿坐在自家的炕上，就着煤油灯看着书，琢磨着、沉思着。杜常氏忙前忙后地替杜斌丞收拾着行李。杜常氏问："盘缠路费怎带呢？"

杜斌丞说："塞在包裹里吧。"

杜常氏说："这年月，路上不太平。"

杜斌丞说："那就……你看着办吧。"

杜常氏拿起一件衣服撕开一道口子，装进几块银元，又缝了起来。

西去路上，烈日炎炎，火热难耐。只见山峦起伏，山道弯弯。杜斌丞身上斜挂一个包裹，艰难地往前走着。一千多里路，米脂、绥德、清涧、延川、延安、甘泉、富县、洛川、中部、宜君、耀县、铜川、泾阳，十多个县，杜斌丞一路走下来，走了二十多天。这一天，杜斌丞走到一个拐弯处，见有一棵杜梨树，便想着在树下歇息一下，当他快走到树跟前时，从树后蹦出一个人来。只见那人大喝一声：

"留下买路钱！"

杜斌丞正想着怎样对付这突发事件，不料，脑后却挨了重重一击，顿时便昏了过去。两个毛贼迅速从杜斌丞身上取下包裹，一会儿便跑得无影无踪。不知过了多长时间，从山道上过来一个农夫，见不远处躺着一个人，心想，肯定是遭了土匪了，便紧赶几步，伏在杜斌丞身上，用手摸杜斌丞的心脏："还好，还活着。"他喊着："醒醒，醒醒。"却怎么也叫不醒。

农夫把杜斌丞背在身上，向前面的村庄走去。

在农夫家里，当杜斌丞醒来时，看到的是一张憨厚的脸。杜斌丞想挣扎着起来，却怎么也起不来。

"别动。"

杜斌丞想起了自己的包裹，下意识地摸了摸，却什么也没有摸到。

"孩子，你遭了土匪了。"

这时，杜斌丞完全醒了，他捏了捏衣角，暗暗庆幸，还好，贴身的衣服里，还藏着几块大洋。

"孩子，你是哪里人？"

"我叫杜斌丞，陕北米脂人。"

"你怎么会单身一人到关中来？路上不太平啊！"

"我是到三原宏道学堂来求学的。"

"噢，真不容易。"

"大伯，这个村子叫什么？"

"这里是泾阳的安吴堡。再往前走几十里，就到三原了。"

在农夫家的院子外，杜斌丞向农夫告别道："大伯，谢谢你救了我，我会记得你的。"农夫说："傻孩子，谢什么，你的前途要紧，快走吧。"来到村外，杜斌丞向农夫招手："大伯，再见！"农夫也说："再见。孩子，路上走好。"杜斌丞渐走渐远，仍频频回头。

三原宏道高等学堂大门外的墙上贴着一张录取通知。一群学生模样的人正围着观看。杜斌丞挤不进去，便索性站在一旁。有人高声念着通知上的名字："高名义、刘成真、杜斌丞……"

杜斌丞听到自己的名字后，便放心地离开人群。

三原街是一条二百多米长的小街，老墙危檐，门扇颓坏，风雨剥蚀出满目沧桑。杜斌丞走到一处小饭馆门口，看了看，走了进去。店内，吃饭的稀稀拉拉。店小二见有人走了进来，便上前招呼道："客官，要点什么？"

杜斌丞说："来一碗肉丝面。"

店小二说:“好来,您稍等。”

一会儿,面端上来了,店小二把面放在桌子上,说声:“您慢用。”杜斌丞拿起筷子,搅了搅,吃了起来。

在宏道高等学堂操场上,主席台上坐满了各界名人。台子上方挂着一幅横额“三原宏道学堂开学典礼”,操场上整整齐齐地站着各年级学生。监学胡钧正在训话:“我们的学校,叫三原宏道高等学堂。三原县,古称‘池阳’,位于陕西关中平原中部,因境内有孟候原、丰原、白鹿原而得名,自北魏太武帝太平真君七年(公元446年)置县,已有1560年历史。是省会西安的北大门。”

“宏道高等学堂,原为宏道书院,位于三原县城北,是陕西省明、清四大书院之一,由三原人王恕之子王承裕于弘治七年创办,已有400多年的历史。王恕呢,他是关学三原学派的创始人,王承裕幼承家学,父子被誉为关学翘楚。高陵吕楠、三原马理、雒昂等三秦名士皆出于宏道门下。到了清代,宏道书院更成为西北学界之旗帜,省学衙署设在三原,府考亦在宏道书院举行。光绪二十六年,书院才改名为宏道高等学堂,倡导新学,注重经世致用,造就了于右任、李仪祉等一批海内外知名的民主革命先驱及专家学者。光绪三十一年,陕西派遣官费留日学生30名,宏道学堂即占半数以上。这是我们的光荣……”

操场上,响起了雷鸣般的掌声。

教室很大,也很漂亮,杜斌丞坐在最后一排。一位教师走进来,班长喊声:“起立。”全体学生站起,齐声喊:“先生好。”老师用手示意:“请坐下。”学生们坐下后,老师说:“现在开始点名。点到的同学,请站起自我介绍一下。”

“朱明瑞。”

“到。我是来自西安的。”

“刘耀祖。”

“到。我是来自铜川的。”

“吴宓。”

“我是来自泾阳的。”

“王复初。”

“我是来自合阳的。”

“张奚若。”

“我是来自大荔的。”

“杜斌丞。”

“到，”杜斌丞站起说：“我是来自陕北的。”

老师看了一眼杜斌丞，问道：“陕北哪个县的？”

“米脂县。”

“李自成的老乡啊！”

同学们都笑了起来。老师咳嗽了一声，教室里顿时安静下来。老师拿起讲义，说道：“鄙人姓王，名世德，给你们带语文课，兼任《关中学报》主编。”同学们听说是大名鼎鼎的王世德王老师给自己上课，顿时报以热烈的掌声。王老师用手示意了一下，教室里静了下来。王老师说：“下面，我们开始讲陈天华的《警世钟》。”

早晨，学校花园十分美丽。太阳刚从远处露出个头，雾霭便慢慢从树林中散去。假山旁，杜斌丞一边慢慢地走着，一边背书：

> 呜呼！我同胞！其亦知今日之中国乎？今日之中国，主权失矣，利权去矣，无在而不是悲观，未见有乐观者存。其有一线之希望者，则在于近来留学者日多，风气渐开也。使由是而日进不已，人皆以爱国为念，刻苦向学，以救祖国……

这时，王复初和张奚若从树林另一边走过来。王复初看见杜斌丞正在背书，叫道：“杜兄，你起得好早啊！”杜斌丞听见声音，抬起头，见是王复初和张奚若，便道：“王兄，张兄，快过来。”王复初走到杜斌丞身旁，问："杜兄，你在背什么书？"杜斌丞答道："是陈天华的《绝命书》。"杜斌丞说完，见他俩手里也拿着书，便问："王兄和张兄看什么书？"王复初答道："《猛回头》。"张奚若答道："《警世钟》。"三人相视大笑，齐声说道："陈天华。"王复初问杜斌丞："杜兄，最近学校让同学们订报订刊，不知你准备订什么书刊？"杜斌丞想了想，认真地答道："我想订《民报》，还有《夏声》，只是我的钱不多了。你们俩呢？想好订什么没有？"王复初和张奚若见说，互相看了一眼，说道："看来，咱们真是'英雄所见略同'。"说完，三人又是一阵大笑。

在蒲城县高等小学堂，一群差役将学生驱出学堂，然后向各个教室贴上"蒲城县正堂封条"。

夜里，蒲城县监狱，一个狱卒将一学生打得死去活来，喊道："招不招？谁是你的同党？"

"我是学生，不知道有什么党。"

"不招，打死你。"

狱卒用皮鞭猛抽学生。

三原宏道学堂的礼堂墙上贴着一份"告示"，一群老师学生正在围观。一名学生念道："陕西教育总会做出如下三项决议：一、各学堂一致罢课，声援'蒲案'师生；二、推举代表向巡抚衙门请愿；三、坚决要求惩办李体仁。明日即到巡抚衙门请愿。"

师生们议论纷纷："到底发生什么事了？"

"听说蒲城那边发生了殴打师生事件。"

"这还了得，连一点文明都不要了。"

"文明能值几个钱？当官的还不是想干什么就干什么。"

"简直无法无天了。"

"明天咱们都去请愿。"

"都走，全体请愿。"

第二章

在西安巡抚衙门前的大街上，汇聚了上千名老师学生，有西安高等学堂的，有西安师范学堂的，有三原宏道高等学堂的，有陕西陆军学堂的，还有商州、凤翔、同州等地的师生代表。人群中，旗帜林立，怒潮如涌。有些小旗上写着“头如韭，剪复生”，有些小旗上写着“直如弦，死道边”，还有些小旗上写着“不自由，莫如死”。过了一会儿，又有一些人打着一幅横额过来了。横额上写着“痛悼蒲案中死难学生原斯建”。西安高等学堂的一位学生，跳上一个台子，读起了祭文：“斯建同学，死得悲惨，我等师生，同仇敌忾，何日杀贼，粉身碎骨，剖心致祭，慰君幽魂。”

接着，西安师范学堂的一位学生也跳上台子，读起了祭文：“宁牺牲夫六尺兮，毋坏我辈自由……祝群起以沁航兮，誓破釜而沉舟。”

这时，杜斌丞在人群中忍无可忍，振臂呼起了口号，应和之声如风起云涌。

“严惩凶手！”

“严惩凶手！”

“还我自由！”

“还我自由！”

蒲案的发生，震动了全国。

在上海《舆论报》社，一群学生涌进编辑部。一位学生把一篇稿子递到于右任手里，说：“于先生，你也是陕西人，请你把这篇稿子发表出去，给‘蒲案’以声援。”于右任接过稿子，说：“谢谢同学们的信任,我一定照办。”

在日本东京《夏声》杂志社,井勿幕等13名留日学生正在一个一个地签名。井勿幕签完名后,对张季鸾说:“张主编,您一定要把‘蒲案’的消息发布出去,以申明公理。”张季鸾握着井勿幕的手,回答道:“一定,一定。这也是我义不容辞的责任。”

在北京刘华官邸,刘华正和晏安澜谈论“蒲案”。刘华说:“现在的政治实在是太黑暗了。”晏安澜说:“就是,听说在‘蒲案’中打伤20多人,还打死一人。”正说着,有一人在门外喊道:“报告。”

“进来。”

随着声音,进来一人,说:“报告,外面有30多人,说是你的乡党,要求见您。”刘华说:“让他们在客厅等候。”

“是。”

在北京皇宫,宫廷内灯火通明,慈禧老佛爷和光绪帝坐在龙椅上。刘华和晏安澜跪下奏道:“启禀老佛爷,启禀皇上,陕西蒲城发生特大‘蒲案’,死伤20多人,望老佛爷、皇上为百姓做主。”老佛爷道:“着陕西巡抚恩寿将所呈各节,秉公确认,认真究办,据实具奏,毋稍回护。”

“遵旨。”

在西安巡抚衙门前的大街上,仍然汇聚着上千名老师学生。人群中不断有人饿昏过去。有几个臂戴“救护队”的在忙乱着。这时又有一人昏倒了,有人喊:“救护队快来,这里有人昏倒了。”两个救护队员马上跑了过来,进行救治。这时,人群中出现了一阵骚乱,杜斌丞看时,见从衙门里出来一队军人,荷枪实弹,如临大敌。紧接着出来一位官员。有人议论着:“那是陕西巡抚恩寿。”只见恩寿开旨念道:“奉天承运,皇帝诏曰:查蒲城知县李体仁,不尊臣节,滥用私刑，酿成祸端，即于革职，不准援例捐复。特旨。”

众人见说，欢呼起来了。

“我们胜利了，我们胜利了……”

杜斌丞、王复初、张奚若三人在人群中又是互相拥抱，又是跳跃，显得非常激动。

三原宏道学堂报刊室里，许多同学静静地看书看报，有的手里拿着《关中学报》，有的正在看《夏声》。杜斌丞从报架找了一份《民报》，看了起来。刘耀祖推开门，轻轻喊着：“杜兄，杜兄。”杜斌丞听见了，指了指自己的鼻尖。刘耀祖点了点头。杜斌丞把报纸放回原处，向室外走去。

来到室外，杜斌丞问刘耀祖：“什么事？”刘耀祖说：“学校新来了一位老师，说是你的姨夫，让我来找你。”杜斌丞想了想，自语道：“是我的五姨夫从日本回来了。”杜斌丞对刘耀祖说：“谢谢你。”说完，便向老师宿舍跑去。

一排宿舍东头，门牌上写着“高祖宪老师”，杜斌丞走到房门前，喊声：“报告。”里边传出“进来”的声音。

高祖宪正在看书，听到声音，抬起头来，见是杜斌丞，高兴地站起，招呼道：“绍儿，快过来。”杜斌丞兴奋地叫了声“五姨夫”。高祖宪说：“怎么样，在这还习惯吗？”杜斌丞说：“习惯，这里的条件很好。”高祖宪说：“习惯就好，快坐下说。”杜斌丞拉了一张凳子，坐在高祖宪的对面。高祖宪问：“我很想了解一下同学们的思想状况。说说看，你了解多少？”杜斌丞见问，便说了起来：“同学们的政治思想不一致。有些同学认为维新派的君主立宪之说，意在保皇，并非真正爱国。满清统治中国二百多年，现在欺骗人了，妄图苟延残喘，那是办不到的。同学们认识到，真正的救国之道只有革命一途，必须驱除鞑虏，恢复中华，建立民主共和国家。秋瑾、邹容为爱国革命而牺牲，鼓舞了全国人民，特别是青年学生。我认为秋瑾、邹容是伟大的爱国革命英雄，凡我中华儿女，都应当向他们学习。”高祖宪说：“说得很好。只是倡维新之说者，有出于保皇的，也有出于爱国的。前者终必为人民所唾弃，后者终必走上革命道路。章太炎先生给我们作了很好的揭示与指导。据我所知，豫、晋、陇、秦的留日学生纷纷参加孙中山创办的中国同盟会。足见革命潮流的奔腾之势，因为孙中山先生揭橥的民族、民权、民生主义为救亡建国的惟一典则，真理所在，万众归趋。但有隐忧者二，一曰部分同志对孙先生联络反清帮会的政策不愿执行，二曰会内文人相轻不能合作。”

杜斌丞听着想着，说道：“还是姨夫站得高，看得远。”高祖宪问：“绍儿，不知你这几年看了些什么书？”杜斌丞回答道：“我的资料有限，只是零星看了一些，有陈天华的《猛回头》、《警世钟》、《狮子吼》、《绝命书》等，有邹容的《革命军》，有……”高祖宪说：“书是精神食粮。读好书，就可增加丰富的精神营养，有利于人的成长。”杜斌丞说：“姨夫，我记下了。”高祖宪看到杜斌丞进步很大，十分高兴。突然，他记起了一件事，说道：“我在日本，见到孙中山先生在东京《民报》创刊周年纪念会上的演说词，便抄了一遍。你拿去看看。”说着，从桌子上一摞东西里找出演说词，交给杜斌丞。杜斌丞接过演说词，如获至宝。

早晨，在学校花园的假山旁，杜斌丞来回走着，反复背诵着一段话：“今日中国，正是万国眈眈虎视的时候，如果革命家自己相争，四分五裂，岂不是自亡其国？近来志士都怕外人瓜分中国，兄弟的见解却是两样，外人断不能瓜分中国，只怕中国人自己瓜分起来，那就不可救了。”正背着，王复初急匆匆走过来。远远就喊：“杜兄，杜兄，你的家信。”杜斌丞接过信，说声：“谢谢啊！”王复初说：“我看门房有你的信，就到处找你，后来我一想，你肯定在这里用功来了。”杜斌丞打开信，一看，脸色大变，眼泪“扑嗽嗽”地落了下来。王复初忙问：“杜兄，怎么了？出什么大事了？”杜斌丞哽咽着说：“我的妻子去世了。”王复初也感到事发突然，忙劝道：“生死乃人之常情，还望杜兄节哀。”

教室里，一群学生正围着一个临时制作的捐款箱，往里塞钱。张奚若用笔记着每个同学捐的钱数。王复初站在捐款箱旁，说道：“不要挤，一个一个来。”

“我捐5块大洋。”

“我捐8块大洋。”

“我也捐8块大洋。”

“我捐10块。”

……

三原城外，张奚若、王复初把杜斌丞送了一程又一程。到一个山包处，杜斌丞说什么也不让他俩送了。说：“张兄，王兄，你们回去吧。”张奚若把一袋子钱塞到杜斌丞手里，说：“杜兄，这是同学们的一片心意，你一定要收下。”杜斌丞推辞着说：“这钱我不能要。”王复初也上前劝道：“杜兄，这钱你就收下吧！你不收，我俩回去怎么给同学们交代。”杜斌丞见说，只好把钱收下，说：“代我向同学们表示谢谢。”

张奚若和王复初看着杜斌丞一步一回头，渐渐消失了身影。

米脂城隍庙湾，杜斌丞“咚咚咚”地敲打着自家的大门。里边传出杜夫人的声音：“谁呀？”杜斌丞回答道：“娘，我是绍儿。”

窑里，杜夫人说：“孩子他爹，绍儿回来了，快起来。”

大门“吱呀”一声开了，从里面走出斌丞爹娘，还有杜斌丞的大儿杜鸿范。杜自敏不高兴地说：“你还知道回来。”杜马氏劝道：“绍儿好不容易回来一次，你还怨他。”杜斌丞“扑通”一声跪在地上，说：“爹，娘，孩儿不孝。”杜夫人见状，赶紧往起拉杜斌丞，说：“绍儿，你这是干什么？快起来。”杜斌丞在母亲的劝说下站起身来。杜夫人把杜鸿范接到杜斌丞跟前，说:“范儿，快叫爹。”5 岁的杜鸿范怯生生地不肯叫。杜斌丞见儿子已经长大了，高兴地把鸿范抱了起来。说:“走，范儿回家了。”

翌日，杜斌丞背着杜鸿范，手里提着祭饭篮子，走到一处新坟前。杜斌丞蹲下，让杜鸿范从背上下来。他把祭品摆在供桌上，对小鸿范说:“来，给你娘磕头。”杜斌丞和小鸿范双双把头磕下去，连磕三个响头。

杜斌丞背着小鸿范进了家门，把鸿范放到炕上。杜夫人正在炕头做针线活。杜斌丞问母亲:“娘，怎不见我大哥、二哥?”杜夫人叹一口气，说:“唉，你二哥经商失败，被人家逼得走投无路，出去躲债去了。你大哥到杨家沟你舅家去借钱去了，还没回来。”说着，杜夫人哭了起来。杜斌丞劝母亲道:“娘，你不要伤心。我们想办法。为富不仁的财主压迫穷苦人，天下到处皆然，受害的不止咱们一家。只有把中国的社会改造好了，穷苦人才有翻身出头的好日子过。”

城隍庙的学堂里，学生们正在背《百家姓》，杜斌丞提着礼当，站在学校门外，想起自己上私塾的时候。正想着，大门“吱呀”一声开了，走出一位小姑娘来。问:

“大哥哥，你找谁?”

“我……”

当杜斌丞认出眼前的小姑娘时，惊喜之色溢于脸上:“你是——小佩英。”

朱佩英这时也认出了杜斌丞:“你是斌丞哥。你几时回来的?”

杜斌丞见朱佩英已出脱得一副美人坯子，一时紧张，答非所问:“我来看望老师。”

朱佩英大方地拉着杜斌丞的胳膊，说:“斌丞哥，快回家坐。立客难待。”

朱佩英和杜斌丞从门内进来，朱佩英招呼杜斌丞说:“斌丞哥，快坐下，窑里乱得很。”朱佩英和了一碗蜂糖水，给杜斌丞递到手里，说：“斌丞哥，你喝水。我爹马上就放学了。”杜斌丞说：“噢，不忙。”朱佩英掀开锅盖，添水；出外搂柴，烧火；舀面，和面。忙得不亦乐乎。过了一会儿，朱维代从门里走了进来，问正在做饭的小佩英：“佩英，你几时变得这样勤快了？”朱佩英显得有些窘迫，脸红起来了，说：“爹，你看你。”朱维代这时才看清，家里多了一个人，仔细一看，认出了是自己的学生杜斌丞，忙问：“斌丞，你几时回来？”杜斌丞早已站起，弯腰问候道：“老师好。”朱维代说：“哎呀，斌丞已经长成大小伙子了。快请坐。”斌丞重新坐在炕边。朱维代脱掉鞋子，坐在了上炕，说：“斌丞，今天你就在这里吃饭，咱爷俩好好拉拉话。”杜斌丞说：“行嘛。”

杜自敏和家人正在吃饭。斌丞推门进来，见状，说：“我吃过饭了。”杜自敏不高兴地说：“外边吃饭也不给家打个招呼。”杜斌丞说：“老师留下吃饭，不好意思推辞。”母亲杜马氏说：“绍儿，你回来了，应该到你岳父家走一趟。”杜斌丞说：“好，我明天就去。”

一条笔直的大街。街上石板铺路，临街两边商铺林立。杜斌丞手里提着礼当，手里拖着小鸿范，迎着初升的太阳走了一段路，然后拐进一条小巷。杜斌丞和小鸿范在常家大院大门前停了下来，他看了看门前蹲着的两尊石狮子，深有感触，然后上前轻轻敲打了两下门环。

“谁呀？”随着声音，大门“吱呀”一声开了，露出一个人头，看着杜斌丞说：“你找……噢，是姑爷回来了。”出来开门的是常家的丫环。当丫环看清是杜斌丞后，一边把门敞开，一边向内喊道：“老爷、太太，姑爷看你们来了。”一会儿功夫，常老爷、常太太相扶着走出门来。常老爷看了看杜斌丞，说：“斌丞回来了，快请进。”丫环接过杜斌丞手里的礼当。杜斌丞和小鸿范随众人进了大门。

进了客厅，常老爷和常太太在正面坐了。丫环带着小鸿范出去玩去了。常老爷招呼道：“斌丞，快请坐。”杜斌丞拣了一把侧面的椅子坐下。常太太说："娥子命苦啊，一天福都没享。"说着，常太太哭了起来。常老爷截住太太的话题，道："说那些干什么？斌丞好不容易回来一趟，应该说些高兴的事。"常太太不依不饶地说："你说得轻巧，娥子不是你身上掉下的肉。"常老爷说："好好好，你说，你说。"常太太伤心过度，掩面哭着进了卧室。常老爷摇了摇头，说："唉，女人。"说着，回过头来，问杜斌丞道："斌丞，你这几年的学业怎样？"

这时，丫环进来给常老爷添水，给杜斌丞添水，然后退了出去。杜斌丞回答道："这几年，我五姨夫对我帮助不小，再加上三原宏道学堂进行的是新式教育，学风也好，我的收获还是蛮大的。"常老爷说："那就好。我听说祖宪在日本还办过一份《陕北》杂志，有这回事吗？"杜斌丞说："确有这事。《陕北》杂志在日本和中国都影响很大。"常老爷说："祖宪把事业干大了。"

杜斌丞忽然想起什么，问道："听说您和我五姨夫同过学？"常老爷说："是啊，我和你五姨夫在泾阳味经书院读过书。后来，他以教书为生，我则转而经商，联系越来越少了。"杜斌丞说："我五姨夫常常提起您当年对他的帮助。"常老爷说："些许小事，何足挂齿，提它干什么。"杜斌丞见时候不早了，便说："我得回去了，不然，我娘会挂念的。"常老爷见说，便对内屋喊道："老婆子，斌丞要走了。"常太太从卧室出来，手里拿着一袋银元，对杜斌丞说："吃了饭再走。"杜斌丞说："不了。"常太太说："斌丞，听说你二哥生意赔了，你把这个带上，好解燃眉之急。"杜斌丞说："不不不，我不能要。"常老爷接过话头说："谁说给你的，是借给你的。等你二哥生意好转过来，再还我。"杜斌丞见说，只好接过钱袋，向二老深深地鞠了躬，说："二老保重，我会经常来看你们的。"常老爷郑重地说："去吧。当你学成以后，请代老夫我多为国家人民做事。"

这时，丫环把小鸿范带了进来。常太太把小鸿范抱在怀里，亲了又亲，嘴里说道："好孩子，真乖。"

走出大门，常老爷、常太太、丫环向杜斌丞和小鸿范招着手。杜斌丞和小鸿范也向众人招着手，小鸿范说：

“姥爷、姥姥再见。”

“再见。”

杜斌丞和小鸿范回到家里，从门里走了进来，见母亲杜马氏在炕上做针线，父亲杜自敏坐在桌旁看书，便对二老说：“爹，娘，我回来了。”杜马氏问：“你岳父家没留你吃饭？”杜斌丞说：“留了，我没吃。”杜自敏问：“你手里拿的什么？”杜斌丞答道：“我岳父给咱家借的银元，让我二哥还账用的。”

杜自敏见说，脸上有些挂不住，抢过钱袋子甩在地上，气哼哼地说：“我不用他看笑话。”杜马氏赶紧从地上拾起钱袋子，说：“老头子，你这是干什么，亲家也是一番好意。”杜自敏头也不回地从窑内走出去了。

小鸿范这时说：“娘娘，我饿了。”杜马氏说：“好，咱们吃饭。”杜马氏揭开锅，冒出一片热气来。

米脂城郊，杜自敏、杜马氏及小鸿范为杜斌丞送行，走到大路口，杜斌丞说：“爹，娘，你们回吧。”

一辆马车载着货物，停在不远处。杜斌丞坐上马车，向父母喊道：“爹，娘，你们回吧，二老保重。”杜马氏吩咐道：“路上注意安全。”驾马车的大伯喊了声：“驾！”马车在大道上开始奔驰。

杜斌丞不停地回头，直到父母在视线中消逝。

来到三原宏道高等学堂校门口，杜斌丞对驾车的说：“大伯，我们学校到了。”驾车的大伯“吁”地一声，马车停了下来。杜斌丞从车上跳下来，说：“大伯，回来歇歇脚。”驾车的大伯说：“不了。”杜斌丞说：“谢谢大伯。”驾车的大伯说：“我还要感谢你呢！一路上给我讲了许多革命道理。”

“大伯再见。”

“再见。”

驾车的大伯“驾”地一声，赶着马车走了。

第三章

这是一个星期天，有几个学生正在操场打篮球，还有几个学生去到河里游泳、嬉戏。杜斌丞和几个同学正在教室内看书。张奚若从外面走进来，径直走到杜斌丞身边，耳语道："杜兄，发生大事了。"杜斌丞站起，和张奚若向教室外走去。

杜斌丞和张奚若走到一个拐角处，杜斌丞问："发生什么大事了？"张奚若说："湖北武昌发生了武装起义，旨在推翻清朝政府。"杜斌丞兴奋地说："那是好事啊！"说着，杜斌丞在张奚若身上捣了一拳。随即，他们两人相拥在一起。

12 天后，在西安城内也发生了一件大事。一群士兵正在攻打巡抚衙门，枪炮声不断。战场上，不断有人中枪倒下。

本来，武昌起义前夕，国内革命形势迅速发展，特别是四川人民的保路运动，更给了毗邻的陕西革命党人的反清斗争以较大的影响。根据同盟会组织的决定，陕西革命党人原拟于 10 月 6 日（农历八月十五日）起义。"八月十五杀鞑子"的消息不胫而走，到处流传。由于陕西当局防范严密，加上连日阴雨等原因，起义未能如期举行。后来，革命党人钱鼎、张钫等人迫于形势，遂定于 10 月 22 日晚起事，决定新军协司令部参军官兼二标一营管带张凤翙担任起义总指挥，并将起义军定名为秦陇复汉军。

经过两天两夜激战，西安辛亥革命终于成功。有人将巡抚衙门的牌子换成了秦陇复汉军政府的牌子。大厅内，张凤翙坐在桌子的一头，其余人分坐两边。高祖宪也坐在其中。

张凤翙对众人说：

“此次革命成功，全赖众人之力。”

下面的人站起，齐声说：“大统领英明。”

三原大街上，一群老师学生正在游行。队伍前面打着横额“热烈庆祝辛亥革命胜利”。还有一些学生举着小旗旗。杜斌丞走在队伍中间，呼着口号。众人应声不断。

“打倒清朝腐败政府！”

“打倒清朝腐败政府！”

“辛亥革命万岁！”

“辛亥革命万岁！”

“实现共和！”

“实现共和！”

时间过得真快，转眼到了 1912 年。这一天，王复初、张奚若和杜斌丞在三原小树林，一边走，一边商量毕业后的去向。王复初问杜斌丞：“杜兄，你毕业后准备干什么？”杜斌丞答道：“我本想到北京求学，可家里捎来话说，我二哥生意又赔了，供不起我。”王复初又问张奚若：“张兄有什么打算？”张奚若说：“我家里让我到美国哥伦比亚大学学习。你呢？”王复初回答道：“我想上清华大学，不知能考上不？”

高祖宪正在陕西都督府秘书长室办公。一衙役喊道：“报告。”高祖宪说：“进来。”衙役进来后说道：“报告秘书长，门外有一人说是你的亲戚。”高祖宪说：“让他进来。”

“是。”衙役从门里出去。不一会儿，杜斌丞走了进来。高祖宪抬头见是杜斌丞，忙招呼道：“绍儿，是你呀，快坐下。”杜斌丞在侧面椅子上坐下，说：“姨夫，你早就是同盟会的人啦！”高祖宪说：“是啊！1907 年，我在日本东京加入了同盟会。哎，绍儿，找我有什么事？”杜斌丞说："马上就要毕业了，我想听听您的意见。"高祖宪说："噢，听说你二哥生意又赔了，家里生活又发生了困难。这样，你先到绥德中学堂教书，待光景好一些，再考虑到北京继续深造。"杜斌丞说："我听姨夫的。"高祖宪说："我给绥德中学堂校长写封推荐信，你就到那里就职。不过，你可不能把学业荒废了。"杜斌丞答道："不会的，姨夫。"

绥德中学堂。杜斌丞正在教室讲课。

"同学们，现在已是民国了，伟大的革命先驱者孙中山先生已就任中华民国临时大总统。我们中国的事情有望了。"

同学们报以热烈的掌声。

"同学们，我们陕北宜聚精神以运思想，由思想以鼓精神。这样，不出数年，百废俱举。吾陕北豪杰必能与外人争一雌雄。"

同学们又报以热烈的掌声。

杜斌丞在校园里走着，忽然听到后边有人喊他："表哥，表哥。"

杜斌丞回头看时，见是马师儒，惊喜地说："表弟，怎么是你啊？"

马师儒，米脂杨家沟人，是杜斌丞舅舅家的孩子，和杜斌丞为姑表兄弟。当下，马师儒说："没想到你也在这里教书。"

杜斌丞说："是啊，我也没想到你在这里教书。你在陕西高等学堂上学，都没和你见上一面。"

马师儒说："表哥，你真不够意思，娶了新嫂子，也不给我说一声。"

杜斌丞说："好好好，我今天请你喝酒，以示谢罪。"

到了中午，杜斌丞和马师儒走进城内一家小饭馆，要了几个菜，一壶酒。马师儒给杯子斟满酒，端起酒杯道："来，表哥，为你们新婚之喜干杯！"两个人同时一饮而尽。酒过数巡，马师儒问："不知新嫂子是哪里人？是哪家闺女？”杜斌丞说：“是镇川朱家寨人。他父亲叫朱维代，给我当过私塾老师。”马师儒又问：“新嫂子长得漂亮吗？”杜斌丞说：“你以后见了就知道了。”

小酒一直喝到黄昏时分，杜斌丞说：“来，表弟，再喝一杯。”马师儒说：“不行了，表，表哥，我喝高了。”

一天，杜斌丞正在办公室批改作业，马师儒急切地走进来，说：“表哥，有一个不好的消息。”

杜斌丞问道：“发生什么事了？”

马师儒说：“听说北洋军阀袁世凯当了大总统。”

“那孙中山先生呢？”

“已经辞了职。”

“唉，时局动荡啊！”

“表哥，咱们到北京考学走。”

“我也正有此意。”

“那咱们就加紧复习。”

“对。”

在北京高等师范学校校园内，学生们三三两两，来来往往。马师儒和杜斌丞并肩走着。“表哥，真好，没想到咱俩能一起考上北师。”

“那咱可得说好了，要好好学习，珍惜这学习机会。”

“行。”

1914 年，第一次世界大战爆发了。在欧洲战场上，德国进攻俄国，枪炮声不断。在山东战场上，日本军队端着刺刀，在火车站附近烧杀掠抢。

操场上，杜斌丞正在演讲，被一群学生围在中间。马师儒也在人群中听着。杜斌丞讲道：“同学们，第一次世界大战爆发后，日本乘欧洲的主要帝国主义国家无暇东顾之机，借口对德宣战，竟然出兵占领我国山东。然而,袁世凯卖国政府竟宣布‘局外中立’,并划出战区,供日军作战,听任其胡作非为。”

“同学们,世界之大,竟毫无公理可言,可怜的中国成了一块肥肉,任人宰割。同学们,我们能答应吗?”

学生们异口同声地喊道:“我们坚决不答应!”

杜斌丞振臂高呼口号:

“打倒列强!”

“打倒列强!”

“打倒卖国贼!”

“打倒卖国贼!”

这时,马师儒远远看见一队警察冲了过来,便喊道:“表哥,快跑,警察来了!”杜斌丞一看,表现出无所畏惧的样子,还在喊口号。马师儒急了,上去拉上杜斌丞就跑。警察拿着棍子,端着枪,在人群中乱抓人。学生们四散奔跑着。马师儒拉着杜斌丞躲进图书楼阅览室,一人拿起一本杂志看了起来。

又是一个星期天。宿舍里,一个同学端着洗衣盆洗衣服去了。马师儒和杜斌丞躺在各自的床铺上正在看书。杜斌丞看到激动处,翻身坐了起来,说:“表弟,法国的革命真是彻底。不但推动了社会的进步,而且还极大地发展了教育。”

“是啊! 我们也需要这样的革命。”

“可惜,袁大头篡夺了辛亥革命的胜利果实,不然,我国也会有很大进步。”

正说着,外面传来了“咚咚”的敲门声。杜斌丞说:“进来。”门“吱呀”一声被推开了,伸进一个头来。

“请问,杜斌丞住这里吗?”

“是啊,你是谁啊?”

来人走了进来,说:“我叫高建白!”杜斌丞和马师儒同时叫了起来:“高建白。”杜斌丞和马师儒赶紧从床上下来。杜斌丞说:“真是大水冲了龙王庙，一家人不认一家人。来来来，建白表弟快请坐。”杜斌丞对高建白介绍道：“这位就是马师儒，也是我的表弟。”三人大笑起来。笑毕，杜斌丞问高建白道：“你怎么会找到这里？噢，对了，你怎么会在北京？”高建白说：“我父亲辞掉关中道尹，现已移居北京。”

高建白带着杜斌丞和马师儒走进棉花二条胡同，来到一处大门口。高建白上前敲门。大门“吱呀”一声开了，一个丫环伸出头来。说：“少爷回来了，快请进。”

屋里，高祖宪正和一个人谈话。这人不是别人，而是大名鼎鼎的惠又光。惠又光，名思温，字又光，亦作有光、幼光、友光。陕北清涧人。幼时在本县私塾读书，后入西安关中书院，毕业于由关中书院改建的陕西第一师范学堂。在校时加入中国同盟会，秘密从事反清革命斗争。1911 年武昌起义，西安响应。惠即回陕北，联络清涧、延川一带民团及绿林豪侠，聚众起事，所部隶属秦陇复汉军北路宣慰安抚招讨使井勿幕。共和告成后，北京政府下令裁军，他息兵回乡。1913 年“二次革命”时，惠又光又在陕北联合同志多人，树旗反袁，不幸事泄，遭当地反动势力围捕，20 多人被杀，惠幸免于难。后经友人介绍，被公费派送日本留学，入早稻田大学，学习政治及社会科学，与时在日本学习军事的史可轩结为至交。1914 年谒见孙中山，备受鼓舞。同年 7 月，加入中华革命党。1915 年，惠从日本回国。当下，高祖宪问惠又光：“惠老弟这次回国有何使命？”惠又光说：“不瞒老兄，我这次回国，主要是受孙总理指派，宣传反袁。”高祖宪说：“袁大头处处倒行逆施，其与日本帝国主义沆瀣一气，出卖国家利益的行径，激起了全国人民的一致反对。”正说着，高建白三人走了进来。杜斌丞走到高祖宪面前，说：“姨夫，你好，我们又可在一起了。”高祖宪站起问：“绍儿，在北京习惯吗？”杜斌丞说：“习惯。”这时，杜斌丞的姨姨高马氏听见说话声音，从里屋走出来，说：“绍儿，想死我了。”杜斌丞一见，扑到高马氏的怀里，说：“姨，我也想你啊！”

沉浸了一会，高马氏抬起头端详起斌丞来，说："我的绍儿长高了，也长胖了。你娘好吗？"杜斌丞说："好着呢！姨。"寒暄了一阵，高马氏说："你们先谈，我给你们做好吃的去。"说完，回里屋去了。

高祖宪见斌丞身后还站着个人，遂问道："这位是——"杜斌丞介绍道："噢，我忘了介绍。这位是我的表弟马师儒，和我一同上北师。"

"那就好，那就好。"高祖宪说着，又指着惠又光介绍道："这位是清涧的惠又光，曾在早稻田大学学习政治及社会科学，刚从日本回国。"杜斌丞和马师儒齐声说道："惠先生好。"惠又光说："二位好。"

高祖宪又对杜斌丞和马师儒说："建儿最近也考上了北师附中，我的意思，你们两个也搬到家来住，你们弟兄三个相互之间也好有个照应。"

"我们听姨夫的。"

几天后。高建白、杜斌丞、马师儒三人背着书包从高祖宪家的大门出来，高兴地谈笑着，一同去上学。高马氏从大门出来，吩咐道："路上小心点，注意安全。"杜斌丞说："姨，我们会注意的。"

路上，有人投来羡慕的目光。

走进校园，高建白与杜斌丞、马师儒二人挥手告别："表哥再见。"

"再见。"

一天夜里，杜斌丞看见惠又光住的房子还亮着灯光，便去敲门。惠又光听见敲门声，说："进来。"杜斌丞推门而进。

惠又光正在看书，见进来的是杜斌丞，忙放下手中的书，招呼道："斌丞，快进来，请坐。"杜斌丞坐下后，说："冒昧打扰先生，真不好意思。"惠又光说："快别这样说，都是陕北老乡嘛！"杜斌丞说："先生，我能请教您一些问题吗？"惠又光说："欢迎，欢迎。"杜斌丞说："先生，我想问，孙中山先生是怎样一个人？"

惠又光想了想，说："中山先生早年受基督教会教育，认识西方世界较深，通晓官话、粤语、英文、日语，有医生资历，伦敦蒙难后引发政治风波，使其在中外享有知名度，被多数外国人视为革命领袖。而在国内，多数革命者也认为他的声望与能力足以成为革命组织的代表人物，因此在武昌起义后顺利被选为临时大总统。孙中山是最早提倡以革命推翻满清统治，为建立中华民国政府的革命发起者之一，由他所提出的《三民主义》等政治纲领影响深远。"

杜斌丞听到这里，不由赞叹道："孙中山真不愧为一代伟人。"接着，杜斌丞问惠又光："先生，您能说说，什么是'民主'吗？"惠又光说："我给你讲一个孙大总统的故事吧！你一听就明白了。有一位年高八旬的扬州盐商肖老先生，来到南京求见孙大总统，一进门就行起了三叩九拜的大礼。孙中山赶忙把老人扶起来，说：'总统在职一天，就是国民的公仆，是为全体国民服务的。'肖老先生问：'那总统离职后呢？'孙中山答道：'总统离职，就和老百姓一样。'肖老先生没有想到，孙大总统这样平易近人，感慨万千，临走时说：'我活了八十多年，今天总算见到民主了。'"杜斌丞听完后，说："我明白了。民主就是把老百姓当人看，讲究人人平等。"惠又光又问杜斌丞道："你看过些什么书？"杜斌丞说："我看过陈天华的《猛回头》、《警世钟》、《狮子吼》、《绝命书》，邹容的《革命军》。还看过《民报》、《陕北》、《关中学报》、《秦陇报》等报刊。"惠又光说："不错，不错。"杜斌丞说："先生，我想再问一个问题。"惠又光说："请问。"杜斌丞说："先生对袁世凯是什么看法？"

惠又光侃侃而谈："袁世凯出生于河南项城县张营一个官宦大家族。他年轻时科场失意，22 岁弃文从军。曾随军东渡朝鲜平叛。甲午战争后，被李鸿章举荐到小站编练新军，掌握了一支 7000 多人的武装力量。从此，逐渐为清廷所倚重。袁世凯是清末政治舞台上一个纵横捭阖的重要人物，从戊戌变法、义和团运动、晚清新政到辛亥革命，都与其有密切联系。""袁世凯掌握北洋军权，为民国初年唯一之军事强人，至其解散国会，取消约法之后，大总统之权实已形同皇帝,然袁氏心中仍有称帝之野心。长期以来,袁世凯一直被冠以‘窃国大盗’、‘寡廉鲜耻的卖国贼’、‘嗜血成性的专制暴君’等恶名。”

杜斌丞插话道:“真是可恶。”惠又光说:“最近,杨度等人发起‘筹安会’,鼓吹实行君主立宪,都是受袁的指使。”杜斌丞说:“那我们应该怎样对付袁世凯的倒退复辟?”惠又光说:“我们要做的就是动员民众。因为民众的力量是无穷的,也是巨大的。从最近来说,就是要联络一切有识之士,勇敢之士,用武力来抵制袁氏称帝。从长远来说,就是要开启民智。只有从教育入手,才能真正救国。”杜斌丞说:“谢谢先生的教诲。不早了,您早点休息。”

“欢迎常来。”

“先生再见。”

一年后。

高建白、杜斌丞、马师儒三人背着书包从高祖宪家的大门出来,高兴地谈笑着,一同去上学。他们三人刚从胡同口出来,拐向大街,就听到到处响起了鞭炮声。他们三人感到奇怪,杜斌丞问:“今天是什么日子?”高建白回答说:“今天是 1916 年 6 月 6 日。”马师儒说:“北京这地方就是奇怪,不过年不过节的,放什么鞭炮。”

正走着,听见一个报童喊着:“卖报,卖报,袁世凯死了! 袁世凯死了!”他们三人见说,高兴地跳了起来,口内喊着口号。

“噢,袁世凯死了。”

“袁世凯死了。”

高建白、杜斌丞、马师儒三人走进校园,见许多同学在操场上聚在一起,准备游行,便一齐跑过去加入到人群中。杨明轩正在人群中分发小旗,当走到杜斌丞等三人跟前时,说:“你们三位也是咱陕西人吧?”杨明轩自我介绍道:“我是陕西户县人,叫杨明轩。”杜斌丞见说,也介绍道:“我们三人都是陕北米脂人,我叫杜斌丞。”高建白抢着说道:“我叫高建白。”马师儒也作了自我介绍:“我叫马师儒。”杨明轩忙说道："幸会，幸会。"说着，杨明轩给他们三人每人发了一面小旗，又去给别的学生去发。

一会儿，学生们开始整队出发。杨明轩在人群中呼着口号，众人在齐声应和。

"共和万岁！"

"共和万岁！"

"反对倒退！"

"反对倒退！"

"彻底铲除袁世凯的残渣余孽！"

"彻底铲除袁世凯的残渣余孽！"

突然间，队伍停了下来。

"怎么回事？"

"警察把大门堵上了。"

大门外站满了警察。有几个学生翻越紧闭着的大门。有一个学生先翻过去，被警察拉住连踢带打。

学生们大声抗议着：

"凭什么打人。"

"我们要爱国。"

杜斌丞和马师儒向教室走去，一边走，一边议论着。马师儒气愤地说："唉，简直是无法无天，爱国还要遭到毒打。"杜斌丞也说道："现在的政府绝不会为老百姓说话办事，他们只为少数人服务。"马师儒说："真是太腐败了。"正走着，马师儒像突然间发现什么似的，说："表哥，你好像很长时间没有理胡须了。"杜斌丞说："你说对了。自从上次讲演以后，我就决定蓄须明志。不推翻反动政府，我就不理胡须。"

"噢，是这么回事。"

星期天，杜斌丞、马师儒、高建白、杨明轩四人来到圆明园游览。园内到处是残垣断壁，乱石林立，一幅破败景象。几人看了，都唏嘘不已。杜斌丞说:“英法侵略军把圆明园抢劫一空之后,为了销赃灭迹,掩盖罪行,英国全权大臣额尔金在英国首相帕麦斯顿的支持下,下令烧毁圆明园。大火连烧三天三夜,使这座世界名园化为一片废墟。”

马师儒接着说:“‘圆明’是雍正皇帝自皇子时期一直使用的佛号。雍正皇帝崇信佛教,号‘圆明居士’,并对佛法有很深的研究。”

高建白插话道:“我也从一本书中看到:康熙皇帝在把园林赐给胤禛(后为雍正皇帝)时,亲题园名为‘圆明园’,正是取意于雍正的佛号‘圆明’。”

一直没说话的杨明轩,这时说道:“据说,当年英国人和法国人,为了抢夺财宝,互相殴打,甚至发生过械斗。”

杜斌丞气愤地说:“真是一群强盗。”

马师儒说:“表哥,马上就要毕业了,你准备到哪里去就职?”

杜斌丞回答道:“我准备回咱们陕西,从事教育。你呢?”马师儒回答:“我准备留校在附中任教。”高建白一听,高兴地说:“那你就快成我的老师了,真好。”杨明轩说:“现今形势混乱,我看也只有‘教育救国’这一条路才能走通。”

杜斌丞说:“唉,什么世道么。”

第四章

高建白、杜斌丞、马师儒三人从大门走进来，正准备回房间休息。高祖宪从门里走出来，说："绍儿，你来一下。"

"好。"

高祖宪说完进了门，斌丞随后跟进。

杜斌丞走进客厅，见里面坐着一个人，有点纳闷。高祖宪介绍道："绍儿，这位是陕西督学袁刚，是专门到北京来招聘人才的，我给他介绍了你的情况，现在想听听你的意见。"

袁刚上前握着杜斌丞的手说："斌丞同学，欢迎你回陕西教育界工作。"

杜斌丞说："我已想好了，我想到最艰苦的地方去工作。"

袁刚高兴地说："那就好，那就好。在陕西范围内由你挑。"

杜斌丞说："那我就到榆林中学去教书。"

袁刚说："没问题。"

大门外。高祖宪、高马氏、惠又光、高建白、马师儒等人站在大门口向杜斌丞挥手。杜斌丞背着包裹，说："再见。"

高马氏哽咽着说："绍儿，常来信啊！"杜斌丞高声喊道："姨姨，我记下了。"

杜斌丞一路奔波，终于走进米脂县城。他七拐八拐，走进自家大门，说："爹，娘，我回来了。"杜自敏、杜马氏、朱佩英，还有女儿杜瑞兰听见声音，分别从两个窑里走出来。院子里顿时喜气洋洋。杜马氏急走两步，到杜斌丞跟前说：“也不提前打个招呼。”杜斌丞关心地问：“家里都好吧？”杜马氏说：“都好着呢！”朱佩英对杜瑞兰说：“快叫爹。”

“爹——”杜瑞兰扑到杜斌丞跟前。杜斌丞赶紧抱起瑞兰，亲昵地说：“小兰兰都长这么大了。”

杜自敏说：“光顾着说话，快回窑吧！”杜斌丞跟着父母回到中窑。

杜斌丞抱着瑞兰跟父母从门里进来，然后放下瑞兰，从身上取下包裹，看着父母坐下后，坐到一张椅子上。杜自敏问：“毕业啦？”杜斌丞答道：“毕业啦。”杜自敏说：“你准备在哪里工作？”杜斌丞说：“我已决定，准备在榆林中学教书。”杜自敏见说，有点不高兴地说：“看你那点出息。哼！”杜斌丞说：“爹，为老百姓办事，有什么不好？”杜自敏说：“好好好，好你个大头鬼。”杜瑞兰看见爷爷不高兴，便跑出窑去。杜马氏劝杜自敏道：“儿子刚刚从外地回来，你就不能好好说。”

杜自敏气恼地瞪了杜马氏一眼，不说话了。

夜里，杜斌丞和朱佩英躺在后炕，前炕依次睡着杜鸿模和杜瑞兰。杜斌丞看了看刚刚满月不久的杜鸿模，对朱佩英说：“夫人辛苦了。”朱佩英苦笑一下，说：“不辛苦。”杜斌丞说：“哎，对了，范儿还有几天放学？”朱佩英说：“快了。睡吧？”

“睡。”

朱佩英“扑”一下吹灭了灯，紧紧依偎在杜斌丞怀里。

杜斌丞走进榆林中学校园。马云程、曹又参、叶瑞禾、常文炳四人相跟着从杜斌丞身边走过，礼貌地打着招呼。

“杜老师好。”

“杜老师好。”

“杜老师好。”

“杜老师好。”

杜斌丞看着这些朝气蓬勃的学生，高兴地说："同学们好。"

原来，这榆林中学是在明弘治八年创建的榆阳书院的旧址上发展起来的。1903 年榆阳书院改名榆阳中学堂。1905 年榆阳中学堂改名为五县中学堂。1913 年五县中学堂改名为陕北殖边学校。1914 年又改名为榆林殖边学校。1915 年改名为陕北二十三县联合县立中学，简称榆林中学。杜斌丞最初来到榆林中学，被聘为教务主任，并兼授历史地理课。这一天，杜斌丞正在给新生上历史课。台下的同学静静地听着。杜斌丞讲道："同学们，今日之中国，四分五裂，积重难返。要了解中国的现状，就先得了解中国的历史。因为历史就是一面镜子，能照出现在，也能看到将来。""中国的命运一定会担在在座各位的肩上，这是不容置疑的规律。因为你们还年轻，你们是中国的未来，中国的希望。所以我们一定要努力学习，负起自己应有责任来。"

同学听得十分激动，不由得鼓起掌来。

杜斌丞用手示意了一下，教室里立即静了下来。他继续讲道：

"下面开始讲《陈胜吴广起义》。"

杜斌丞转身在黑板上写了"陈胜""吴广"四个字。

杜斌丞正在办公室批改作业，门外传来敲门的声音。杜斌丞说：

"进来。"

门里进来曹又参、叶瑞禾、常文炳三个学生。杜斌丞说："是你们几位。找我有什么事吗？"叶瑞禾说："老师，我们想提个建议，不知行不行？"杜斌丞说："行啊！有想法是好事。"曹又参抢着说："我们想请你编个辅导教材，这样，我们就可以系统地学习历史。"杜斌丞说："这个建议好啊！"

一队学生正在食堂外拿着饭碗打饭。杜斌丞走过来，自觉地排在最后。马云程看见了，走过来，说："杜老师，您为什么不到教师灶去吃饭？"杜斌丞说："我体验一下，看两个灶哪个办得好？"在场的人听见后，都笑了起来。

夜幕降落下来，杜斌丞正在办公室看书，门外传来“咚咚”的敲门声。杜斌丞说了声：“进来”。他抬起头，见是杜鸿范走了进来，说：“范儿，快过来。”杜鸿范径直走到暖壶跟前，倒了一杯水，“咕噜咕噜”喝了起来。说：“渴死我了。”杜斌丞说：“范儿，你干什么去了，把你渴成这样？”杜鸿范兴奋地说：“爹，我们几个同学搞了个爬山比赛，我得了第一名。”杜斌丞见说，也高兴起来，说：“不错嘛，这就叫孟子所说的‘野蛮其体魄’。”杜鸿范说：“爹，你能不能给学校的杜斗垣老师说说，让他给我教几套拳法。”杜斌丞说：“你自己的事，你自己去说去。”杜鸿范见说，有点不高兴，说：“求你这么个事都不行。”杜斌丞说：“范儿，人在社会上做事，不能身后总是跟着个大人。那样，你就永远也长不大了。”杜鸿范说：“不跟你说这个了。给我借本书总可以吧！”杜斌丞说：“你自己选吧！”杜鸿范去书架上挑书。杜斌丞问：“范儿，住宿舍还习惯吧？”杜鸿范说：“早习惯了。”

1918年春，由于榆林中学校长一职空缺，杜斌丞受聘为榆林中学校长。开学典礼上，杜斌丞站在台上做演讲。台下，榆林中学的师生安静地听着。

“同学们，老师们，要办好一所中学，必须确立正确的办学方针。榆林中学今后的办学方针就是‘德、智、体三育并重’。什么是‘德’？明确的说，‘德’就是救国救民。同学们，我们要牢记顾炎武的名言‘国家兴亡，匹夫有责’，确立‘振兴中华，舍我其谁’的志向，学习范仲淹作秀才时即以天下为己任的抱负，努力学习，奋发图强。我们的学习方法是什么呢？就是‘博学、审问、慎思、明辨、笃行’，我们一定要严谨治学，一丝不苟，掌握真实的本领，好为中国的未来出力。”

“同学们，老师们，科学是不断进步的，不断发展的，人的思想也要不断进步，不断发展。我们绝不可因循守旧，抱残守缺。尤其是我们的老师，一定要担起责任来，注意培养学生好学、活泼、勇敢、坚韧、进取的性格。”

“最后，我用陆游的诗句‘人才泯灭方堪虑，士气峥嵘未可非’与大家共勉，希望大家做一个士气峥嵘的人。”

台下响起雷鸣般的掌声。

在榆林中学会议室，教师们散坐着，谝着闲话，抽烟的把房子搞得乌烟瘴气。杜斌丞从门外走进来，找到一处靠墙的位置，面对大家坐下，说：“各位老师，咱们今天开一个全体教师会，统一一下认识。咱们榆林中学有没有希望，我看是大有希望的。我的理由有这么几条，我提出来，供大家讨论。一、榆林中学是陕北23个县联合办的一所最高学府，从财力上、从生源上讲，很有优势，大有潜力可挖；二、关键是有你们在座的一批优秀教师。”

讲到这里，室内大多数教师不以为然地摇头、喧笑。

杜斌丞继续讲道：“请你们不要妄自菲薄，要知道，你们在陕北教育文化界都是响当当的人物。”

室内的教师都笑了起来。

“你们不要笑，在陕北范围内，还有哪一所学校能比上我们？我们的师资力量是最强的。还有第三条，这是最重要的一点，就是陕北的最高当局重视教育。”

教师们议论开了。

“是啊，说的也是。井岳秀还是重视教育的。”

杜斗垣站起来说：“我支持杜校长的观点。”

李鼎铭也站起来说：“我也支持。”

杜斌丞最后站起来，问大家：“大家有没有信心办好榆中？”

“有。”

“有啊！谁说没有。”

听到最后一句话，大家都会心地笑了起来。

杜斌丞着一袭长衫，夹个公文包，在大街上急匆匆地走着，当走

到陕北镇守使署门前,停了下来。对警卫说:

“请通报一声,我想见井大人。”

“你是?”

“榆林中学校长杜斌丞。”

“您稍等。”

过了一会,警卫出来说:“井大人有请。”

杜斌丞进了大院。

井大人就是井岳秀,陕西省蒲城人,字崧生,人称“井十”。是辛亥革命著名领导人井勿幕之兄,清末武庠生。1906 年受井勿幕影响参加“同盟会”。1908 年震惊中外的“蒲案”发生,清府大肆搜捕革命党人,搜至井家,井岳秀的妻子赵雁云从容将同盟会文件和名册封入坛中,埋于院中菊花下,保护了革命党人的安全。1910 年,陕西省咨议局成立,井岳秀任常驻议员,负责筹措革命活动经费。1911 年10 月,井岳秀参加反清起义,被陕西军政府委任为北路军统领,不久改为全省游击统带。后任陈树藩部下工兵营长。1913 年,当外蒙在俄国沙皇策动下独立并暗中蛊惑煽动内蒙叛国和河套伊克昭盟七旗首鼠两端时,井岳秀通过交友、赛马、拜把子,力陈外附“七不可”,说服了内蒙各旗,使沙皇与外蒙阴谋未能得逞。1915 年,井岳秀二赴榆林处理陕秦麻涧神团教案及铲烟苗事件。1916 年升任步兵团长。1917 年,被黎元洪任命为陕北镇守使。当下,杜斌丞从门里走进来。井岳秀招呼道:“杜校长快请坐。哎呀,稀客呀! 说吧,找我有什么事?”

“学校经费有点紧张。想请井大人支持一下。”

“哎呀,好说,好说。杜校长把学校办得红红火火,我怎能不支持呢? 你是为咱陕北培养人才啊! 说实在话,过去那些酒囊饭袋把学校搞得一团糟,我还真有点生气。这样,你去找道尹王健商量出个方案,我全力支持。”

“谢谢井大人。”

“不要客气嘛!”

杜斌丞来到道府王健办公室，从门里进来，王健招呼道："杜校长快请坐。"杜斌丞开口道："王大人，学校经费实在困难。"王健说："好说，好说，井大人关照过了。学校需要多少经费?"杜斌丞说："当然是多多益善了。"王健说："这样，我准备从省政府争取将陕北23县的皮毛捐拨给榆中作为经费。另外，再由各县筹措一些，不知这样你满意否?"杜斌丞连声说："满意，满意，太谢谢了。"

杜斌丞从门里出来，王健一边送杜斌丞走，一边揶揄地说："杜校长，你的面子不小噢。"

1919年5月4日，北京爆发了"五四"运动。3000多名学生代表冲破军警阻挠，云集天安门，打出"誓死力争，还我青岛"，"收回山东权利"，"拒绝在巴黎和约上签字"，"废除二十一条"，"抵制日货"，"宁肯玉碎，勿为瓦全"，"外争国权，内惩国贼"等口号。来到外交大街，大批学生冲进曹汝霖住宅。

赵家楼内燃起了大火。

杜斌丞正在办公室读信。这封信是还在北京的杨明轩写的。这是一封对杜斌丞影响深远的信。信中说道："斌丞兄，别来无恙。最近北京发生了一件震惊中外的大事件，就是爆发了'五四'反帝爱国运动。咱们北师的学生联合北京13所院校的3000多名学生，先是齐集天安门广场，后又火烧了赵家楼，痛打了卖国贼章宗祥。虽然我和30多名同学遭到了反动政府的逮捕，但是，我们在社会各界的大力支持下，最终使斗争取得了胜利。"

杜斌丞读完信，从办公桌后站起，来回走动，显得异常激动。最后，打开窗户，瞭望远方。

榆林大街的钟楼旁，杜斌丞站在一张桌子上，正在发表演讲。周围簇拥着大批的老师、学生和市民。

"全体市民们，北京已经爆发了'五四'反帝爱国运动，这是好事，这是惊天的大好事。从此，国民的爱国热情将会进一步高涨，中国的前途将会大有希望。陕北父老乡亲们，我们一定要反对帝国主义和封建主义，欢迎‘德’先生和‘赛’先生，以挽救民族的危亡。”

人群中，马云程呼起了口号，人人挥臂高呼：

“外争国权！”

“外争国权！”

“内惩国贼！”

“内惩国贼！”

“抵制日货！”

“抵制日货！”

夜里，杜斌丞正在读书。门外传来杜斗垣的声音：“杜校长在吗？”杜斌丞说：“在。”打开门，看到是杜斗垣，连忙说：“快请进，杜老前辈。”杜斗垣从门外进来，说：“我写了篇拙文，想请校长看一下。”杜斌丞招呼道：“快请坐。坐下说。”杜斗垣把稿子递给杜斌丞，然后坐在椅子上。杜斌丞把稿子拿在手里，仔细读了起来，文章的题目是《讨倭奴檄》。过了一会，杜斌丞把头抬起。杜斗垣问：“怎么样，是不是不太通畅？”杜斌丞说：“不，这篇《讨倭奴檄》写得实在是好，我有好长时间没有读到这样精彩的文章了。通篇慷慨激昂，情感奔放，文笔犀利，具有战斗性。我建议，可以在《上郡日报》上发表。”杜斗垣说：“谢谢夸赞。我走了，打搅了。”杜斌丞说：“杜老前辈慢走。”

杜斗垣走后，杜斌丞复又拿起一本书，准备翻看，杜鸿范走了进来。杜斌丞说：“鸿儿，你不在宿舍好好休息，跑来做什么？”

杜鸿范说：“家里捎来话说，让您赶紧回去一趟。”杜斌丞问：“有什么事？”杜鸿范说：“来人没说。”说完就从门里走了出去。

翌日，杜斌丞走进米脂城，回到家里，说：“你们急急忙忙把我叫回来，有什么事？”朱佩英说：“兰兰要上女校，你说该怎么办？”杜斌丞说：“那就让上呗。”朱佩英说：“女孩子家上学，不怕人笑话？”杜斌丞说："校长是谁？"朱佩英说："听说是五姨夫的女儿高佩兰。"杜斌丞说："佩兰从北平回来了？"朱佩英说："回来了。听说是五姨夫让回来的。"杜斌丞说："不是我说你，把兰兰交给佩兰有什么不放心的？"朱佩英说："那就让上？"杜斌丞说："上啊！将来没有文化怎么行呢？"

杜斌丞刚刚回到榆林中学，走进办公室，还没喘口气，门外就有人喊"报告"。杜斌丞说："进来。"李子洲、呼延震东、白超然三人推门走了进来。杜斌丞说："你们是——"李子洲说："李子洲、呼延震东、白超然前来报到。"杜斌丞高兴地说："原来是三位大才子到了，快请坐。"

杜斌丞给每个人沏了一杯茶，说道："三位驾到，不知有何贵干？"

李子洲说："杜校长，是有这么回事，我听说陕西教育当局要成立省立第四师范学校，但是办在陕南还是关中还没有最后敲定。我想，咱们陕北23县只有一所榆林中学，不如争取把省立第四师范办在咱们绥德。旅京津的同学热情都很高，推举我们三人为代表，故而马不停蹄，回到陕北，希望得到杜校长和各界人士的支持。"

杜斌丞兴奋地说："这是好事啊，哪有不支持的道理？具体说说，让我怎样支持？"

呼延震东说："我们给陕西省教育厅写了一封信，希望能得到杜校长的签名。"说着，把信掏出递给杜斌丞。

杜斌丞接过信，一边看，一边说："这个简单。我还可以发动榆林各界知名人士，共同签名。"说着，拿起笔，签上了自己的名字。

榆林鸿宾酒店。杜斌丞、李子洲、呼延震东、白超然、杜斗垣、李鼎铭、高竹轩、曹颖僧、崔焕九、金晴兰共坐一桌，举杯把盏。李子洲站起，端着酒杯说："来，杜校长，我借花献佛，代表震东、超然敬您一杯。"

杜斌丞站起说："谢谢。"

李子洲说:“我先干为敬。”

说完,一饮而尽。杜斌丞也是一饮而尽。

杜斌丞坐下说:“我有个请求,希望三位大才子毕业后到榆中任教。”

“没麻搭。”

“遵命。”

1920 年,榆林中学由原来的秋季招生改为春季招生。谢子长、杜聿明、霍世杰、阎揆要、刘蕴华等人就是这期学生。这一年,旅京陕西学生联合会创办的《秦钟》月刊出版发行,李子洲就是发行人。刊物出到第四期,登载了一条重要消息:榆林中学杜斌丞君设立陕北代售处。第六期向读者推荐了一批“介绍新思潮的出版物”。其中就有陈独秀主编的《新青年》。从此,陕北与全国联系更紧密了。

长长的队伍,一支衣衫不整,疲惫不堪的队伍在山道上蜿蜒。两个士兵抬着杨虎城走在队伍的中间。孙蔚如一边走着,一手扶着担架。李子高跑前跑后,指挥着队伍前进。

杨虎城,幼名长久,被称为“久娃”,参加革命活动后,自己起名为忠祥,字虎城,1893 年 11 月 26 日,出生于陕西蒲城县孙镇甘北村一户农民家里。父亲杨怀福,母亲孙一莲,以农业为主,家境贫寒。他仅读过两年私塾,便为人佣工。1908 年,父杨怀福被清政府绞杀于西安,使杨更加仇视清廷,他便联络贫苦农民,抗御暴政。1911 年,他投身于辛亥革命运动,1917 年,参加陕西民主革命早期仅有的一支武装力量——靖国军,先后任陕西靖国军左翼军支队司令、第三路司令、陕西靖国军第五路司令。1922 年因拒绝直系军阀收编,被迫率部由武功退入陕北。当下,杨虎城问身边的孙蔚如:“快到榆林城了吗?”孙蔚如说:“快了,可能还有一天的路程。”

杨虎城说:“让队伍在前面村子停下。”

“是。”

榆林城门口,几条欢迎的横幅被高高地举在空中,横幅的内容有“欢迎杨虎城将军”,“你们是革命的功臣”,“靖国精英”等内容。井岳秀一身戎装,杜斌丞头戴礼帽,身穿长衫,站在人群中间。过了一会儿,一个骑兵奔跑过来,跳下马,跑到井岳秀面前,立正报告:“报告井大人,杨将军的人马只有几十人,马上就要到了。”

这时,锣鼓家什响了起来。

杨虎城的担架走在队伍的前面,开了过来。井岳秀紧走几步,到担架旁边,掀开被子的一角,看见杨虎城脸色蜡黄,眼睛微睁着。问道:“虎城老弟怎么啦?”杨虎城有气无力地说:“我……”旁边的孙蔚如代答道:“报告井大人,杨将军在路上染上了伤寒病。”井岳秀说:“快送医院。”

“是。”

普惠医院,杨虎城躺在病床上,一中医大夫正在检查病情。井岳秀坐在一把椅子上注视着大夫。过了一会儿,大夫检查完毕。井岳秀问:“杨将军病情怎样?”

大夫说:“不太好,得了重度伤寒病。”

“杨将军是革命的功臣,一定要设法治好。”

“请大人放心。待会我开好药方,请派人去抓药吧!”说完,大夫向门外走去。

第五章

一护士端着药碗从病房门里进来,准备给杨虎城喂药。坐在一旁的井岳秀伸手接过药碗,护士急忙去扶起杨虎城,井岳秀拿起汤匙给杨虎城喂药。杨虎城微微睁开眼,见状,忙说道:“崧生(井岳秀的字)兄,怎么是你?”

井岳秀说:“不要说话,快把药喝下去。”

杜斌丞、曹颖僧二人来到病房门口,欲进病房,被孙蔚如挡住:“杨将军患病期间,谢绝探视。”

曹颖僧对孙蔚如说道:“这位是榆林中学校长杜斌丞。”“对不起,那也不行。”

杜斌丞在办公室对马云程说:“云程同学,你这次考上北师,是咱们学校的光荣。”

马云程说:“谢谢校长的培养。”

“你这次去北京,给咱完成一个任务。”

“请校长吩咐。”

“咱们学校好教师奇缺。你给咱留意一下,多给咱聘请一些好教师来。”

“保证完成任务。”

“听说北师有个魏野畴,学问大,人缘好,马上就要毕业了,最好能给咱请来。”

“是。”

“我这里给魏野畴写了一封信，见了面，你交给他。”

“是。”

“见了魏野畴，说话一定要客气点。”

“请校长放心。”

说完，马云程走了出去，稍后门外又传来敲门声。杜斌丞说：“进来。”谢子长走了进来。杜斌丞问：“子长同学，你有什么事？”谢子长犹豫了一下，说：“校长，我想休学。”“为什么？”“我想回家乡办一所小学。”“那你等毕业后再去办学也不迟呀！”“不瞒您说，我想实践您的办学思想，走教育救国之路。”“那好吧，要是遇到什么困难，你就言传一声。”

“谢谢校长。”谢子长感激地说道。

榆林中学师生正在修建体育场。有的在用镢头挖土，有的在用铁锹往车上铲土，有的在推架子车运土。杜斌丞正和其他三个人用长棍抬一块用绳子拴着的石头。这时，有一位学生远远跑来，说：“杜校长，学校雇来的那些工人，不愿拆除天神庙里的神像。”

杜斌丞见说，便道：“放下，先歇会。让我去看看。”

天神庙里，几个工人围着几尊神像，议论着：

“这个钱不好挣，得罪了鬼神可不得了。”

“是啊，我可不愿召来罪过。”

这时，杜斌丞和那位学生走进来，对工人们说：“怎么？怕得罪鬼神，我们不怕，让我来。”杜斌丞拾起一根撬棍，上前撬神像。一边撬，一边说：“说有鬼神，那是封建思想。世上本没有鬼，只是人们说多了，才有了鬼。”一群师生闻讯赶来，一齐上手，用力撬神像。

工人们见这些有学问的人都不怕鬼神，胆子也大了起来，加入到撬神像的队伍中。

杜斌丞正和一群师生打篮球。还有一些师生一边观看，一边喝彩。体育老师刘辅臣充当裁判，一边来回奔跑，一边吹着口哨。

这时，场外有人喊道："杜校长，有人找您。"

杜斌丞见说，让另外一个老师顶上去继续打球，自己则走到场外，穿上外衣。他望见是杨虎城、孙蔚如二人来找自己，便走上前去，双手抱拳道："不知二位将军驾到，有失远迎，失敬失敬。"杨虎城也是双手抱拳道："杜校长客气了。"杜斌丞说："走，到我办公室坐会去。"

杜斌丞、杨虎城、孙蔚如三人走进办公室。杜斌丞招呼道："快请坐。二位都是贵客啊！"三人坐定后，有一校役进来给每人沏上一杯茶后，又退了出去。杜斌丞说："杨将军病好了？"杨虎城说："好一些了。谢谢挂念。""不知二位将军来访，有何要事？""冒昧打扰，真是不好意思。听说杜先生学问高深，治校有方。特来请教一二。""请教不敢当。只要是我知道的，但说无妨。""是这样，我一来榆林就得了重病，现在部队又士气低落，北洋政府又到处通缉我，真是不知如何是好。"

杜斌丞思索了一会，说："鉴于目前军阀混战，国势日衰，将军可整顿武装，积蓄力量，以备将来。至于将军个人行动，则需脱离部队，继续以养病为名，韬光养晦，以防井大人的猜疑。而另一方面，则应暗中联络，广交朋友，注意人才的培养。"杨虎城说："真是听君一席话，胜读十年书。那部队怎么办？"杜斌丞说："部队在当前必须接受井大人的收编，你可委托可靠之人，管理部队。选择这个可靠之人必须慎重，要既是你的心腹，又能和井大人搞好关系。"

杨虎城和杜斌丞的两双大手紧紧地握在了一起。

"得识先生，真有相见恨晚之感。"

"将军过誉了。"

转眼到了1923年春，魏野畴应杜斌丞邀请，来到榆林任榆林中学国文和英语教员。魏野畴，原名凤标，号明轩。陕西兴平人。1913

年春入西安三秦公学(后改为省立第三中学)。1917 年考取北京高等师范学校。1919 年参加"五四"运动,在陈独秀、李大钊等人的影响下,开始学习马克思列宁主义。1920 年同北京大学杨钟健等人一起创办《秦钟》杂志,宣传新文化、新思想。同年冬加入社会主义青年团。1921 年编写了《中国近世史》。同年夏毕业后回陕西,在华县咸林中学任教务主任兼历史教员。1922 年夏,因受当地封建顽固势力的排挤,辞职赴北京。在京期间,他一边修改《中国近世史》书稿,一边与杨钟健、刘天章、李子洲等组织共进社,出版《共进》半月刊。1923 年初经李大钊、刘天章介绍加入中国共产党。当下,魏野畴正在教室里讲《共产党宣言》,学生们静静地听着。

"一个幽灵,共产主义的幽灵,在欧洲大陆徘徊。……"

台下,刘志丹在认真地做着笔记。

又是一个星期天,杜斌丞和魏野畴坐在一起,正在商量如何办学的事情。魏野畴说:"在今日山穷水尽、走投无路的中国,我们必须脱离奴性的教育,求得有用的救国科学。"杜斌丞说:"你说得很对,在学校我们就是应该大力传播'五四'运动以来的新文化、新思想,培养学生的革命精神。"正说着,门外传来杨虎城的声音:"杜先生,我又来看你来了。"杜斌丞对魏野畴说:"是杨将军来了。"

杜斌丞和魏野畴赶紧迎出去。

杨虎城嗓门高吭,见了面就说:"哎呀,杜先生,多日不见,还真有点让人想你啊。"杜斌丞说:"欢迎,欢迎。"杨虎城看到杜斌丞身后还有一人,忙问:"这位是?"杜斌丞马上说:"噢,我给你介绍一下。这位是我刚从北京请来的老师,叫魏野畴。也是咱们陕西乡党。"杨虎城问:"你是?"魏野畴自我介绍道:"我是兴平人。和杜校长是同一所学校毕业。"杨虎城说:"魏老师好年轻哟。"杜斌丞说:"快到屋里谈,都别在这里站着。"

杜斌丞、杨虎城、魏野畴走进房来。杜斌丞招呼道:"二位请坐。怎么样?部队情况怎样?"三人坐下后,杨虎城回答道:"部队已编为陕北步兵团，由李子高任团长，孙蔚如任团附，下编三个营，分驻定边、横山、延安等地。同时，开办了三边教导队，对部队官兵进行轮训。”杜斌丞说：“那就好，那就好。”杨虎城说：“只是士兵们大都是穷苦人出身，没有文化。”魏野畴说：“我有个建议，你可以大量招收青年学生入伍，然后让新兵教老兵，这样，部队的文化素质不就提高了。”杨虎城见说：“魏先生真是大才啊！我怎么没想到呢？咱说好了，今天我做东，请二位吃饭。”杜斌丞说：“好啊，还是我做东。你们二位都是客人嘛。”杨虎城坚持着：“那不行，我先提出来的，还是我请。”杜斌丞说：“好好好，就依杨将军的意思。”三个人爽朗地大笑起来。

杨虎城、杜斌丞、魏野畴三人来到榆阳酒楼一包间内，分宾主坐定。服务生上好菜，往出走时，杨虎城吩咐道：“无事不要让人打扰我们。”

“是。”

房门紧闭。杨虎城端起酒杯，站起说：“二位先生，我到榆林得识你们真是三生有幸。来，我敬二位一杯。”杜斌丞站起说：“杨将军言重了。来，我干了。”说完一饮而尽。魏野畴也站起，说：“古人说，人生难得一知己。我们还是很幸运的，最起码，在榆林，我们三人是心心相印啊！来，我也干了。”说完一饮而尽。杨虎城见状，说：“好，二位先生真痛快。这样，我自饮三杯，表示对二位先生的敬意。”杨虎城端起酒杯，连喝三杯。杜斌丞说：“杨将军是真豪杰啊！来，都坐下吃菜。”

酒过三巡，杜斌丞问杨虎城：“杨将军，你觉得老井对你怎么样？”杨虎城见问，思索了一下，回答道：“老井是表面上对我尊重，而骨子里是瞧不起我的。”杜斌丞说：“有时候，被人瞧不起，也是一种好事。”杨虎城问道：“此话怎讲？”杜斌丞说：“你正好利用井的这一心理，掩饰自己。这也是一种韬光养晦嘛！”杨虎城见说，斟满一杯酒，站起说：“我再自饮一杯，表示对杜先生的敬意。”杜斌丞说：“杨将军，你别老是站起，来，坐下喝。咱们是谁呀？咱们是铁三角。”杨虎城说：“铁三角？此话怎讲？”杜斌丞说：“你是国民党，魏老师是共产党，我是无党派啊！”杨虎城说：“好好好，为铁三角干杯！”

三个人的酒杯碰在了一起。

刘志丹正在校园走着，忽然听到有人叫他的名字。

“志丹，志丹。”

刘志丹循声望去，见是魏野畴老师在他窑洞里从窗口向他招手，赶快跑过去，说：“魏老师，您找我？”魏老师点点头，说：“赶快进来吧！”

刘志丹原名刘景桂，字子丹。1903 年 10 月 4 日生于陕西省保安县金汤镇。1921 年考入陕北联合县立榆林中学。当下，刘志丹从门里进来，魏野畴招呼道：“快进来。最近学习情况怎样？”刘志丹说：“学习还可以，就是课外书太少了。”魏野畴说：“你看我书架上有什么书，你挑几本吧！”

“谢谢老师。”刘志丹说着，走到书架前，认真地挑起书来。过了一会儿，刘志丹手里拿着两本书说：“这两本《新青年》和《新潮》，我想借阅一下。”“行啊！”“谢谢老师。”魏野畴又说：“志丹同学，我找你来是想和你谈谈学校成立学生会的事。我和杜校长商量好了，要把全校的进步学生组织起来，开展一些有益的活动。”

“好啊！”

礼堂内，学生们正在酝酿成立学生会的事，两派学生几乎吵了起来。有的学生说：“我选刘志丹当主席。”有的学生喊道：“不行，我选井文龙当主席。”

“我看刘志丹是咱们学校最优秀的同学。”

“井文龙的父亲官最大，便于咱们开展工作。”

“我选刘志丹。”

“我选井文龙。”

一会儿，杜斌丞和魏野畴走了进来。有一位同学喊道："杜校长来了。"礼堂里立即静了下来。

杜斌丞走到讲台上，说："同学们不要吵，待会大家选举，谁的票多，谁就是学生会主席。现在开始选举。"

有两个学生给大家发选票。学生们拿到选票后，都认真地填了起来。过了一会儿，大家开始投票。又过了一会，开始唱票。

"井文龙一票。"

"刘志丹一票。"

"井文龙一票。"

"刘志丹一票。"

"刘志丹一票。"

台下的学生静静地听着。

最后，魏野畴宣布选举结果："最后选举结果是，刘志丹118票，井文龙56票，刘志丹同学当选为榆林中学学生会主席。"

全场响起了热烈的掌声。台下，井文龙和几个学生灰溜溜地低下了头。

魏野畴正在灯下看书，杜斌丞手里拿着一本杂志一掀门帘走了进来。说："魏老师，你在《共进》发表的《告陕西青年》写的真不错。"魏野畴说："杜先生来了，快请坐。"杜斌丞坐下后，说："现在的时局，真是一天不如一天。"魏野畴说："是啊。一些坏毛病都浸染到学校来了。"

一天，杜斌丞正在办公。一学生闯进来，说："杜校长，不好了，警察把学校大门封了，让交出魏野畴老师。"杜斌丞见说，跟着学生往门外跑去。

大门内外簇拥着一大群人。杜斌丞跑到大门口，对警察责问道："凭什么封学校的大门？"

"魏野畴妖言惑众，有伤风化，我们奉井大人命令，驱逐其离开陕北。”

“魏老师是学校从北京高薪聘来的，签了三年的协议，你们说赶走就赶走。我找井大人去。”

“这个，我们是奉命行事。”

魏野畴拉住杜斌丞，说：“不要和这些人计较，我还是离开吧。”

杜斌丞说：“魏老师你……”

榆林城外，杜斌丞和刘志丹等师生正在欢送魏野畴。刘志丹对魏野畴挥手：“魏老师再见。”

“再见。”

“常来信。”杜斌丞喊道。

“一定。”

“后会有期。”

魏野畴走了，杜斌丞病了。高崇、马济川、马云程三人在校门口向杜斌丞招手。杜斌丞坐在马车上，吩咐道：“学校就交给你们了。”高崇说：“您放心回去养病吧！学校有我们呢！”

榆林古城有“六楼骑街”的美名。城内由南向北依次建有文昌阁、万佛楼、星明楼、钟楼、凯歌楼和鼓楼六座明清建筑，由于这些古楼阁下车辆皆可通行，故有此称谓。坐落于城南的万佛楼，创建于清康熙二十七年，共分三层。底层为巨砖砌筑的四孔拱洞式结构，呈长方形。楼基长近 30 米，宽 18 米，高 9 米。楼基上建二层木质结构楼阁。楼下有南、北两院，南为孔雀明王殿，北为观音殿，两院东西各有三楹配殿。二层主楼均为斗拱飞檐，四角克举，明廊回护。二楼原供千余尊佛像，号称万佛。登临斯楼，可尽览古城南北市容。楼东有天桥通达禅院，内设当地佛教“僧会司”。每年农历六月十九日在此举行佛光节，总是笙鼓盈耳，仕女如云，为榆林仕女四大集会之一。民间习惯于此日吃西葫芦炸豆腐，相沿成俗，成为当地名菜。

这一天正好是农历六月十九日，只见万佛楼上，依例作佛事、诵经文,香火鼎盛。在万佛楼北,正在唱戏,观众云集。

这时,井文龙带着马弁横闯直撞,走进人群。众人躲避着。榆林中学学生苗从权被人群拥来挤去,不小心把井文龙撞了一下。井文龙一看是学校学生会干事苗从权撞了他,气不打一处来,对马弁说道:“打这狗日的。”两个马弁见说,立即上去拳打脚踢,打得苗从权躺在地上,口鼻流血。跟前有几个苗从权的同学,责问道:

“凭什么打人?”

“凭什么打人?”

“太不像话了。”

其中有一个叫武开章的学生从人群中跑出来,喊道:

“井岳秀的儿子打人了。”

武开章一路气喘吁吁,跑进榆林中学大门,连跑带喊:“井岳秀的儿子打人了,井岳秀的儿子打人了。”随着喊声,校园里聚集起了越来越多的学生。有一个学生问:“怎么回事?”武开章说:“我们在城里看戏,井岳秀的儿子硬说苗从权故意撞了他,让马弁上去连踢带打,恐怕这会苗从权已经不行了。”

这时,一个学生背着苗从权,身后跟着几个同学从大门进来了。人群中一个学生看见了,喊道:“快看,他们回来了。”学生们闻声,“呼啦”一下围了过去,只见苗从权口鼻流血。一个学生气愤地说道:“看把苗从权同学打成啥样了。”又有一个学生说道:“不行,咱们不能就这样算了。”

“咱们罢课。”

“对,咱们罢课。”

学生们一呼百应。

在某教室,高崇陪同榆林县长王卓如和几个学生代表正在谈话。王卓如劝学生道:“同学们,你们不要为了一点小事,就走极端。你们这样下去,会惹恼井大人的。”

这一下,反而惹恼了学生,教室里像炸开了锅。

“王县长,不是我们走极端。我们的父母把我们的生命交给学校,学校不负保护我们的责任,反而和军阀一个鼻孔出气,我们不住你这学校行不行?”

“对,我们搬出去住。”

学生们纷纷走出教室。高崇在后面近似哀告地说:“同学们,你们要冷静,不要走极端。”

王卓如说:“太不像话了。”

旅店里,学生们有的被褥很单薄,有的未带被褥;有的在看书,有的在说话。高崇、马济川、马云程等几位老师走进旅店,看望学生。马济川说:“同学们,我们来看望大家来了。”学生们的头都偏向一边,不理会进来的老师。高崇捏了捏被角,说:“被子太单薄了,你们不冷吗?”大部分学生都不说话。武开章说道:“我们都不怕冷。”马云程说:“同学们,你们还是搬回学校吧!有什么问题,咱们商量解决。”

学生们都不说话。

高崇和马济川、马云程三人回到学校,来到高崇办公室商量办法。高崇说:“学生们不回校,怎么办?”马济川说:“我看还得把杜校长请回来。”马云程说:“对,赶快把杜校长请回来。”高崇说:“杜校长刚去养病,学校就出了这事。云程,明天你到米脂辛苦一趟。”马云程说:“也只能这样了。”

马云程陪着杜斌丞走进旅店,看望学生。马云程说:“同学们,杜校长看望大家来了。”学生们见说,纷纷从炕上跳下来。杜斌丞说:“同学们,你们不上课,打算怎办?井文龙带马弁打了人,你们受不了,我是理解的。但事情总是要解决的。说说你们的要求吧!能办的我一定去办。”

一个学生说:“我们要求开除井文龙。”

“对,我们羞于和井文龙同校。”

“保证士兵以后不再行凶打人。”

“保证不开除这次为首的学生。”

武开章说:“让井岳秀亲自来榆中向被打同学道歉。”

杜斌丞说:“同学们,你们的要求并不过分。开除井文龙嘛,我一定办到;保证士兵不再打人,我同意你们的意见。这样,我请老井加强士兵纪律教育,好不好?不开除学生嘛,我保证一个也不开除,而且,我还要在学校给你们开欢迎会;至于武开章同学提出的,让老井亲自来道歉,你们想一想,能办到不?”学生们都低下了头,想这个问题。

杜斌丞继续说道:“我知道这一条办不到。取了这一条吧!”学生们都默不作声。杜斌丞最后问学生们:“你们还有什么意见?”有一个学生低声说:“没有了。”

这时,杜斌丞感觉有点头晕,身子晃了晃。马云程见状,说:“杜校长,您怎么啦?”杜斌丞说:“没事,休息一下就好了。”学生们流着泪说:“杜校长,我们对不起你。”

第六章

在陕北镇守使署，榆林县长王卓如站在一边。井岳秀在大厅内来回走着，如热锅上的蚂蚁。井岳秀问王卓如："你说，榆林中学的学潮该怎么办？"王卓如说："属下实在没，没有办法。"井岳秀说："真是一群酒囊饭袋。"王卓如用手巾擦着头上的汗。

这时，一衙役在门外喊"报告"。井岳秀说："进来。"衙役从外面进来，说："榆林中学杜校长求见。"井岳秀一听，忙说："快请。"

杜斌丞从外面进来。井岳秀说："杜校长，犬子不争气，酿下如此大祸。"杜斌丞说："学生们已经答应回校了。""那就好，那就好。"杜斌丞说："我答应了学生的全部条件，学生们才愿意回校。"井岳秀问："都有些什么条件？"杜斌丞说："大人您今后应教育您的士兵，不再随便滋事生非。"井岳秀说："这个自然。我已责打了那个士兵。"

杜斌丞说："您应该给贵公子转学，换个环境。"井岳秀连声说："行，行，没问题。我听杜校长的。"

罢课的学生们从学校大门走进来。有的背着铺盖，有的抱着书本。有一个学生大声说："他们回来了。"杜斌丞和一群师生鼓着掌，夹道欢迎。

1923 年冬天，杜斌丞带领榆林中学的师生，到天津、北京等地参观，力求学习外地的先进思想和教学经验。来到北京后，杜斌丞又想起一件更为重要的事情，那就是聘请一批优秀教师。昨天，他和李子洲谈的很好。今天，他又按照李子洲说的地址，来找王森然。他沿途打问着,见了人就问:“请问王森然住这里吗?”路上的人皆摇头说:“不知道。”

杜斌丞又问一位戴眼镜的人:“请问王森然住这里吗?”

“你是?”

“我是陕北来的。”

“请跟我来。”

走了一段路,到一房门前,“眼镜”喊道:“王先生,有人找。”

“谁呀?”

“陕北来的。”

王森然从房内出来,有点纳闷:“你是?”

“噢,是这样,我叫杜斌丞,李子洲让我来找你的。”

“快请进。”

杜斌丞跟在王森然身后,进了房门。杜斌丞扫视了一遍房子,房子不大,只有一床一桌而已。王森然说:“快请坐。”

“谢谢。”

杜斌丞坐在床的一角。

王森然问:“不知杜先生找我什么事?”

“噢,是这样,我是陕北榆林中学校长,这次带师生来北京、天津等地参观学习。昨天听说曹锟到处通缉你,我想正好,陕北正缺你这样的教师,你能到我们那里去吗?”

杜斌丞见王森然有些为难,便继续说道:“我已约好了李子洲,你同他一起去开荒吧!你应该趁此机会去西北开拓新文化的处女地。”

王森然见杜斌丞说得诚恳,便说:“好吧,我接受你的邀请。”

“谢谢,太谢谢了。”

两双手紧紧地握在了一起。

杜斌丞和王森然在校园里并肩走着,一边走,一边说着话。远处传来读书声。王森然感觉有些异样,问:“杜校长,放假了,学校怎会有读书声?”杜斌丞神秘地一笑,说:“这就是我要给你的惊喜,一会你就知道了。”一个学生从礼堂门口出来,发现杜斌丞俩人,又急急忙忙跑回礼堂,低声喊着:“来了,来了。”礼堂里读书声突然间消逝了,周围是一片宁静。

礼堂墙上贴着几幅醒目的标语:

“欢迎王森然老师来榆林任教。”

“王森然老师一路辛苦。”

“这里就是您的家。”

杜斌丞抢先几步走进门口,礼堂内顿时爆发出雷鸣般的掌声。杜斌丞一边鼓着掌,一边走上主席台。他用双手示意了一下,掌声戛然而止。杜斌丞用手指着王森然,向台下的学生道:

“同学们,老师们,这就是我跟你们常常提起的王森然老师。王森然老师毕业于北京大学,思想进步,学识渊博,这次不远千里来到我们榆林,这是我们的光荣。”

台下又是一阵雷鸣般的掌声。

“下面,我们请敬爱的王老师讲几句话,大家欢迎。”

台下又是一阵雷鸣般的掌声。

王森然走上主席台,顿了顿,扫视了一遍会场,然后说道:“同学们,老师们,现在正值放假,没想到你们为了欢迎我,又重回学校,我感到非常激动,谢谢老师们,谢谢同学们,从今往后,我就是你们中间的一分子。”

台下掌声如雷。

台下有一位同学拿着一把椅子走上台来,请王森然老师坐下。

杜斌丞介绍道:“现在请我们学校学生会主席刘志丹同学致欢迎词。”

那位拿椅子的学生走到桌子前拿出一张纸,说:“尊敬的杜校长,尊敬的王森然老师,老师们,同学们,我想用王老师的诗欢迎王老师,大家同意不同意?”

“同意。”

“下面,我朗诵的题目是《杀! 杀! 杀!》”

我的最亲爱的同胞啊!
灰色恶魔势力之下,
布满着大刀阔斧,利剑快铡,
终日里狺狺狂吼,切齿磨牙。
我们受尽了他们的凌辱、压迫、蹂躏、践踏。
我的最亲爱的同胞啊!
叫我们走,我们不敢不走,
叫我们爬,我们不敢不爬,
叫我们死,我们不敢不死,
我们到底是人类,到底是牛马?
我的最亲爱的同胞啊!
真挚诚恳热烈的同胞啊!
我们不必以弱者自居,
万众一心! 协力同作!
打起我们决死的鼓!
振着不屈不挠的精神,
杀! 杀! 杀!

台下响起经久不息的掌声。王森然已是泪流满面。

在王森然办公室门前,一群学生把王森然围在中间,问长问短:

“老师,什么是‘民主’?”

“‘民主’就是,做事要靠大家的智慧,只有集思才能广益,中国的事情才能办好。”

“那什么是‘科学’?”

“每个事物都有它自己的规律。‘科学’就是按规律办事,我们无论做什么事情,都要寻找事物的规律,只有这样,才能实现我们美好的愿望。”

“老师,您见过李大钊先生吗?”

“见过。他是中国最早的马克思主义者。”

“老师,您见过陈独秀先生吗?”

……

王森然正在看《新青年》。杜斌丞和李子洲一掀门帘走了进来。说:“王老师,你看我给你带谁来了?”

王森然抬头一看,显出惊喜,激动地说:“李子洲,怎么是你?”

李子洲过去拉住王森然的手,说:“怎么不能是我?”

“早就听杜校长说你要来,可就是‘千呼万唤不出来’。你可是陕北的大才子啊!”

李子洲,名登瀛,笔名逸民。陕西绥德人。由于家境艰难,十五六岁才开始上学。1912 年,他为了深造,徒步单装从绥德出发,走了七八百里,历时 20 多天,来到西安,考上三秦公学。1917 年春考入北京大学预科,两年后入哲学系。“五四”运动中,李子洲担任了北京大学学生会干事,积极参加火烧赵家楼等正义斗争,不久加入李大钊创建的北京大学马克思学说研究会。1920 年他与魏野畴、刘天章、杨明轩等创办了《秦钟》及《共进》刊物,发表文章,唤醒民众积极奋起。1921 年,他在陈独秀、李大钊的影响下,加入了中国共产党。1922 年,李子洲在北大毕业后,先是在三原渭北中学教书,后又接受杜斌丞邀请,来到榆林中学。当下,李子洲对王森然说:“快别这么说。怎么样?在这里还过得习惯吗?”

王森然说:“好好好,一切都好。快坐下,杜校长也请坐。”

杜斌丞坐下说:“唉,魏野畴老师要是没走的话,我手下就有三员大将了。真得感谢你们二位,帮了我的大忙了。”

李子洲说:“杜校长,话可不能这么说,你要是硬要这么说,我和王老师可就不爱听了。”

王森然也说:“对对对,杜校长这就见外了。”

三个人会意，手放在一起，齐声道："我们都是为了一个共同的目标，走到一起来了。"

说完，三人大笑起来。

杜斌丞正在办公室看书，高竹轩一掀门帘走了进来，说："杜校长，我是来向你辞行的。"杜斌丞说："听说让你到绥德筹建省立第四师范？"高竹轩说："是啊，我一点底都没有。"杜斌丞说："你可多做调查研究，多征求各方面意见嘛。"高竹轩说："不知学校该建在绥德什么地方？"杜斌丞说："我觉得，你可把原来的书院和试院加以改造，就把学校建在疏属山上。"

崔焕九正在办公室练书法。杜斌丞一掀门帘走了进来，说："崔老师，丁班的成绩不错，23 名学生中，被北大、北师大等国立八校录取的就有 20 名。我想举行一次欢送会。"崔焕九说："应该的，应该的。"杜斌丞说："我想请你这个大书法家写几个字，好刻在红石峡。"崔焕九说："那不行，要往红石峡刻，我的字还拿不出手。"杜斌丞说："你就不要谦虚了，我的大书法家。"崔焕九说："不知要写哪几个字？"杜斌丞说："我想好了，就刻'力挽狂澜'四个字。"崔焕九说："好，那就恭敬不如从命，我可献丑了。"说着，崔焕九铺开一张纸，挥毫写了起来。

榆林中学全校师生齐集红石峡。悬崖上"力挽狂澜"四字在原有的"大漠金汤"下显得苍劲有力。杜斌丞正在向师生讲话：

"各位老师，同学们，中国现在已经到了非收拾不可的地步了。我们要树雄心，立壮志，继前人革命未竟之业；破黑暗，求光明，使我国成为独立、富强、繁荣、进步的堂堂大国。在当今中国，挽狂澜于即倒，扶大厦之将倾，你们有没有信心？"

"有！"

随着回答，全场响起了热烈的掌声。

李子洲正在收拾行装。王森然走了进来,说:“登瀛兄,听说你去接任绥师校长一职。”李子洲回头见是王森然,说:“是啊! 绥师为穿校服事,闹起了学潮。我是临危受命啊!”王森然说:“坏事里面有好事。我想登瀛兄在绥师肯定能一展才华。”李子洲说:“谢谢。噢,对了,我离开这里后,你肩上的担子就更重了。你要多协助杜校长,把成绩巩固住,把局面开得更大一些。有什么事,咱们随时保持联系。”王森然说:“没问题。”

绥德四师正在举行开学典礼。会场上挂有横幅“陕西省立第四师范开学典礼”,杨明轩、常汉三等人坐在主席台上。杜斌丞等人也被邀请坐在主席台上。

李子洲作开学演讲:“我为传播马克思主义思想种子而迁就此职,并非只为师资教育、个人职业。为以马克思主义唤醒青年,唤醒农民工人及一切劳苦人民,改造中国,进行革命,建设人类最科学最美满最理想的共产主义中国。”

全场响起热烈的掌声。

李子洲继续讲道:“我们的办学原则是:求学勿忘革命,革命勿忘求学。如求学而忘革命非真求学,革命而忘求学则非真革命。”

全场再次响起热烈的掌声。

杜斌丞与王森然正在交谈。王森然说:“听说李子洲在四师工作开展的不错。”杜斌丞说:“是啊,李子洲真是我们陕北难得的宝贵人才,他革命有激情,方法又灵活。很快就在绥德打开了局面。”这时传来敲门的声音:“杜校长在吗?”杜斌丞一听是杨虎城的声音,忙说:“在啊,快请进。”

杨虎城从门外走了进来。杜斌丞说:“来,杨将军,我给你介绍一下,这位是我从北京请来的王森然老师。”杨虎城说:“你们榆林中学真是藏龙卧虎啊!”杜斌丞说:“二位请坐,坐下谈。”三人坐定,杨虎城说:“老井对我是越来越不信任,日子难过哟。”王森然说:“我也听说了，老井听信谗言，说杨将军兵也强了，马也壮了，其意就是想夺取陕北这块地盘。”杜斌丞说：“这个老井啊，真是的，哪天我找老井说去。”王森然问：“杨将军，平时您在榆林都和谁来往？”杨虎城见问，回答道：“唉，我自觉寄人篱下，心中不快，平时很少出门。只到杜先生这里来请教些问题。”王森然说：“那你何不多看些书呢？”杨虎城说：“唉，我的文化底子太薄，看书有点吃力。”杜斌丞说：“我有个建议，王老师国文底子深厚，杨将军何不请他给你讲讲《水浒传》呢？”杨虎城说：“好啊，我求之不得。不知王老师有没有时间？”王森然说：“乐意效劳。”

“那就一言为定。”

井岳秀正在书房和王健密谈。王健说：“听说杨虎城招收了一批青年学生，使部队素质得到了提高，实力得到了增强。”井岳秀说：“是啊，我也得到密报，杨虎城在安边还成立了教导队，从北京请来了赵寿山、段象武、刘光甫等几位军事专家作教员。”王健说：“大人您要提早做防备啊！”

这时，衙役在外边喊道：“报告。”

“进来。”

衙役进来后，井岳秀训斥道：“我不是不让人打扰吗？”衙役说：“是杜校长求见。”井岳秀说：“请他进来。”过了一会，杜斌丞进来后，王健告辞道：“你们谈，你们谈。”王健走后，井岳秀问：“杜校长何事来访？”杜斌丞说：“陕北危机了。”井岳秀说：“此话怎讲？”杜斌丞说：“听说您怕杨将军夺您的地盘，已经起了猜疑之心。”

井岳秀默不作声。

杜斌丞继续讲道：“两虎相争，必有一伤。陕北危机了。”井岳秀说：“依你的高见，该怎么办？”杜斌丞说：“虎城有虎志，非池中物，待时机有变，即可南下，另作他图。大人可以诚待之。”井岳秀说：“真是这么回事？”杜斌丞说：“斌丞可以全家性命担保。”

“那就好，那就好。我相信杜校长是不会哄我的。”

王森然走进杨虎城公馆,径直向房内走去。刚一进门,杨虎城就招呼道:“王老师,快请坐。”王森然坐下后,说:“杜校长已经做通了老井的工作,杨将军这下可以放心了。”杨虎城说:“我也听说了。真正知我者斌丞先生,真正助我者斌丞先生也。井岳秀虽和我是同乡,但我们二人志趣不同不相为谋。而斌丞先生虽是米脂人,但结识以来,深感他是陕北的人杰之一。”王森然由衷地说道:“是啊。杜校长思想进步,有政治远见,很能团结人。我就是受他的人格魅力感染,才来到榆林的。”

杨虎城找来一本《水浒传》,说:“王老师,咱们开始上课吧!”

“好。今天讲林冲雪夜上梁山。”

陕北镇守使署大门外,一群人中间站着井岳秀、杨虎城、王健、王卓如、杜斌丞等人。两个士兵抬出一块牌子,将“陕北镇守使署”牌子摘下,换上新牌子。现出字样“陕北国民军总司令部”。鞭炮接连不断地响了起来。

众人都鼓起掌来。

杜斌丞和杨虎城正在办公室讨论问题。杨虎城说:“杜先生,部队官兵的文化素质普遍都提高了,我觉得士气还不够旺盛。”杜斌丞想了想,说:“我觉得最重要的一条是,要让官兵们知道,他们在为谁扛枪,在为谁卖命?战争是政治的继续,团结谁,打击谁?一定要明确。”杨虎城说:“对对对,杜先生一说,我心里就亮堂多了。”

正说着,门外传来李子洲的声音:“杜校长在吗?”杜斌丞和杨虎城刚站起,李子洲走了进来,说:“你们二位都在呀!”

杜斌丞说:“快请坐。”李子洲坐下后,说:“我是从绥德专程赶来的。”杜斌丞问:“有什么重要事吗?”李子洲说:“我分析了一下形势,觉得机会稍纵即逝。现在连井岳秀都挂上了‘国民军’的牌子,全国人民都在支持国民革命。但是呢,陕西的政权仍然掌握在刘镇华、吴新田等军阀的手中。我想建议杨将军,挥师南下,进军关中,驱逐军阀刘镇华和吴新田。”

杨虎城见说，道：“好主意。这样，我就可摆脱寄人篱下的日子了。”杜斌丞说：“李校长说得没错，老井的工作我来做。”

杜斌丞来到陕北国民军总司令部，从门里走进来。井岳秀说：“杜校长，你是无事不登三宝殿，平时很难见你一面哪。说吧，今天又有什么事？”杜斌丞说：“好事，大好事。”井岳秀问：“什么大好事？”杜斌丞说：“如今天下，人人都思民国，可军阀刘镇华、吴新田之流还盘踞在陕西。我想请井总司令派兵南下，扫清余孽。”井岳秀说：“不瞒杜校长，这两天我也在考虑这个问题，只是苦于无人挂帅，才没有行动。”杜斌丞说：“看来咱们是想到一起来了。挂帅之人嘛！我看就有现成的。”井岳秀说：“你是说虎城老弟。”杜斌丞说：“我想，让杨将军挂帅有三大好处。”井岳秀说：“噢，还有三大好处。说说看。”

杜斌丞扳起指头说：“这第一，杨将军原来并不是你的部下，长期在陕北待下去，也不是个办法。”

井岳秀说：“是啊，虎城老弟虽然没有和我产生不愉快，但他的部下时常和陕北老部队起摩擦，总让人头痛。”

杜斌丞又说：“二来，你虽然挂了国民军的牌子，但不做出一些实际行动，就难免让人议论。如果挥师南下，就会得到许多人的拥护。”

井岳秀说：“那三呢？”

杜斌丞继续说道：“这第三，如果胜了，对你来说是大功一件。如果出师不利，也无伤大雅。”

井岳秀说：“杜校长分析的有道理。依你之见，应该给虎城老弟一个什么样的名分呢？”

杜斌丞想了想，说：“就叫陕北国民军前敌总指挥，怎么样？”

“杜校长真是想得周到啊！就依你。”

榆林南门外聚集了一大群人，有绅士，有教师，还有学生。人群中站着井岳秀、王健、王卓如、杜斌丞、王森然等人。城墙上锣鼓喧天。还有人呼着口号：

“打倒军阀！”

“打倒军阀！”

长长的队伍从南门出来。士兵们大部分扛着步枪，偶尔也有抬着机枪的。杨虎城骑着马从南门出来，跳下马，走到井岳秀面前的桌子旁。井岳秀和众人端起酒碗。井岳秀大声说道：“祝杨将军旗开得胜。”众人附和着说：“祝杨将军旗开得胜。”

这时，榆林城上黄沙漫天，狂风大作。有一些人以手捂面。杨虎城“哈哈哈”大笑，朗声说道：“云从龙，风从虎，打不败刘镇华，我杨某誓不为人。”说完，将一海碗酒一饮而下，然后将大碗在地上摔得粉碎。

众人也都把酒喝完后，把碗摔在地上。

人群中响起了热烈的掌声。

杨虎城双手抱拳，向众人道：“谢谢陕北的父老乡亲。”说完，骑马跨蹬，急驰而去。

第七章

在榆林普惠医院，王森然躺在病床上，一个医生正给王森然检查病情，杜斌丞坐在旁边一把椅子上。

过了一会，杜斌丞问医生："大夫，王老师的病情怎样？"

医生摇摇头说："很难检查清楚。我建议，你们还是尽快转院，以免耽误病情。"

榆林城外，一群老师、学生正在送王森然老师。王森然病病恹恹地坐在一辆马车上。这时，刘志丹从远处气喘吁吁地跑来，说："我来迟了。我要送王老师一卷怀素千字文拓片，这是早就答应给王老师的。"说着，把拓片递到王森然手里。王森然从怀里拿出一张纸，说："志丹同学，我也送你一件礼物，这个礼物就是我新近写的一首诗。"

刘志丹双手接过来，朗声读了起来：

我们只要有炸弹爆裂，
我们只要有手枪去放，
从死路里打出一条生路，
从黑暗里找出一线曙光。

老师和学生们都鼓起掌来。杜斌丞说："你们的王老师是一位品学兼优的学者，你们今后可要向他好好学习啊。"说得王森然和众人都流泪了。杜斌丞也是泪流满面。

这时，刘志丹唱起了《榆林中学校歌》：

共和肇建真理昌，
神农胄胤衍羲皇。

众人也跟着唱了起来：

衽席同登出水火，
学生责任不寻常。
一瞬韶华休虚掷，
几年灯火伴寒窗。
拼将铁肩担道义，
奋起匡时姓字香。
欧风美雨正猖狂，
砥柱中流莫彷徨。
齐努力，共主张，
啊！巩固鸿基万载长。

王森然乘坐的马车在歌声中缓缓起动。王森然招着手：

“再见！”

杜斌丞和师生们也招手喊着：

“再见！”

榆林大街上，搭一道彩门，上书“热烈欢迎国民军联军进军西安”。井岳秀、杜斌丞等人站在人群中间。

国民军联军史可轩部排列整齐，远远开来。

井岳秀和杜斌丞等人上前和史可轩握手。

“欢迎，欢迎。”

“史师长一路辛苦了。”

在校长办公室里，杜斌丞问杜鸿范："范儿，毕业后，你准备报考哪所学校？"杜鸿范回答道："我和十几个同学都商量好了，准备考黄埔军校。"

杜斌丞看着儿子，赞赏地说："好啊！有志气。"

杜斌丞从门里进来，井岳秀招呼道："杜校长快请坐。有何贵干？"杜斌丞说："最近我老感觉身体不太好，我想辞掉校长职务，到外地去休养。"井岳秀说："杜校长，校长是不能辞的，养病你尽可养病。你是榆中的一面旗帜，怎么可以辞职呢？"

杜斌丞说："那我走后，由谁代理校长？"

井岳秀说："交给谁呢？好像高崇不错，由高崇代理怎么样？哎呀，杜校长，你就放心走吧！我会安排好的。"

米脂城隍庙湾，杜斌丞从自家大门走进来。次子杜鸿模看见了，忙跑回窑中，喊着："爷爷、奶奶、娘，我爹回来了。"

杜自敏和老伴及朱佩英闻声从窑内走出来。

杜自敏说："怎么不到放假时间，你……"

"我请了个病假。"

晚上，杜斌丞和朱佩英躺在炕上。杜斌丞对朱佩英说："这些年让你受累了。"朱佩英说："你知道就好。"杜斌丞说："我怎么不知道呢？你在咱们杜家是劳苦功高啊！"朱佩英说："少贫嘴。"杜斌丞说："不是贫嘴，我说的是真心话。"

朱佩英说："范儿在军校是不是快毕业了？"

"是啊，范儿真是个争气的孩子。"

曹又参走进杜斌丞家院子，问："请问，这里是不是杜校长家？"

朱佩英说："是啊，你从哪里来？"

"我从榆林中学来，给杜校长捎来一封信。"

“孩子他爹,来客人啦!”

杜斌丞闻声从偏窑走出来,说:“是又参哪,快回窑,窑里说话。”

进到窑里,曹又参双手把信递给杜斌丞,说:“杜校长,您的信。”

杜斌丞拿过信,拆开看了起来。这是杨虎城写来的信。信中写道:“杜先生,榆林一别,已有两年,甚念。赖有陕西民众支持,虎城敢冒天下之大不韪,守西安达八月之久。幸有冯将军五原誓师,西安才得解围。特邀诸位先生一聚,敬请不吝当面赐教。”

杜斌丞高兴地跳起来说:“西安解围了,这是何等的胜利啊!”

杜鸿模受到感染,喊着从门里跑出:“噢,西安解围了。”

曹又参和朱佩英都十分兴奋。

几天后,杜斌丞被陕北各界人士推举为参加西安解围庆祝活动的代表。消息传出,许多学生都要跟杜斌丞去西安见见世面。杜斌丞挑选了 78 名学生。

这一日,杜斌丞和一群学生艰难地跋涉着。

一学生说:“杜校长,杨虎城真是咱们陕西的大英雄啊!”

“那当然。”

另一学生说:“杜校长,西安解围是不是说,咱们陕西革命成功了?”

“还不能这么说。因为许许多多骑在老百姓头上的军阀还没有被打倒。”

杜斌丞见学生们都走累了,就说:“休息一会吧!”

有几个学生喊着:

“休息了。”

“休息了。”

到了西安,杜斌丞安顿好同行的学生,便来到国民军联军接待处,看见楼门外挂一块牌子,上写“国民军联军总司令部接待处”,韩望尘走过来,问:“先生,您找谁?”

杜斌丞说:“我是陕北来的杜斌丞,是前来报到的。”

“您请进。”

韩望尘带着杜斌丞走进大楼。

房间内,马文彦翻阅着资料,惠又光正在打电话:

“喂,喂,我是,好,好。”

韩望尘和杜斌丞走了进来。韩望尘说:“陕北杜先生到了。”

惠又光和马文彦见说,赶紧跑过来,双双握住杜斌丞的手,说:

“杜校长,路上辛苦了。”

杜斌丞说:“惠先生,您怎么也在这?”

惠又光说:“望尘兄,这就是我给你常说的榆林中学杜校长。”

韩望尘说:“杜校长请坐。”

杜斌丞和史可轩正在交谈。史可轩说:“杜先生,你带来的榆林78名进步青年,我们经过考试,做了这样安排:62名进了中山军事学校,16名进了中山学院。而且,我们把榆林来的全都编在了第一大队。不知这样安排,您满意吗?”

杜斌丞说:“史校长,您太客气了。谢谢。”

史可轩说:“再过两天,军事学校将举行开学典礼,特邀您参加。”

“谢谢,太感谢了。”

西安中山军事学校正在举行开学典礼,台上坐着国民军联军驻陕总部司令于右任、副司令邓宝珊、军事学校校长史可轩、政治部主任邓小平、教务主任李林、总队长许权中、榆林中学校长杜斌丞等。李林主持着典礼仪式。

台下坐满了三个大队的学员和部队官佐。

李林站起说:“现在请从陕北榆林来的杜斌丞先生讲话。”

全场响起热烈的掌声。

杜斌丞说:“我很荣幸,能站在这里说几句。谢谢史校长的安排。各位将军,各位先生,学员朋友们,新的革命高潮已经到来,在这伟大的革命高潮中,我希望,我们在座的,都能积极努力,奋勇前进,无愧于这个时代。我并且希望,以往那些革命的和还没有革命的,都能参加到这一场革命运动的行列中来,让一切反动军阀在全国百姓面前发抖吧!"

全场掌声雷鸣。

西安大街上,杜斌丞穿一袭长衫,头戴礼帽,急匆匆地走着。一报童喊着:"卖报来,卖报来。《陕西国民日报》消息:李仪祉辞去建设厅长职务。"

杜斌丞停下脚步,说:"报童,来一份。"

报童走到杜斌丞身边,递了一份报纸。杜斌丞给了报童一文钱。

杜斌丞一边走,一边读报:"国民军联军驻陕总司令部建设厅厅长李仪祉请辞照准,遗缺以严庄继任。"

在李仪祉家,杜斌丞和李仪祉正在交谈。杜斌丞在椅子上坐着。李仪祉在地上来回踱着步。过了一会,李仪祉气愤地说:"这叫什么革命?让我来主持水利,却很长时间没有事做。这,这谁能受得了?"

杜斌丞说:"我正式邀请您,希望您到陕北考察水利。陕北十年九旱,老百姓都挣扎在饥饿线上。但陕北的水源十分丰富,特别需要像您这样的专家去勘测规划。"

"好,谢谢,有事做就好。"

杜斌丞和李仪祉两双手握在了一起。

杜斌丞在马文彦陪同下,来到苏联军事顾问团驻地。苏联顾问乌斯曼诺夫、赛福林等远远看见杜斌丞身材高大,留着两撇向上翘的胡子,外表颇像苏联骑兵名将布琼尼,惊呼:

"哦,布琼尼。"

"布琼尼。"

杜斌丞与苏联顾问乌斯曼诺夫、赛福林等一一握手。

乌斯曼诺夫态度热情，说："你好，布琼尼。"

马文彦给杜斌丞介绍："这是乌斯曼诺夫将军。"

杜斌丞说："乌斯曼诺夫将军，您好。"

来到会议室，分宾主坐定。乌斯曼诺夫介绍苏联的情况，马文彦翻译着，杜斌丞静静地听着。

最后，杜斌丞向苏联的军事顾问们告辞。杜斌丞握着乌斯曼诺夫的手说："苏联人民是伟大的，我相信在斯大林先生的领导下，苏联的明天会更好。"

关中道上，一辆小车奔驰在大路上。

杜斌丞坐在车上，眼望着远方。

杜斌丞驱车走进第一道门，两边的卫兵向杜斌丞敬礼。杨虎城站在公馆门口，远远见杜斌丞坐的车来了，马上迎上去，拉开车门，杜斌丞从车上下来。杨虎城说："杜先生好。"

杜斌丞和杨虎城的手握在一起。

"杨将军好。"

"快请进。"

杜斌丞进门就说："杨将军，城里的同志都在紧张的工作，你却躲在这里图清闲。"

"唉，请别这样说。我这样一个人，率领着这样的军队，实际上等于废物，以这样的废物，而勉强完成坚守西安的政治任务，已经算发挥了废物利用的最高限度，到这时不能不就此下台了。"

"如今城围已解，陕西百废待兴，正待将军主持一切。请将军还是回西安吧！"

"请先生给咱分析一下形势。"

"如今，全国的百姓最想干的是什么事？"

"请先生明示。"

"当今形势是这样的。全国百姓已被动员起来，南方的北伐正如火如荼,将要取得决定性的胜利,将军何不顺应形势,策应北伐,以打倒军阀。这样,于国于私都是有利的。”

“可是,西安被围达8个月之久,陕西的军事力量已元气大伤,这可如何是好。”

“将军只看到事情不利的一面,而没有看到另一面。”

“此话怎讲?”

“要知道,民心可用啊。只要将军振臂一呼,定会应者云集。不出10日,便可组成10万大军。”

“先生过奖了,我哪来那么大的号召力?”

“将军是守城英雄啊!”

“我那时抱定‘城存与存,城亡与亡’的决心,侥幸取胜,哪算什么英雄啊?”

“关键是你胜了。这是无法改变的事实。而且,你代表的是革命的一方。这就是你的号召力之所在。”

“先生说的好啊!”

许多人排成几队,向一座大坟运土。坟墓越来越高。杜斌丞在其中一队,汗流满面。

烈士陵园建成了,杨虎城、杜斌丞等在万人坟前向烈士们三鞠躬,敬献花圈。

最显眼的是杨虎城向烈士题的挽联:“生也千古,死也千古;功满三秦,怨满三秦。”

稍后,杨虎城和杜斌丞并肩走着。杨虎城问杜斌丞:

“先生能不能和我一同随军北伐,参赞军事?”

杜斌丞说:“我不懂军事。我想在另一条战线为将军谋划谋划。”

“那好。”

在西安莲花池,万千民众正在举行“拥护国民军肃清后方会师中原大会”。

冯玉祥、于右任、杨虎城、杜斌丞等坐在主席台上。

三原城外,一支雄壮的队伍从南门出来,向前开进。

杜斌丞站在城门边欢送的人群中间,向队伍招手。

杨虎城从坐骑上跳下来,跑到杜斌丞跟前敬礼,握手。杜斌丞说:“祝你们旗开得胜。”

众人欢呼着:

“北伐胜利!”

“打倒军阀!”

杜斌丞在韩望尘公馆接待来访的学生。

艾林亭、艾善甫、常绍先、刘石僧、郑屏侯、冯会义、高德礼、常克恭等相跟着一一和杜斌丞握手。

进到室内,众学生坐成一圈,围着杜斌丞。杜斌丞问大家:

“你们在西安学习还好吗?”

“我们学得了许多革命理论。”

“我们的眼界更加开阔了。”

艾林亭对杜斌丞说:“我们几位同学听说您要离开西安,特来为您送行。”

杜斌丞说:“是啊,前几天,我在三原小住了几天,说好要到外地去考察考察。我拟先去武汉,再转宁沪,然后到北京一带看看。我混迹榆林这一小天地里十余年,不了解国内外形势的发展变化情况,很愿借此机会出外观察学习。你们和我一样,都已离开故乡,今后要把眼光放远大些,将来你们要担当各种事业,头脑要开阔敏锐,凡事要多思考,多分析,不要故步自封。你们刚来这里受训学习,感觉如何?艰苦吗?应当如此啊!要知道,青春不再,趁此良机在目前伟大的革命洪流中努力锻炼自己。无论在怎样的艰难困苦,怎样激烈的斗争环境中都应该与之相适应。这对你们将来的光明前途大有好处,这样也能为国为民多贡献力量。我总认为，道路是人走出来的，只要积极努力，经过艰苦卓绝的奋斗，我想美好的将来，是不难身临其境的。我在榆中时就常说，凡是只图个人安逸，在学校不刻苦钻研学习，走入社会也不愿投身于革命斗争的烈火中去，书生气不改，软弱无能，没有一点魄力的人，其结果势必一事无成。”

客厅里响起热烈的掌声。

常绍先问杜斌丞：“杜校长，如今国民党顽固派和共产党皆以国民党员面目出现，好人坏人混淆不清，我们该怎么办？”

杜斌丞回答道：“你们要提高警惕，要听其言，还要观其行。总之，你们要站在长线上，不要站在短线上；要站在前线上，不要站在后线上。谁为老百姓办事，你们就拥护谁。”

又是一阵热烈的掌声。

室外，杜斌丞站在门口和学生们告别。

杜斌丞穿一袭长衫，头戴礼帽，在大街上急匆匆地走着。一报童喊着：“卖报来，卖报来。蒋介石在上海大肆屠杀共产党员，上海滩血流成河。”

报童走到杜斌丞跟前，问：“先生，买份报纸吧！”

杜斌丞掏钱买了份报纸。

大街上，人心惶惶，脚步错乱，狂风大作。

回到房间，杜斌丞读起了报纸：冯玉祥与蒋介石在徐州举行“清党”反共会议后，公开宣布反共：(一)不准共产党员跨党加入国民党；(二)共产党员跨党参加国民党的领袖一律解除职务开除党籍，遇必要时得加以秘密监视；(三)国民革命时期不准以共产党名义活动，亦不准假国民党名义做共产党工作，违者按反革命条例治罪。

读完，杜斌丞气愤地把桌子一拍，说道：“什么世道！”

在山西曲沃街上，杜斌丞头戴礼帽，身着长衫，提着手提箱，在大街上急匆匆地走着。

马文彦回头一看，认出了杜斌丞。快步跑到杜斌丞面前，说："杜校长，怎么会在这里遇见您？"

杜斌丞也认出了马文彦，说："真是巧了，怎么是你啊？"

"我到平遥出差，正好路过这里。先生您呢？"

"唉，北方局势更显复杂，短期内难以预料，我先外出考察考察再说。"

在曲沃汽车站，马文彦送杜斌丞坐上汽车。马文彦向杜斌丞招手："杜校长一路保重。再见！"

"再见！"

马文彦眼里满含着热泪。

马云泽、张慕时、崔仲英、刘明远四人走到洛阳某旅店门口，崔仲英说："就是这里，29号。"

马云泽上前敲门。

杜斌丞在房内问道："谁呀？"

"我们来找榆林来的杜校长。"

门"吱呀"一声开了。杜斌丞穿一身灰长衫，站在门口，问：

"你们是？"

马云泽说："杜校长，我们四个陕北青年来看望你。"

"快进来。"

进到房内，杜斌丞招呼道："快请坐。你们找我有什么事？"

马云泽说："我们在冯玉祥的总部工作，准备回陕北，到井岳秀的第九路军工作。"

"你们为什么要离开冯玉祥的总部？"杜斌丞问。

"我们看清了军阀的真面目，不愿呆在这里。"

"我同意你们的看法。军阀就是军阀，挂羊头卖狗肉，这就是军阀的真面貌。现在连假面具也不戴了。你们回陕北后要小心，要知道，井岳秀也是军阀。"

马云泽说："谢谢杜校长的提醒。"

大门口，门上挂着"国民革命军第八师驻武汉办事处"牌子。杜斌丞走过来对警卫说："我找你们高处长。"

"请进。"

第八章

杜斌丞走到门口，上前敲门。里边传出高建白的声音："请进。"杜斌丞走进房来，放下手提箱，说："表弟好。"

高建白见是杜斌丞，忙跑过来，说："表哥，怎么是你呀。"

两人紧紧地拥抱在一起。

过了一会，高建白说："表哥，快请坐。"

杜斌丞坐下后，问："表弟，你到武汉多长时间了？"

"唉，一言难尽。我是年初到的。高桂滋师长让我来和汪精卫的国民政府联系，一点头绪都没有。"

"我看形势不妙，宁汉迟早要合流。"

"是啊，我也有一种预感。"

在武汉火车站，杜斌丞头戴礼帽，身穿长衫，隔着窗子，与高建白告别。

杜斌丞来到北京，找了个房子住下，就和先到的曹又参取得联系。半个小时后，曹又参走进房子，杜斌丞说："又参，快请坐。快说说榆林的情况。"

"蒋介石发动'四一二'反革命政变后，井岳秀也蠢蠢欲动。高崇，您知道的，他这个代理校长，积极投靠井岳秀，处处倒行逆施，和学生发生过不少矛盾冲突。一次，学生会提出参加校务会议的建议，高崇坚决不同意，因而激起了罢课风潮。井岳秀派出一个连的兵力前来镇压。以两个排包围学校，一个排进校打骂驱逐学生。结果，有三四十个学生离开了学校。"

杜斌丞气愤地说:“真是无耻至极,黑暗至极。”

曹又参继续说道:“这次事件之后,我气愤不过,便离开学校,决心开始倒井活动。不久,我通过关系,谋到了宁条梁县佐的职位。我与阎揆要、石子俊、王子元、杨觉天、杨志显、张润民等人开了一次反井的秘密会议,并宣了誓,决定主要联络陕北籍的地方军队,待时机成熟时举行兵暴,推翻井岳秀在陕北的统治。”

“你们做得很好。”

“只是我的号召力不够,想请杜老师做倒井运动的领导人。”曹又参继续说道:“好啊! 只要是为国为民,我一定会取坚决支持之态度。”

曹又参见杜斌丞答应的这样痛快,高兴地说:“太好了,那我们以后就有主心骨了。”

“陕北籍的将领里面,谁的力量最大?”

“要说力量大,就要数神木、府谷一带的高志清了。”

“我给他写封信,要他做陕北军人的领袖。你回到陕北后,给同志们说清楚,今后应开展倒井拥高运动。”

杜斌丞、杜嗣尧、霍世杰正在北京某饭馆吃饭。

杜斌丞说:“多吃点。你们路上饿了吧?”

说着,给杜嗣尧碗里夹了一筷子菜。

杜嗣尧说:“陕北旱灾十分严重,好多人都饿死了。”

“你们这次来北京的任务是什么?”杜斌丞问。

“我们俩受组织委派,协助杜先生给陕北争取一些赈粮赈款。”

“好啊,我们这里正缺人手。最近,从东北运到北平一批粮食,我正和有关方面进行交涉。你们来了就好了。我还可以让曹又参和你们一起工作。”

“太好了。陕北百姓这下有救了。”杜嗣尧说。

榆林大街上挤满了欢迎的人群。井岳秀头戴礼帽,手拄文明棍,也站在人群中间。一辆辆马车满载而归。每辆车上都写着“赈济粮”三个字。杜斌丞坐在马车上。当到了井岳秀跟前时,从马车上跳了下来。

井岳秀上前握住杜斌丞的手说:“杜校长,你可给陕北的老百姓办了一件大好事。我代表陕北的父老乡亲感谢你。”

杜斌丞说:“这是我应该做的。谢什么?”

旁边一身戎装的高双城说:“杜校长,粥棚已经搭好了,就等这批粮食下锅呢!”

杜斌丞说:“一定要组织好,可不敢乱。乱了会出人命的。”

高双城说:“这你就放心吧!”

榆林中学礼堂内的台下,坐满了全校师生。会场里有一幅横额“欢迎老校长回榆林”。当新任校长马师儒陪杜斌丞走到台上时,全场响起了雷鸣般的掌声。

杜斌丞讲道:“国民党说‘党外无党’,实际上党外有党,比如共产党等。国民党说‘党内无派’,实际上党内有派,而且派系很多,如西山会议派、阎派、李宗仁派,还有政学系、改组派等等。1927年‘四一二’政变后,人们都喊拥护左派。反对右派。右派是蒋介石集团,左派是国共合作的武汉国民政府,以及革命的军队和群众。‘七一五’汪精卫叛变,蒋汪合流了,国民党右派大肆宣传国民党无左派,亦无右派,后来又编造出‘党外无党,党内无派’的鬼话,这是想消灭共产党和其他革命党派。”

在校长办公室,杜斌丞和马师儒交谈着。杜斌丞说:“表弟,快说说你这些年的经历。”马师儒说:“那年在北师毕业后,我在附中教了一段时间书。1921年3月在德国柏林大学教育专科学习教育和心理学,1924年获得了教育学博士学位。随后转入瑞士苏黎世大学,今年获该校哲学博士学位后回到国内,这不,受你的推荐,我又当上了这榆林中学的校长。”

杜斌丞说："不错，我真羡慕你呀。"
马师儒说："羡慕我什么？"
杜斌丞说："当然是羡慕你的双博士学位啊！"

1928年6月4日，张作霖由北京退回沈阳途中，在皇姑屯被日本帝国主义者阴谋炸死。南京国民党政府便任命阎锡山为京津卫戍总司令，全权接收北京事务。阎锡山进驻北京后，南京政府于15日宣布"统一告成"。6月20日宣布改北京为北平。

1929年5月，蒋介石与冯玉祥的关系濒于破裂，杨虎城的部队被蒋介石改编为新编第十四师，从此脱离了冯玉祥。到了6月份，杨虎城到北平面见蒋介石，请示所部开拔之事。这时，杜斌丞又一次来到北平。

7月的一天，杜斌丞、张凤翙、寇遐等人在中山公园一起交谈。
张凤翙说："杨将军这次来北平谒见蒋介石，不知谈得怎样？"
杜斌丞说："蒋介石是个小人，我想不会谈出什么结果的。"
这时，寇遐指着远处说："杨将军来了。"杨虎城快步走了过来，说："让你们久等了。"
众人鼓起掌来。
张凤翙问："和老蒋谈得怎样？"
杨虎城说："唉，这个老蒋，一会说让我们归刘镇华指挥，一会又说让我们归阎老西指挥，现在又让我们开拔到老河口一带，打冯玉祥。"
寇遐说："端人家碗，归人家管嘛。"
"唉，这军阀混战的局面几时才能结束啊？"杨虎城说。
"我看不管怎么变，必须要有自己的主意。我们可以联络一些杂牌军阀，形成一个联合行动阵线。"杜斌丞提议。
"还是杜先生的主意好。"杨虎城赞赏的点点头。

寇遐说:“来来来,不说这些,咱们合影一张,作个纪念。”

众人站成一排,请一个路人为他们照相。

曹又参来到杜斌丞寓所,从门里走进来,说:“杜校长好。”

杜斌丞招呼道:“来来来,快请坐。粮食运得怎样了?”

“从华洋义赈会领到的赈粮赈款已全部运回陕北,府谷、神木、佳县、吴堡、绥德、清涧等县饥民这下有救了。”

“那就好。这次叫你来,主要是分析一下形势,调整一下咱们的策略。”

“请杜校长吩咐。”

“我们数年来的倒井工作,所联络的都是那些为升官发财的无革命性的旧军人,即使倒井成功,仍是以暴易暴,我们谁有办法统治他们?徒使人民遭受战乱之苦。所以,我主张‘倒井’活动可以暂时停止。现在中国的问题,是南北两大军阀蒋介石和冯玉祥如此的反革命,如此的残杀青年。现在我和杨虎城、方振武、徐永昌、刘允丞等拟作一个杂牌军的大联合行动,以对付南北两大军阀。你可以火速回到西北去,联络西北的小杂牌军去。最主要的是给陕北的好青年们传达一层意思,再不要耽误光阴了,可到处去活动,或组织自己的队伍,或参加好的部队,以便养成将来革命的力量。”

“先生说得对。让此军阀代替彼军阀,最后倒霉的还是老百姓。我们听您的。”曹又参赞同地说。

在棉花二条胡同高祖宪公馆,杜斌丞与高祖宪正在交谈。

高建白狼狈不堪地回到家里。

高祖宪说:“建儿,怎么搞成这个样子?”

“我的部队在山东诸城遭到蒋介石的重兵包围,困守八个月才突围出来。阎锡山败了,冯玉祥败了,高桂滋也败了,这革命几时才能胜利?”

高祖宪说:“你们这仗是怎么打的?”

杜斌丞说："从政治上说，阎、冯与蒋介石的战争是国民党内部的权力斗争，是军阀混战。培五（高桂滋字）站在阎、冯一边，还不能说参加革命战争。不过，打蒋介石总是好的，客观上对南方的革命根据地有利。"

高建白说："我们还以为冯玉祥是革命的，没想到他也是一个军阀。"

杜斌丞继续说："革命还是反革命，分界线就是看他是不是为老百姓着想。你们这次想把蒋介石打倒，没有打倒，反而失败了，不要灰心。如果将来站在人民一边，为人民而反蒋，那就不会孤立，就可以胜利。将来，会不断有人打蒋介石，越来越多的人打蒋介石，人人打，时时打，蒋介石总是要被打倒的。辛亥革命后，有袁世凯的卖国称帝，现在又有蒋介石勾结帝国主义，背叛革命，反共反人民。这就是帝国主义与封建军阀狼狈为奸，与人民为敌。但历史证明，与人民为敌者，终必为人民所消灭。今后，你们应当注意，与一切反蒋的部队取得联系，共同反蒋闹革命。"

"表哥说得真好。"高建白由衷地说。

杜斌丞在寓所正在看书，传来了敲门的声音。杜斌丞忙打开门，一邮递员站在门口，说："杜先生在吗？"

"我就是。"

"有您的电报。"

杜斌丞签了字，拿上电报，说了声谢谢。

杜斌丞关上门后，见是杨虎城来电，遂念道："杜先生斌丞钧鉴：我已于月初入主陕西，特邀先生回陕襄理庶政，任十七路军高级参议之职。"

杜斌丞的一条胳膊挥在空中，大声说道："太好了。"

原来，那年杨虎城和杜斌丞在西安分手后，就任国民军联军第10路军司令，旋改任国民革命军第二集团军第10军军长，率部东出潼关，会攻河南。后任国民革命军第二集团军第21师师长。"四一二”反革命政变后，杨虎城拒绝在所部“清党”。1928 年 11 月就任第二集团军暂编第 21 师师长。次年蒋介石与冯玉祥关系濒于破裂，杨虎城率部附蒋，任新编第 14 师师长，驻防河南。先后参加蒋冯战争和蒋唐（生智）之战。1930 年在蒋冯阎战争中，杨虎城相继任蒋军第 7 军军长、第 17 路军总指挥，率部攻击冯军。同年 10 月，杨虎城兼任了陕西省政府主席。杜斌丞了解到这些情况后，有一种归心似箭的感觉。他马上收拾行装，启程前往西安。

杜斌丞来到西安，住进了井岳秀在西安的公馆，大湘子庙街 18 号。湘子庙街是西安一条古色古香的古老街道，有着浓厚的民族风情和历史韵味，因有一座韩湘子庙而得名。杜斌丞很喜欢这里的文化气息。因为是借住，他只简单地购置了一些生活必需品。

西安某酒店门口有两个持枪站岗的，南汉宸在门口迎接客人。

杜斌丞走过来，南汉宸招呼道：“杜参议请。”

杜斌丞走进酒店，只见空当当的酒店内，只摆着一张大餐桌，坐着十来个人。杨虎城招呼杜斌丞坐下后，端起一杯酒，说：“诸位，我说两句。在座的诸位都是社会贤达、陕西的精英，我希望大家在今后不吝赐教，咱们群策群力，把陕西的事情办好，以救西北民众于万劫之余。来，我先干为敬。”

说完，一饮而尽。

众人也端起酒杯喝了起来。

杨虎城对坐在身边的杜斌丞说：“来，杜先生，吃菜。”

杜斌丞看着满桌的美味佳肴，难以下咽。猛地站起说：“我也说两句。我这次回到西安，是要治陕，不是为了当官。要知道，陕西人民还生活在水深火热之中，我们却在这里大吃大喝，太不像话了。我明天就回北平。”

说完，拂袖而去。

一桌人都感到很尴尬。李寿亭追了出来，喊着：

“杜参议，杜参议。”

西安大湘子庙街18号公馆内，杜斌丞气哼哼地在收拾行李。李寿亭在一旁劝说着："杜参议，你怎么要起小孩子脾气了。你误会杨主席了。"

杜斌丞不依不饶地说："陕西是一批批革命志士用鲜血换来的，不是他杨虎城一人打下来的。他也太不体恤民情了。"

"杜参议，你消消气。你真的是误会杨主席了。"

"我怎么误会他了？"

"杨主席盛情款待大家，是为了尊重大家，让大家多为陕西的建设献计献策。你不知道，杨主席平时吃饭是很简单的，从来不大吃大喝。"

杜斌丞听到这里，停下手中的活问："真是这么回事？"

"唉，你呀你，别人不了解杨主席，你还不了解。"

杜斌丞"扑哧"一声笑了，说："是我态度不好。"

夜深了，在杨虎城公馆，杜斌丞和杨虎城面对面坐着促膝谈心。

"那天是我的态度不好，请杨主席谅解。"

"没什么，杜先生的心情我理解。大家都是为了把陕西的事情办好嘛！"

"自古以来，得民心者昌，失民心者亡。远的不说，光是辛亥革命以后，陈树藩、刘镇华、宋哲元等军阀胡作非为，在陕西都没有站住脚。我衷心希望杨主席能够励精图治，在陕西有所作为。"

"这个自然。杜先生还有什么好的建议，不妨说出来。"

杜斌丞想了想，说道："一个杨虎城，一支十七路军，是根本斗不过蒋介石的，迟早要被吃掉。"

"那怎么办？看来先生是胸有成竹了。"

"只有实行西北大联合，进而促进南北大联合，才能对付蒋介石。具体地说，就是'回汉一家，陕甘一体，打通新疆，联合苏联，南北团结，反蒋救国'24个字，简单地说，就是'打开后门，关住前门'。"

杨虎城一听,高兴地从椅子上跳了起来:“说得好,说得太好了。咱们就这么干!”

随后,杜斌丞把家也搬到了西安。

一天,《西安日报》记者来到省政府采访杜斌丞。记者说:“杜参议,我是《西安日报》记者,听说陕北灾情很严重,你是陕北人,请你谈谈对赈灾的看法。”

杜斌丞说:“陕北中部一带连年遭遇旱灾,今年夏秋两料收成均属歉缺,约计夏不过十分之六,秋仅及四。而保安、靖边、定边、横山四县竟至七年未收,人民困苦达到了极点。今夏又遭鼠灾、雹灾及鼠疫流行。横山一县人民竟死十分之六,灾情之惨,令人目不忍睹。此次特来西安,向各慈善团体并省赈会等机关极力呼吁,恳求广施赈粮赈款,以资救济。否则,该四县孑遗之民,恐不到年底,必将死无噍类矣。”

大街上,人来人往。一报童拿着《西安日报》呐喊:

“卖报来,卖报来。陕北灾情严重,杜参议呼吁救助。”

回到公馆门前,杜斌丞走下小车,小车开走了。

杜斌丞朝大门走去,发现一个大汉躺在大门前。杜斌丞弯下腰,说:“喂,醒醒。”

大汉睁开眼,说:“你是谁?”

“我叫杜斌丞。”

“杜老爷,我可找到您了。”

杜斌丞扶大汉走进来,让他坐在椅子上,端来一杯水,说:“你喝水。”

大汉接过水杯,“咕噜咕噜”喝了起来。

“你叫什么名字?”

“我叫杜良明,是米脂杜家石沟人。”

“那你找我干什么?”

“我幼年丧母,随父务农。民国十八年大旱,父亲带着继母和刚出生的弟弟去了延安县王家砭。我不得已当了兵。可当官的不把我们这些当兵的当人看,经常打骂不说,还经常克扣我们的军饷。我听说杜先生是咱杜家出的大官,因此开了小差,投奔您来了。”

“我这是什么大官,只不过给人跑跑腿而已。”

“杜老爷,您可不能不要我。”

“你有什么本事?”

杜良明说:“我的本事可多了。我会打枪,百发百中。我会拳脚,10 多个人我都能对付得了。什么脏活累活我都愿意干。杜老爷,您可一定要收下我。我可是走投无路了。”

杜良明说着,“扑通”一声跪在了地上。

杜斌丞赶紧上前去扶杜良明:

“起来起来,男子汉大丈夫怎么能随便下跪呢?”

杜良明站起,说:“老爷,这么说,您是收下我了。”

“唉,试试看吧!”

“我一定好好干。”

杜斌丞向内屋喊道:“佩英、鸿范,你们都出来一下。”

随着喊声,朱佩英、杜鸿范、杜鸿模、杜瑞兰、杜鸿鹄都走了出来。

杜斌丞说:“这位叫杜良明,也是咱米脂老乡。今后就在咱家住下了。”

杜良明挨个弯腰点头,说:“太太好,少爷好,小姐好。”

众人都笑了起来。

朱佩英说:“你也不用这么客气,今后咱们就是一家人了。”

杜鸿鹄说:“大哥哥,我要你陪我玩。”

杜良明抱起杜鸿鹄,说:“走,我陪你玩去。”

说着,从门里走了出去。

来到院子,杜鸿鹄喊叫着:“噢,有人陪我玩了。”

1930年秋,陕北特委第三次扩大会议在绥德合龙山祖师殿召开,出席会议的有中共陕北特委书记赵伯平、中共北方局交通员杨璞和中共中央派任陕北特委军委书记孔祥桢、陕北团特委代理书记常黎夫以及特委和各地有关方面负责人高维翰、苏士杰、刘澜涛、常立德、崔田夫、杨重远、惠泽仁、张德生、张肇繁、崔玉瑚、霍维德、李文芳等20余人。这合龙山祖师庙建筑群始建于明代万历十七年。原为玄帝行宫,后经历代增建和重修,建筑群立,景色绚丽,从古至今,游人香客络绎不绝。其山拔地而起,由西北向东南蜿蜒绵亘,后俯垂插于大理河中,活像长龙吸水之势。会上,传达了中共陕西省委关于《陕北秋收斗争的策略决议》精神。会议决定合并党、团、工会、农会组织,成立陕北总暴动行动委员会,书记赵伯平,军委书记孔祥桢。谢子长、刘志丹分别担任行动委员会正副总指挥,常黎夫任青年委员。会议同时决定以绥德、米脂为中心,进行秋收斗争,开展游击战争,制造舆论,举行暴动,并发动神木高志清部武装起义。散会以后,只见敌人出动大批军警,到处清查可疑之人。当刘澜涛和张德生刚走出县城北门,就被敌人逮捕了,被关进绥德县政府看守所。赵伯平找到常黎夫,说:"黎夫同志,你对绥德的情况十分熟悉,组织上决定,由你来实施营救张德生和刘澜涛计划。你可以利用第四师范职员的合法身份,联络社会上的知名人士,从中斡旋,使被捕同志尽快获释。"常黎夫接受任务后,想来想去,便想到了刚任杨虎城部高级参议杜斌丞,他提起笔来,便给杜斌丞写了一封信。

一天,杜斌丞回到家里,杜良明便给杜斌丞递过一封信来,说:"老爷,有一个人给您送来一封信。"杜斌丞打开信一看,只见上面写道:"舅舅:我的两个同学张德生和刘澜涛被敌人无故逮捕,关在绥德县政府看守所,望能竭尽全力,设法营救。您的外甥常黎夫。"

过了两天,杜斌丞在办公室对新任绥德县长高望之说:"望之,我这次推荐你到绥德县去当县长,有一件要紧的事要你去办。"

高望之说:"杜参议请讲。"

“我有两个学生，一个叫刘澜涛，一个叫张德生，遭人诬陷，被关进绥德县看守所，请你设法释放出来。”

“杜参议请放心，我一定办到。”

在绥德看守所，一个狱卒对刘澜涛和张德生说：“谁叫刘澜涛？”

“我是。”

“谁叫张德生？”

“我是。”

“你们两个没事了，可以出狱了。”

刘澜涛和张德生感到盲然。

“磨蹭啥呢？监狱还没坐够？”

刘澜涛和张德生被释放以后，常黎夫来向赵伯平汇报工作：“赵书记，澜涛和德生已被无罪释放了。”赵伯平说：“情况我已知道了。看来统战工作十分重要。黎夫，你到西安把这个事情向省委汇报一下，看省委有什么指示？”

“好吧。”

在西安大湘子庙街 18 号公馆，马云泽与杜斌丞正在交谈。

“杜校长，谢子长派我到西安来找您，看您能不能向杨虎城将军要一个部队的番号，以便开展兵运工作。”

说着，马云泽从身上掏出一封信，递给杜斌丞，说：“这是谢子长给您的信。”

杜斌丞接过信，看了看，说：“你们的工作我是清楚的，你们的打算也很好，要个番号这事也可以勉强办到。不过，你们以后要另打旗帜，这就有点麻烦。你们知道，我和杨虎城是朋友关系，到那时我就不好说了。我想，还是你们自己动手干起来再说吧！”

夜里，在西安青年会，艾德生、杜理丞、马云泽正在交谈。

艾德生问马云泽：“云泽兄，你几时回陕北？”

马云泽说:“唉,我的路费发生了点问题,需要筹措一二。”

正说着,门外传来“咚咚”的敲门声:“开门! 开门! 警察。”

艾德生见状,急忙打开窗户,准备跳窗。

这时,警察破门而入,上前抓住艾德生,说:“跑什么跑。”

一个警察头目问杜理丞和马云泽:

“你们两个是干什么的?”

“我是杜参议的弟弟杜理丞。”

“我是杜参议的亲戚马云泽。”

“一块带走。”

在西安军法处,杜理丞抗议道:“凭什么抓我?”

警察头目对军法处长耳语一番。军法处长说:“把这两个人交给杜参议处理。”

两个警察把杜理丞和马云泽带到大湘子庙街18号公馆外屋,杜理丞挣脱警察,跑进书房,大声喊着:“哥,哥。”

一会儿,杜斌丞和杜理丞从书房走出来。杜斌丞说:“这是我的弟弟杜理丞,这是我的乡下亲戚马云泽,到西安来找工作的,我可以证明他们是好人。这是我的证明信。”

警察头目接过证明信,说:“杜参议,误会,误会。打扰了。”

两个警察说着,退出门去。

杜斌丞问马云泽:“你怎么还没有走?”

杜理丞说:“他没有盘缠路费了。”

杜斌丞见说,从桌子抽屉取出10块大洋,递给马云泽:

“把这个带上。你不要在西安呆了,赶快回陕北。噢,对了,你今晚就和理丞住在东厢房,明天一早就走吧!”

“谢谢杜校长。”

第九章

一辆小车和一辆军用大卡车在关中道上,奔驰着。小车上坐着杜斌丞和十七路军参谋处长呼延立人。

骑兵旅旅长苏雨生率众早早就在等候。当小车和军用大卡车开进旅部大院时,一参谋赶紧跑去开小车门。杜斌丞一行人从车上下来。苏雨生赶紧走到杜斌丞跟前,双手抱拳道:"哎呀,杜参议、呼延处长,二位辛苦了。你们能到敝部检阅,苏某感到非常荣幸。"

杜斌丞说:"苏旅长客气了。"

苏雨生急忙将二人让进屋内。

杜斌丞正给苏部训话。台下是苏部的骑兵部队。苏雨生和一群旅团长站在一旁。

杜斌丞讲:"杨虎城主席是三民主义的信徒,是西北革命的领袖,他历来奋斗的目标,完全是站在民众的立场上的。贵部能够接受改编,是一种正确的选择。我个人认为,苏旅长是刚直义气、肝胆照人的人,试看你们没饭吃、没衣穿的时候,始终能团结一致、上下一心,你们致力于保境安民的一切情形,就可以知道他的为人。所以他才能和杨主席日见亲密,得到杨主席的信任。当此财政异常困苦的时候,杨主席首先改编你们的部队,并郑重地派来校阅委员,视察你们的切实状况,这是把你们骑兵旅的军纪、风纪及学科、术科等,整个地来整顿一下,使你们成为陕西最精壮最完善的部队,将来好为党国效劳,为革命服务,其用意至深且远。我希望你们于此校阅之后,更须加紧训练,保持住你们人强马壮、勇敢善战的原有特点,飞奔似的向前力进，把军队整个的练成‘纪律化’、‘主义化’、‘民众化’适合时代的队伍，为陕西军界开一新纪元。这才是杨主席改编你们的意思，也不枉兄弟我此次代表杨主席来慰劳你们的一番真意义，希望大家今后必须格外努力。大家将来果不负所期，杨主席一定还要亲自来再慰劳你们。至于你们近来的困苦情形，到省后我一定据实呈明杨主席，尽先设法，尽量接济你们，你们尽管放心，依照旧日步骤去切实训练。没饭吃、没衣穿的话头，总要叫你们在最短的时期内想谈也是谈不到的。”

全场响起热烈的掌声。

杜斌丞、呼延立人等在苏雨生陪同下，骑马来到彬县大佛寺门前，下马。苏雨生说：“请。”

一群人朝门内走去。

来到院内，苏雨生介绍道：“大佛寺在唐代最初叫应福寺，后改称庆寿寺。位于彬县城西十公里的泾河南岸，最初建造于唐贞观三年。窟内石雕佛像，造型优美生动，雕刻精细。”

杜斌丞由衷地赞道：“真是个修身养性的好去处。”

苏雨生继续介绍道：“你们看，这里川流横列，山峰对峙，地势狭长如廊，径河自‘佛洞’前蜿蜒东流，风光旖旎，环境优美。”

杜斌丞像突然记起什么似的，问道：“苏旅长，这几天怎么没见你们的刘志丹刘团长？”

陪在一旁的苏部参谋长说：“刘志丹煽动兵变，已让我们苏旅长关押起来了。”

苏雨生瞪了参谋长一眼，问杜斌丞道：“杜参议认识刘志丹？”

“刘志丹是我的学生，你们能合作就合作，不能合作就各走各的路，扣押他干什么？”

“是是是。杜参议说得对。我马上释放刘志丹。”

“这就对了。冤家宜解不宜结嘛！”

彬县城外,杜斌丞正在送刘志丹。杜斌丞对刘志丹说:“以后你们最好自己搞武装。”

“我会记住老师您说的话的。”

“我这把枪跟了我很多年,现在送给你,可以当防身用。”

“谢谢老师。”

“还有,这里有几百块大洋,你拿上,以备不时之需。”

“老师,我不要。”

“拿上吧!革命是需要本钱的。”

“老师再见。”

“再见。”

潼关行营大门口,挂着“国民政府陆海空军总司令潼关行营”牌子。

杨虎城坐一辆小车疾驰而进。门口哨兵举手敬礼。杨虎城刚走进办公室,身后传来报告声。

“进来。”

从门里进来的是陈子坚。陈子坚,原名陈兴霖,1905 年 3 月生于江苏徐州铜山县。早年参加爱国学生运动,1924 年加入社会主义青年团,1925 年加入中国共产党。北伐中,任叶挺二十四师政治部主任,参加南昌起义。在起义军向南进发时,曾任潮州革命委员会行政委员长,朱德第九军经理部长。1928 年到杨虎城部队,历任宣传处长、南阳守备司令部办公室主任、长安县长、西安绥靖公署办公厅主任等,一直工作在杨虎城将军身边。杨将军被迫害后,他又在杨将军的接替人孙蔚如将军身边工作,历任三十一军团参谋长、第四集团军参谋长、主力强化师师长、副军长等,战斗在抗日第一线。解放战争中,他参与策划了长沙起义,并赴香港做统战工作。解放后历经坎坷,十年动乱中更在劫难逃,抄家、批斗、劳改一样没有躲过。1978 年得到彻底平反,并肯定了他的历史功绩,调往全国政协工作。这是后话,暂且不提。当下,陈子坚进来问:“主任,您找我?”

"来,坐下说。"

陈子坚坐下后。杨虎城说:"我已委任杜斌丞兼任行营高级参议,你有什么意见?"

"我听主任的。"

"斌丞是我在榆林认识的老朋友,魏野畴也是他介绍我认识的。他不是共产党员,但他思想一向是进步的,我很佩服他。今后,我们筹划西北的事可多与他谈谈。"

"是。"

杜斌丞和陈子坚正在办公室交谈。陈子坚说:"杜参议,杨主任让我跟你商量,拿出一个'西北大联合'方案来。"

"这个事情,我早就在考虑,现在到了实施的时候了。"

"请杜参议说说具体意见。"

"我是这样想的:一、要利用杨兼任行营主任这个职权的好机会,不失时机地向甘、青、宁、新各省由近及远的发展。二、赶快收编各省的杂牌队伍,以树立我们在西北的力量和声势。三、寻找机会派兵入甘并统一省政。四、汉回一家,汉回并重。五、取得新疆,与苏联直接联系。"

"杜参议的意见很重要,待我再征求一下南汉宸、邓宝珊和续范亭等人意见后,拿出正式的方案,上报杨主任。"

"机不可失,时不再来。你可得抓紧哟!"

晚上,杜斌丞回到大湘子庙街 18 号公馆,杜良明领着常黎夫走了进来。常黎夫向杜斌丞施了一礼,说:"舅舅,您好。"杜斌丞高兴地说:"黎夫,你怎么来了?快坐下说。"常黎夫坐下后,说:"自从德生和澜涛被释放以后,我们省委十分重视您的作用,特地派我来协助您的工作。""看来,你们党内还是有人才啊!眼光挺远大的。好吧!你就留在我的身边,作我的秘书吧!"

几日后,平凉城外,陈珪璋率部属在烈日下焦急地等待。过了很长时间，杜斌丞率领的车队远远开来。车队停下后，一副官赶紧上前给杜斌丞开车门。杜斌丞从车上下来，陈珪璋上前双手抱拳道：

“杜参议辛苦了。”

“有劳远迎，实在不敢当。”

杜斌丞的随员有秘书姬伯勋、崔焕九、常黎夫，警卫员高如华、曹宏北、刘作霖，潼关行营参谋主任靖任秋，参谋史翰园、马豫章等人，一同下车。

来到师部，杜斌丞和陈珪璋坐下交谈。

杜斌丞说：“过去，有些野心家挑拨离间回汉民族关系，造成了兵连祸结、人民流离失所的惨痛局面。此次行营杨主任承总司令之命，统理西北一切军令军政事宜，意在团结各民族，安定大西北。希望陈将军以大局为重，接受潼关行营的指挥。”

“请杜参议放心，我等早知杨主任的虎威。今后决以杨主任马首是瞻。”

“这样最好。”

夜里，靖任秋正在向杜斌丞汇报甘变。

“现今甘肃情况复杂，先是吴佩孚进入甘省，自称‘兴国军总司令’，以图东山再起。紧接着冯玉祥的旧部雷中田与国民政府委派的视察员马文车勾结，发动事变，扣留了甘肃省政府主席马鸿宾。蒋主席闻讯大怒，责令杨主任妥善处理甘变，俾维中央威信。”

杜斌丞想了一会，说：“通知各部，明日起程，进抵兰州。”

“到兰州恐有危险，还是请示杨主任后再行定夺。”

“不必了，干革命就不能怕危险。”

在甘肃省保安总司令部，李世军正在和雷中田密谈。雷中田问：

“冯总司令有什么指示？”

“冯总司令的意思是：干掉马鸿宾，与汉中的王志远、邠州的苏雨生部互成犄角之势，牵制杨虎城。如果杨虎城敢派军队来，我们可以狠狠地揍他回去。”

“好好好,真是妙计。”

这时,一秘书进来说:“杜参议求见。”

雷中田说:“他的胆子真不小啊。”

李世军说:“看他怎么说？我先躲会儿。”

说完退到内室。

秘书出去一会后,杜斌丞走了进来。

雷中田迎上去说:“不知杜参议驾到,有失远迎,失礼失礼。”

“哪里,哪里。雷总司令客气。”

“杜参议请坐。”

杜斌丞坐下后,说:“谢谢。”

“不知杜参议到甘省有何贵干?”

“鄙人是受潼关行营杨主任之命,前来视察甘省的。”

“噢,那好,那好。欢迎,欢迎。”

“杨主任希望迅速恢复马主席自由,俾得行使职权,以维中央威信。”

“恢复马主席自由,这个,这个还可考虑。至于行使职权一事,我觉得恐有不便。”

“你不觉得你这样做,有可能引火烧身。”

“我不是吓大的。我的几千士兵也不是吃素的。我等弹药充足,有何惧哉!”

“甘省是国家的,不是哪个个人的,还望雷总司令不要一意孤行。”

“难道甘省就是杨主任的吗?”

“杨主任是受政府委托,管理西北的。还望雷总司令看清形势。”

“哼！别拿政府吓唬我,雷某不吃这一套。”

“那我告辞了。”

“不送。”

杜斌丞回到西安后，来到杨虎城办公室。杨虎城招呼道：

“先生辛苦了，快请坐。”

杜斌丞坐下后，杨虎城说：“快说说甘省的情况。”

“‘甘变’发生后，情况变得更加复杂。许多人都在骑墙观望。由于有吴佩孚居中作梗，马文车、雷中田一伙甚是顽固，甘局最终必以武力才能解决。”

“依先生之言，该当如何？”

“可明令孙将军蔚如率军入甘，以达先声夺人之效果。”

“先生所言极是。”

杜斌丞和谢子长在去平凉的路上同坐一车。那年，谢子长在榆林中学还未毕业，就回到家乡创办小学。后因缺少办学经费，特别是他看到军阀豪绅鱼肉百姓，穷人家的孩子无法上得起学，残酷的现实使谢子长放弃了“教育救国”的理想，他决心投笔从戎，同年秋，他考入阎锡山创办的太原学兵团学习军事。但不久，他就对阎锡山创办的这种旧军阀的讲武学堂产生了不满。1924 年，他离开太原学兵团，回到了家乡安定，开始办县民团，并任团总，谢子长的目的就是：掌握枪杆子，“除豪霸、振衰弱”。为了探求革命真理，谢子长曾经奔赴北京、天津，结交了中共北京地区党的负责人刘伯庄，同年，经白超然、白志诚的介绍，经北京地委批准加入了中国共产党。1925 年底，根据党的指示，谢子长回到家乡安定。继续办县民团，依然担任民团团总一职，并在安定一带进行革命活动。后来，他利用与石谦的同乡关系，当上了安定县巡官。1926 年上半年，石谦先后升任营长和团长，谢子长就把自己领导的县民团编入石谦部四团兰营十二连，并自任连长。谢子长经常对士兵进行思想政治教育，讲解马列主义常识，他还在连队组织成立了士兵自治会，举办俱乐部，让士兵学唱《国际歌》、《国民革命歌》、《少年先锋队歌》等革命歌曲，演新戏，搞球赛等。他在部队中还提倡艰苦朴素，自己缝衣做鞋，禁抽鸦片和喝酒，使连队里很快建立起新的革命生活。谢子长还直接向石谦宣传革命道理，使石谦部下大部分官兵倾向于革命，在几个营、连都建立了党支部，100 多名官兵加入了中国共产党。随后，他参与领导了清涧起义和渭华起义。1931 年 9 月，在甘肃南梁地区，他成功集合了赵连壁、杨培盛、贾生财率领的 3 支绿林武装，又在甘肃合水县灵锦庙与刘志丹领导的游击队会合，然后部队在甘肃的南梁地区进行休整，队伍人数一下子发展到 400 余人，一支共产党领导的独立的革命武装南梁游击队就此诞生。当下，杜斌丞问谢子长：

"子长，你们的队伍现在哪一带活动。"

"在南梁一带。"

"那可是个打游击的好地方。你们可先在那里发展，等形势好转，再谋划将来。"

"杜老师说得对。我们内部经常有一些左倾分子，主张打大城市，使革命遭受了很大损失。"

车子到了平凉城内东关旅店门口，嘎然停下。杜斌丞和谢子长从车上下来，谢子长握住杜斌丞的手，说："谢谢老师。"

"别客气。咱们后会有期。"

杜斌丞坐上车，向谢子长招手：

"再见。"

"老师再见。"

杜斌丞在师部向陈珪璋宣布委任状。陈珪璋率团以上军官接受任命。杜斌丞念道："兹委任陈珪璋为新编第十三师师长。潼关行营主任杨虎城。民国二十年十月。"

陈珪璋接过委任状，说："谢谢杨主任，谢谢杜参议。"

众人鼓起掌来。

来到客厅，杜斌丞对陈珪璋说："孙参谋长蔚如不日将率十七师进抵甘省。"

"我陈某今后将以杨主任马首是瞻，肝脑涂地，在所不惜。"

"这样最好。"

平凉陈珪璋部某团部。

刘保堂问马云泽：

“你这次来甘的任务是什么？”

“我受刘志丹之命，前来向师部要些军服。”

“正好，杜参议刚到平凉，住在农民银行。谢子长也在平凉，住在东关旅店。”

“太好了，请你带我去见杜参议。”

“你认识杜参议吗？”

“我是杜参议的学生。”

“那好。”

刘宝堂和马云泽来到农民银行，走进杜斌丞住处。刘保堂向杜斌丞介绍马云泽：“杜参议，这是马云泽，有事要见你。”

杜斌丞摆摆手，说：“我认得，不要介绍。”

马云泽说：“杜老师，我们缺子弹，请老师帮助搞一些。”

“你们去夺嘛！”

“捉麻雀还要撒把米哩！”

“我这儿有子弹，都是拿别人的钱替别人买的。”

“人家是人家，我们是我们，我们应该和别人有区别嘛！”

杜斌丞沉默了一会，说：“那好吧！就给你们一部分。”

“谢谢老师。”

“还有什么事吗？”

“我这次是受刘志丹之命，与陈珪璋交涉，领些军服回去。”

“你们是以什么名义？”

“刘志丹还挂着十一旅旅长。”

“那好吧！我给陈师长打个招呼。”

“太谢谢了！”

在东关旅店，谢子长问马云泽：

“你这次来平凉有什么任务？”

“志丹同志让我来到陈珪璋部领些军服。”

“怎么样,搞到了没有?”

“这次全凭杜老师帮忙。不光搞到了军服,还搞到了一些子弹。”

“杜老师对革命是持同情态度嘛!”

二十多匹骡马驮着弹药和服装从城门洞出来。谢子长和马云泽走在驮队的前面。

大队人马在西安至平凉的路上前行。孙蔚如坐在车上,一路颠簸。

平凉城外,一大群人准备欢迎十七师。人群中打着“陇东军政农工商学各界欢迎孙将军率部入甘靖乱”,杜斌丞和陈珪璋等人站在人群中间。

十七师大队人马从远处开来。孙蔚如从车上下来,走到陈珪璋面前,说:“有劳远迎,辛苦,辛苦。”

陈珪璋握住孙蔚如的手说:“愿听孙将军吩咐。”

十一旅全体官兵在大操场上军容整齐。孙蔚如、杜斌丞、陈珪璋、石子俊等坐在主席台上。石子俊说:“下面请潼关行营高级参议杜斌丞先生讲话。”

杜斌丞站起说:“十七师是一支为老百姓服务的军队。此次十七师进军甘省,得到了各界人士的大力支持,一路势如破竹,就充分说明了这一点。雷中田与吴佩孚沆瀣一气,倒行逆施,必然失败。鄙人奉潼关行营杨主任之命,联络各界,希望各武装同志始终站在民众的立场上,勿蹈过去军阀空喊口号故辙,希望各界同胞对不法官兵据实报告,勿像在前军阀时代畏不敢言。只有这样,甘军幸甚,甘民幸甚。”

台下响起热烈的掌声。

十七师正在攻打定西县城。

在定西县城十七师师部，孙蔚如和杜斌丞正在研究军事形势。杜斌丞对孙蔚如说："现在形势很好。雷中田部已溃不成军，高振邦部保着吴佩孚、马文车等人已渡过黄河，向北逃窜。"

这时，靖任秋进来报告："报告孙参谋长，皋兰县城已经拿下。"

"给杨主任发报。"

靖任秋打开文件夹，做记录准备。

孙蔚如口述电报内容："杨主任明鉴，弟四十九旅今日上午8时完全占领皋兰，秩序井然。弟为维持治安责任起见，由行营委杨子恒为皋兰警备司令。雷中田南窜，高振邦保吴佩孚、马文车等北渡黄河。弟明日进皋兰，处理一切。"

"马上发出去。"

"是。"

孙蔚如、杜斌丞、陈珪璋、杨思、喇世俊、裴建准、张维、王登云等围桌而坐。

孙蔚如站起宣布："现全省一切事务，在中央未正式派员接办以前，特组织一甘肃省政府临时维持委员会进行一切事务，业经公推杜斌丞、陈珪璋、杨思、喇世俊、裴建准、张维、王登云为委员，孙蔚如为委员长，杜斌丞为秘书长。"

全场鼓掌。

孙蔚如接着说："现在请杜秘书长宣读《修正甘肃省政府秘书处组织条例》草案。"

杜斌丞站起宣读："第一条，省政府秘书处置左列各职员：（一）秘书长一人；（二）秘书8人；（三）科长4人；（四）主任16人；（五）科员26人；（六）办事员及雇员无定额。第二条，省政府秘书处置左列各科：第一科；第二科；第三科；军事科。第三条，第一科分左列各股：（一）总务股；（二）收支股；（三）统计股；（四）电务股；（五）收发股。第四条，第二科分左列各股：（一）民政股；（二）财政股；（三）司法股。第五条,第三科分左列各股:(一)教育股;(二)建设股;(三)社会股。第六条,军事科分左列各股:(一)军务股;(二)军需股;(三)军法股。第七条,关于会务、纪录、典守印信及机关文件之撰拟、译写、保存事项,由秘书长指定人员办理之。宣读毕。"

孙蔚如问大家:

"以上各条,大家有没有意见?"

"没有。"

"鼓掌通过。"

掌声稀稀拉拉。

孙蔚如与杜斌丞正在研讨政治形势。孙蔚如说:"观察国内之形势,蒋介石新近战胜了冯玉祥、阎锡山,且据有中央政府名号,本可有为。但其只是全力内争,置国家民权于不顾,放弃东北而不发一枪,其媚日卖国之行为,已昭然在人耳目。所幸西北一片净土,帝国主义犹未染指。"

"是啊!若据有西北,西连苏联,东向中原,则于革命前途,至为有利。"

"杜秘书长是否已经成竹在胸?"

杜斌丞见问,从怀中取出一纸,念道:"我们可暂让出陕西于蒋,以安其西顾之心。十七路指挥部移驻兰州,由孙蔚如率十七师走新疆。并分兵宁(夏)青(海),既跨有四省,整理训练,可为他日革命根据地。"

"这真是个好计划。请杜秘书长明日即行动身,向杨主任建议。"

"好。"

"请杜秘书长推荐一人,代行秘书长职责。"

"现有我在榆林中学时的同事崔焕九,老成干练,可代此职。"

"好,我明天就明令发表。"

深夜，在兰州佛照楼旅社某房间内，陈珪璋来回踱着步。谋士秦峻峰在一旁说："师长，赶快行动吧！孙蔚如已将刀架在了咱的脖子上了。再不行动就来不及了。"

陈珪璋咬了咬牙说道："那好，传我的令，再调步兵一团入驻城内，加强戒备。"

秦峻峰正欲出走。

陈珪璋忙喊住他："回来。还有，你赶快派人在省政府大门口贴上'甘人治甘，陕军回陕'的标语。并动员甘省士绅齐起响应。"

"是。"

杨渠统向孙蔚如报告："委员长，陈珪璋最近几日活动猖獗，先是联络甘省士绅，号召'甘人治甘，陕军回陕'。昨夜又秘调一团人马进驻城内。"

孙蔚如犹豫片刻，说："陈珪璋对我部有假道之功，况定西之役，又有陈之骑兵包抄敌后，才使我等竟全境之功。"

"委员长，都什么时候了你还说这种话。再不行动就来不及了。"

"那好，你速派特务营杜营长带数十人把陈珪璋抓来。再叫王宗山来见我。"

"是。"

杨渠统出去一会儿，王宗山走了进来，说："委员长，有行动？"

"你带部队包围陈部的孙志远旅和骑兵团。"

"得令。"

"注意，你部先作警戒部署，陈部若无异动，不许衅自我开。"

"是。"

夜里，在兰州佛照楼旅社，陈珪璋、杨思、司瑞如、秦峻峰四人，一边打麻将，一边议论。

陈珪璋说："杨虎城在西安与我会晤时，曾许诺，进入兰州后，即派兵攻打宁夏，保荐我为宁夏主席。不想，杨竟自食其言。前日，我去孙委员长那里提及此事，孙打官腔道：‘现在正是靖乱之时，哪有功夫去打宁夏。’真是岂有此理。”

杨思说：“陈师长，现在的形势可是对你不利哟！要不，你先离开兰州几日？”

陈珪璋答道：“这个，我倒不怕，我已暗中调一团人马入驻城内，加强警戒。”

杨思说：“说个不好听的话，我认为你这是以卵击石。反倒增加了不少危险。”

“此话怎讲？”

“你想，一团人马在城里如何能藏得住，如被发现，能不引起孙的猜忌？”

“这，这如何是好？”

话音未落，杜耀宗率十几人冲了进来。杜耀宗喝道：

“陈师长请跟我走一趟。”

陈珪璋问：

“去哪里？”

“孙委员长与你有要事相商。”

这时，秦峻峰踢倒一椅子，双手持枪，说：“看哪个敢动陈师长一根毫毛？”

杜耀宗“砰”一声枪响，秦峻峰应声倒地。

陈珪璋说：“你……”

杜耀宗说声“带走”，两个士兵上来不由分说夹住陈珪璋就走。

杜耀宗带队押着陈珪璋正在前行。陈珪璋突然踢倒两个士兵，一跃跳上墙头。杜耀宗眼疾手快，一枪结果了陈珪璋的性命。

杜耀宗上前踢了陈珪璋一脚，骂道：“妈的，还想跑。”

第十章

兰州城门外,行人出出进进。城门楼上挂着血淋淋的两颗人头,一个是陈珪璋的,一个是秦峻峰的。

杜斌丞回到西安后,向杨虎城汇报工作。杜斌丞说:“我和孙将军商量,蒋介石新近战胜冯玉祥和阎锡山,锋芒正旺,我们可暂让出陕西于蒋,以安其西顾之心。具体办法是将十七路军指挥部移驻兰州,由蔚如率十七师西走新疆,并分兵宁青。到时我们将兼跨四省,再加上好好整顿一下内部,就可与蒋贼抗衡。”

杨虎城说:“先生真英明啊!”

正说着,靖任秋进来报告:

“杨主任,孙参谋长电报。”

“念。”

“陈珪璋联络士绅,阴谋策动兵变,受伤后当场毙命。”

杜斌丞见说,殊异大惊:“这是什么人的主意?失此一着,全盘皆输。出此主意者当斩。”

杨虎城说:“这都怪我平时约束部下不严所致。”

杜斌丞叹气说:“唉,大势去矣!”

杜斌丞回到大湘子庙街18号家里,正在收拾行装。杜鸿范进来问:

“父亲刚回西安,怎么又要回兰州?”

“兰州出大事了。”

在西安去平凉的路上，一辆小车在前，一辆大车在后，疾速行驶。杜斌丞、武志平、张秀山坐在小车上。到一路口，车子戛然停下，张秀山和杜斌丞下车告别。

车子又向前开动。走不多远，前面传来厉声呼喝，气势汹汹。

“停下，停下。”

一群人持枪围住了车队。

后面卡车上的警卫迅速从车上跳下来。两面人马立即行成对峙局面。

“放下武器！”

武志平掏出手枪，速即下车。杜斌丞吩咐道：

“最好和平解决，不要发生冲突。”

“晓得。”

武志平走到一头目跟前，问道：

“你们是什么人？胆敢挡住杜秘书长的去路。”

“什么杜秘书长？只要是西安来的，就不许通过。”

“好大的胆子，下了他的枪。”

“看谁敢？”

正在僵持，杜斌丞从车上下来，走到近前，问：“怎么回事？”

那头目看见杜斌丞，说：“误会了，弟兄们误会了。这就是我常跟你们说起的大胡子，和咱们的陈师长是好朋友。”

两边人都收起了手中的枪。

杜斌丞问：“你是陈副官？你们为什么要拦路？”

“弟兄们要为陈师长报仇。”

“我也是为此事着急，到兰州去处理善后事宜。”

“胡子哥，我们十三师冤哪！”

“我知道，这是一场误会。请相信，我决不会亏待十三师的弟兄们。”

有几个陈部士兵呜呜地哭出了声。

陈副官说：“妈的，我们十三师为姓孙的卖了一场命，却落得如此下场。”

“十三师的弟兄们，我听到这个消息也很气愤。这一定是有人从中捣乱。待我查明真相后，一定给弟兄们一个交代。”

“我们相信胡子哥的。”

张秀山躲在树林里，从头到尾观察着，觉得事已解决，方才离开。

杜斌丞的人和陈副官的人来到平凉城里，走进一个大院，相帮着埋锅造饭。

杜斌丞、陈副官、武志平等人相跟着走进大门。陈副官说：“这里条件不好，真是委屈胡子哥了。”

“谢谢陈副官的盛情。”

兰州城里，数千群众打着标语，呼着口号，围在宣慰使署大门外，与大批荷枪实弹的警卫对峙着。

“打倒孙蔚如！”

“陕西人滚回陕西去！”

这时，杜斌丞的车队来到近前，杜斌丞从车上下来，立即被一群人围在中间。武志平赶紧率队护卫。

杜斌丞脱下礼帽，向众人一鞠躬，说道：“我和陈师长是朋友。这次发生变乱，我也很痛心，我一定给大家一个满意的交代。”

众人见说，给杜斌丞让开一个道，杜斌丞从人群中穿了过去。

杜斌丞来到孙蔚如办公室。孙蔚如见杜斌丞急匆匆走进来，忙招呼道：“杜秘书长辛苦了。”

杜斌丞不客气地说：“辛苦个屁，天都快叫你捅破了。”

“都是部下不听招呼，才酿成如此大祸。”

“你说，现在该怎么办？”

“我听你的。”

杜斌丞见孙蔚如态度诚恳，才火气全消，说：“一、拿出两万大洋,抚恤陈珪璋家属。二、厚葬陈珪璋。"

孙蔚如连连点头:

"这个应当。"

"三、惩办肇事者。"

"这……"

"这什么,舍不得孩子套不住狼。大局为重。"

"那好吧！全听你的。"

在兰州宣慰使署大门外,挤满了一大群人。杜斌丞向众人宣布:

"我和孙宣慰使已经商量好了,做出如下承诺:一、拿出两万大洋,抚恤陈珪璋家属。二、厚葬陈珪璋。三、惩办肇事者。"

众人一条条听完,才渐渐散去。

"散吧！散吧!"

"唉,陕西还是有好人哪!"

杜斌丞带着礼盒,来到司瑞如家,"咚咚"敲了两下大门。大门"吱呀"一声开了,一管家伸出头来,问:"你找谁?"

"麻烦你通报一声,就说一个姓杜的朋友求见。"

又过了一会儿,大门开了,司瑞如走出大门,对杜斌丞双手抱拳道:"不知杜秘书长驾到,罪过罪过。"

杜斌丞也双手抱拳道:"冒昧打扰,实在不好意思。"

"请进。"

"请。"

司瑞如带杜斌丞进了客厅,招呼道:

"快请坐。"

"谢谢。"

"不知杜秘书长来敝府,有何贵干?"

"我是落实前日承诺来了。我知道,你和陈师长是好朋友,就由你出面厚葬陈师长如何?"

“这个……”

“请司先生不要推辞。”

“那好吧！那还有秦峻峰的后事？”

“秦峻峰的后事，就由他的家属料理，这个已经安排妥了。”

“杜秘书长办事真是滴水不漏啊！”

“应当，应当。”

“那我就尊敬不如从命。”

“司先生是懂得大局的人，你办事我放心。”

武志平带一队武装士兵，来到特务营，推开杜耀宗的房门。说：“杜营长，孙宣慰使有请。”

杜耀宗说：“要杀就杀，不必那么啰嗦。”

两个士兵上去就将杜耀宗绑了起来。

这时，特务营的士兵把房子包围起来，喊道：“不许带走杜营长。”

武志平大声说：“孙宣慰使有令，妨碍公务者，格杀勿论。”

又低声对杜耀宗说：“我是来救你的。”

杜耀宗会意，大声说：“好汉做事好汉当，弟兄们让开。”

武志平赶紧押着杜耀宗向外走去。

武志平押着杜耀宗来到城外小树林，解开绑绳，对杜耀宗说：“赶紧跑。”

“那你怎么办？”

“不要管我，我自有办法。”

杜耀宗说了声“谢了”，向前跑去。

武志平举枪朝空中放了两枪。

兰州南门外，围着一群人正在看告示。有一个人念道：“查特务营营长杜耀宗违抗军令，误伤陈珪璋师长，致其毙命，酿成大祸。昨已押赴刑场，验明正身，执行枪决。特此公告。”

在东关旅社一间房子里，谢子长问杜鸿范：

“鸿范兄，你在王子元旅干得怎样？”

“还可以。这次来兰州，就是王子元派我到行署领枪弹的。”

“哦，领多少条枪？”

“200 条。”

谢子长见说，想了一会，说：“不如这样，你把领到的枪弹用皮筏由黄河运抵水泉一带上岸，然后交与张东皎，伺机进行靖远兵暴。”

“这个恐怕不妥吧！”

“这有什么不妥的。我想，长期待在敌营也不是个办法。我们迟早要有自己的武装。”

“那好吧！我听谢大哥的。”

孙蔚如对杜斌丞说：“杜秘书长，最近，兰州行署准备新编一个师，石英秀、王子元、李贵清三个旅长极力拥护由你统率他们。”

“不行，不行。我哪会带兵呀！”

“我想，以你的才干，是足以胜任的。”

“这不是才干的问题。我觉得甘肃的武力，只能归邓宝珊管，任何人不宜插手。这是关乎西北大联合的大局问题。”

孙蔚如想了一会，说：“那好吧！还是杜秘书长看得远。”

在兰州杜公馆，杜斌丞问杜鸿范：

“范儿，你到行署领了 200 条枪？”

“是啊！都是崭新的，还领了许多弹药。”

“那是孙蔚如和邓宝珊有意要提拔你当营长。”

“我知道。”

这时，常黎夫领着谢子长走了进来。对杜斌丞说：“舅舅，看我把谁给你领来了？”

杜斌丞上前握住谢子长的手说：“子长，你几时到兰州？”

“刚到没几天。”

杜鸿范给谢子长使了个眼色，说："你们来啦！我还有事。"

谢长子会意，说："你忙吧。"

杜鸿范走了出去。

杜斌丞招呼道："请坐。"

谢子长坐下说："杜校长，听说孙蔚如有意让你当新编师的师长。"

杜斌丞坦率地说："让我给辞了。"

"杜校长，学生说句不应该说的话，这是掌握军队的好机会啊！"

"我也认为这是个机会。但是，我当师长，一无干部，二无经费，旧军队怎么能变成新军队呢？再说，这势必要加重老百姓的负担。祸国殃民的事，我是不会干的。"

"杜校长，我觉得您的威望很高，是能把军队带好的。再说，您当师长总比坏人当要强。"

"不要说了。我是不会当的。我不过是新疆路上的栽柳人而已，有一天到了新疆，就出国去考察了。如何联合苏联的事，就要靠你们去做。"

"杜校长……"

杜斌丞用手势止住谢子长的话，说："我想给你们提个意见。"

"杜校长您说。"

"你们在没有把握的情况下，急于在旧军队中搞兵变的做法是很不合算的。比如那年在神木县兵变，搞垮了高志清的手枪连，等于是帮了井岳秀的忙，搞得高志清只好出走。而兵变拉出去的好枪好马又让三边张家父子发了洋财。张家不久前还派人来，要我收编他们。这些地头蛇，反复无常，是靠不住的，决不能用。"

谢子长检讨道："杜校长说的是。我们中的一些人，确实犯了左倾盲动的错误，给革命带来了不应有的损失。请杜校长说说，我们今后该怎么办？"

"你们为何不照南方朱毛的样子，自己干。"

"谢谢杜校长的指点。"

杜斌丞、谢子长坐在马车上，常黎夫赶着马车向五泉山方向前行。

常黎夫嘴里喊着："驾，驾。"

谢子长笑道：

"常兄，没看出你还是个车把式呢！"

"谢谢夸奖。这叫'从小买蒸馍，啥事都经过'。"

杜斌丞和谢子长见说，都笑了起来。

邓宝珊来到五泉山四大金刚庙外，选择一个不显眼的地方，坐到一处断墙上，对后面跟着的四个警卫说："你们几个可到四处逛逛。"

"是。"

这时，杜斌丞带着谢子长来和邓宝珊见面。见邓宝珊已坐在断墙上，忙走了过来：

"让宝珊兄久等了。"

"我也刚到。"

杜斌丞指着谢子长介绍道："这就是我跟你说的谢子长。"

邓宝珊站起，握着谢子长的手说："欢迎欢迎。"

三个人坐下后，杜斌丞说："咱们西北的力量，再不能搞内耗了。应该团结一致来对付蒋介石。"

邓宝珊问谢子长："你们在这方面有什么高见？"

谢子长见问，想了想回答道："当今日本十分猖狂，已经占领东北。叫我说，日本人早有亡我之心，我们不光要搞大西北联合，将来还要搞全国人民的联合。"

"谢兄说得对。老蒋太不像话了，都什么时候了，还在搞'攘外必先安内'那一套。"

杜斌丞说："等咱们到了新疆后，可与苏联联系，建立一个进退自如的根据地。到那时，咱们就不怕老蒋，也不怕日本人了。"

邓宝珊见说，十分赞同："这个办法好啊！"

三个人站起，远处的常黎夫和四个警卫都走了过来。

邓宝珊从两个警卫手里要来两把手枪和一些子弹，对谢子长说：

“初次见面,这是我的一点心意,望谢兄笑纳。”

“谢谢邓长官。”

常黎夫走过来接过手枪和子弹。

在兰州东关旅社后院,一群红军游击队员装扮的国民党士兵正在往骡马身上驮枪弹箱子。谢子长吩咐道:“小心点,绑牢靠些。”

一战士回答:“请谢总指挥放心。”

谢子长批评道:“在这个地方,不要叫我总指挥。”

“是。”

这时,杜斌丞、杜鸿范、常黎夫带着四个警卫走了进来。

杜斌丞吩咐道:“路上一定要小心。要想好路上应付盘查的办法。”

谢子长说:“谢谢杜校长提醒。”

“我把鸿范交给你们了。”

“请杜校长放心。我们会成功的。”

杜鸿范见父亲支持自己的行动,就走到一个警卫跟前要来手枪,又要来花筒手提机枪,说:“借我一用。”

他见父亲没反对,胆子大了起来,又把其他两个警卫的手枪和花筒手提机枪要来,挂在自己身上。只剩下一个警卫身上的枪弹,他没有好意思再要。

这时,一个战士走过来说:“谢大哥,都准备好了。”

“好,咱们走。杜校长再见。”

“祝你们一路顺风。”

杜斌丞和常黎夫目送谢子长等人走出大院。

杜斌丞说:“走,咱们也回。”

谢子长在水泉镇带领一群战士正和敌人进行激烈的战斗。突然一颗子弹打在谢子长身上。乌逸民发现后,大声说:“谢总指挥负伤了。”

“不要喊,我不要紧,快带领战士们向前冲。”

这时，杜鸿范带领一群战士冲了过来，跑到谢子长身边，问：

“怎么样？要不要紧？”

“我不要紧，情况不对，快带领战士们突围。”说着，昏了过去。

乌逸民背上谢子长就跑。

杜鸿范带领几个战士边打边掩护撤退。突然，一颗子弹打在了杜鸿范的手上。杜鸿范强忍着，带着战士们继续撤退。

常黎夫正在办公。乌逸民从门里走了进来。

常黎夫问：“逸民兄，你怎么回来了，快说说，这次行动怎么样？”

乌逸民见问，哭了起来：“靖远暴动失败了。”

“究竟怎么回事？”

“我们内部出了叛徒，结果敌人以数倍于我的兵力包围了我们。谢总指挥和鸿范兄都负伤了。”

这时，杜斌丞走了进来，问：“鸿范被打死了？”

常黎夫说：“没有的事。”

乌逸民说：“被打死的是杜聿厚。谢总指挥和鸿范兄只是受了点伤，已到西安养伤去了。”

杜斌丞听完，再没说话，从门里走出去了。

杜斌丞正在办公，门外传来“报告”声。

“进来。”

武志平走了进来。杜斌丞抬头见是武志平，忙招呼道：

“快请坐。”

武志平坐下后说：“孙宣慰使让我到酒泉去和马仲英联络，我想听听您的意见。”

“很好。我已先一步派杜立亭以酒泉行政专员兼与马部联络的代表身份，带领一批人，现已到达河西。他们的工作进展很顺利。马仲英已委任杜立亭为他的参议。你到酒泉后，要多观察马部进入新疆的准备工作，了解马左右决策人物，以及装备、粮秣和行军等方面的情况。到了那里以后，要多和先到的同志联系。”

“是。”

杜斌丞想了想，又说：“噢，对了，乌逸民在这里不安全。你就和他一起去，让他就留在那里工作。”

“是。杜秘书长还有什么指示？”

“你到那里后，一定要和马仲英搞好关系。”

“是。”

晚上，两个乔装打扮的战士抬着谢子长，来到西安大湘子庙街18号公馆。杜鸿范挂着绷带，上前敲门。

“谁？”

“我。”

门被打开，杜良明伸出头来，一看：

“大少爷，你怎么啦？”

“没事，受了点伤。快，让我们进去。”

杜良明把门开得更大了。

朱佩英在房内问：“良明，是谁呀？”

“夫人，是大少爷回来了。”

随着声音，众人相帮着把谢子长抬了进来。

朱佩英见状，急问：“范儿，这是怎么啦？”

“娘，没事，只是受了点伤。”

杜良明问：“安顿到哪里？”

杜鸿范想了想，说：“安顿到二楼安全些。”

翌日早晨，两个红军战士从大门出去。杜良明正要关大门，走过来一人要进门。良明问：“你找谁？”

“杜良明，你不认识我，我可认识你。我叫冯子奇。怎么样，认识一下。”

“你到底找谁？”

“我就找你。怎么？米脂老乡连门都不让进。”

“进来吧!”

“这还差不多。谢了。”

冯子奇进院后,东瞅瞅,西看看,说:“你们昨晚动静很大,是不是来什么人了?”

杜良明没好气地说:“你管得也太宽了。”

这时传来朱佩英的声音:“良明,咱家来谁了?”

“一个无赖。”

冯子奇说:“你说话客气点。谁是无赖?”

冯子奇闯进房去。杜良明跟进去说:“你乱闯什么?”

“怎么?转转也不可以?”

“不欢迎你。”

冯子奇对朱佩英说:“老嫂子,你看你家下人多么不礼貌。”

朱佩英问:“你来有何贵干?”

“哎呀,老嫂子,没有事就不能串门嘛?咱们可是米脂街上响当当的老乡。我叫冯子奇。”

“哎呀!是老乡呀!真是的,山不转路转,请喝茶。良明,我早就给你说过,一个人呀!不能把路堵死,把事做绝。你见了老乡也不热情一点。兔子还不吃窝边草呢!”

“老嫂子真会说话。不就是老乡来串串门嘛!”冯子奇端起茶杯,在客厅里乱看,说:“你这里房间还不少呢!藏个个把人,是不成问题的。”

说着,就去推一房间的门。

杜良明急步上前,一把扯住冯子奇的胳膊,说:“请你放尊重点。”

冯子奇怎么也挣不脱,痛得龇牙裂嘴:

“不让看就不看了,你这是干啥?放开我。”

杜良明毫不客气,就像老鹰抓小鸡似的把冯子奇扯出房门。

冯子奇灰溜溜地被扯出大门。他扶了扶礼帽,恶狠狠地说:“咱们骑驴看唱本——走着瞧!”

杜良明回敬一句:“你随便。”

第十一章

杜斌丞因患腿疾，躺在床上。常黎夫说："舅舅，临时维持委员会业已完成历史使命，新任甘肃省政府主席邵力子已经就职，他们发布的第一号委任令就是，任命您为省府秘书长。"

"我这个样子，还怎么履新？"

"舅舅，您的腿病得这样厉害，应该早做打算。"

杜斌丞拿出一张纸，对常黎夫说："这是我的辞职报告，你去交给邵力子主席。"

"好。"

邵力子正在省政府办公，门外传来报告声。

"进来。"

常黎夫走进来后说："邵主席，杜秘书长让我把这个报告给您。"

邵力子展开报告，看了一眼，说："回去告诉杜秘书长，这个报告我是不会准的。"

杜斌丞躺在床上，问常黎夫："黎夫，我的辞职报告批了没有？"

"邵主席说他不会批的。"

"这是我的请假条，你再去交给邵主席。"

常黎夫接过请假条，念道："邵主席力子均鉴：谨肃者，职前患腿疾，迄今日久尚未痊愈，拟请假 10 日，前往关外天主堂医院诊治，所有秘书长职务请委董秘书主任健宇暂代，以专责成。"

在兰州飞机场，常黎夫搀扶着杜斌丞与续范亭向欢送的人群告别。

“再见。”

“再见。”

杜斌丞、续范亭、常黎夫三人走进机舱，一会儿，飞机直冲云霄。

在西安飞机场，常黎夫搀扶着杜斌丞与续范亭走下飞机。

常黎夫扶着杜斌丞向小车走去。一群记者包围了续范亭。

一记者问：“续参谋长，请说说你和杜秘书长此行的目的。”

续范亭侃侃而谈：“余是代表驻甘肃行署主任邓宝珊，向西安绥靖公署主任杨虎城汇报甘肃近况的，并有所请示，约两星期后返兰。杜秘书长则因腿疾甚重，在甘治疗不愈，拟数日内赴北平诊疗。”

续范亭说完，就向小车走去。身后还有记者追着续范亭。

“续参谋长……”

续范亭径直坐上小车。小车一溜烟开走了。

在西安大湘子庙街18号公馆院内，杜良明架好梯子，在下面扶着。杜鸿范胳膊挂着绷带，提着马灯，常黎夫扶着杜斌丞登上了二楼的梯子。

谢子长躺在二楼的地板上。楼上显得空荡荡的。

杜斌丞、杜鸿范、常黎夫三人走了进来。

谢子长见杜斌丞等人走了进来，欲欠身起来，杜斌丞赶紧走过去，按住谢子长，说：“不要起来。伤得怎么样？”

“不要紧。养养就好了。杜校长，您的腿怎么了？”

“我在绥德上学时，腿上落下了毛病。最近有点加重。”

“杜校长，我们又失败了。”

“不要紧，总结经验，以后再来。”

杜斌丞摸摸被角，说：“被子太单薄了，范儿，给子长再加床被子。”

杜鸿范回答:“好。”

在西安机场,常黎夫搀扶着杜斌丞走上飞机,转身向欢送的人群告别。

飞机下面,赵友琴、南汉宸、王菊人、蔡雪村等友人也向杜斌丞挥手告别。

“回去吧!”

“再见。”

来到北平,常黎夫扶着杜斌丞住进了北平协和医院。一医生走进来给杜斌丞检查腿病。过了一会,常黎夫等医生检查完毕,便问:

“大夫,我舅舅的腿要紧不?”

“要是晚来几天,这条腿就废了。还好,治上几个疗程就好了。”

杜斌丞穿着病号服,拄着拐杖,在室外锻炼。

一护士带着王森然过来,说:“杜先生,这位先生找您。”

杜斌丞一看,说:“怎么会是你呀?”

“怎么不能是我?杜兄,来北平也不打声招呼。”

“王兄,你是怎么知道的?”

“还是西安的朋友告诉我的。”

“快请坐。咱们有好长时间没有见面了,该好好聊聊了。说说,这些年都在干些什么?”

王森然和杜斌丞坐在长椅上,聊了起来。

王森然走后,杜斌丞回到病房,躺在病床上打点滴。

这时,常黎夫带马健翎进来。说:“舅舅,看谁看你来了。”

杜斌丞有点认不出来。

“你是……”

“杜校长,我叫马健翎,是您的学生啊。”

“噢，我记起来了，你是马云程的弟弟。”

常黎夫对杜斌丞说：“健翎早就听说您来北平看病，想来医院看您。只是没有钱，不好意思来。”

杜斌丞问马健翎：

“你在北平干什么工作？”

常黎夫说：“他哪里在工作。他是哥哥病了，来顶替哥哥上北京大学，在路上丢了钱，正发愁呢。”

杜斌丞见说，便道：“黎夫，你给上健翎300元，让他好上学。”

“舅舅，咱们的钱也不多了。”

“上学要紧。咱们再想办法。”

常黎夫不情愿地从身上拿出300元的银票，递给马健翎。

马健翎推辞着：

“我不要，我不能要杜校长看病的钱。”

杜斌丞说：

“拿上吧。将来学好了，好报答国家和百姓。”

马健翎接过钱，流出泪来。

杜斌丞坐在病床上。常黎夫打饭进来，给杜斌丞盛好饭。杜斌丞下床来开始吃饭。刚吃了两口，问常黎夫：

“黎夫，最近甘肃情况怎么样？”

“不太好。听说蒋介石收买了马青苑师长，迫使孙蔚如将军率三十八军退出了兰州。”

“咱们明天就出院。”

“那你不看病了。”

“我的腿已全好了。”

说完，站起在地上走了两圈。

常黎夫说：“可咱们买飞机票的钱不够了。”

“那咱们就坐汽车。”

“坐汽车的钱也有些紧张。”

"怎么会这样？那好,我想办法。"

杜斌丞和常黎夫坐车来到河北石家庄,好不容易找到道清铁路处。

王复初正在办公。

一办事员领着杜斌丞走进门来,说:"处长,这位先生找您。"

王复初抬头一看,认出来了,上前拥抱杜斌丞,说:"杜兄,什么风把你给吹来了？想死我了。"

"路过这里,特意来看看王兄。"

"听说你在甘省干得不错。"

"马马虎虎。"

"快请坐。"

王复初回头对办事员说:"给我在鸿宾楼订最好的饭菜。"

"是。"

办事员从门里走出去了。

王复初端详着杜斌丞:

"叫我好好看看你。哎呀,老了。杜兄,你是什么时候留起胡子的?"

"在北平上学的时候。"

"嗯,好看,精神。"

"哎,王兄,快说说,你这些年是怎么过来的?"

"我呀,这些年净念了书了。三原毕业后,我又上了清华大学,后又赴美苏留学。现在是孔夫子搬家——书多。"

"书多好呀,我这辈子是做不成学问了。"

"哎！杜兄,我还没问你,你住在哪里?"

"登记在城东旅社。"

"那怎么行？那儿条件太一般了。不行,把那的房间退了,我给你重登记。"

"你是财大气粗啊!"

“别谦虚了,一个堂堂的省府秘书长,还能被钱所困?”

“不瞒王兄,这次手头还是有点紧张。”

“好好好!有我呢!”王复初领杜斌丞和常黎夫来到石家庄最豪华的鸿宾酒楼。

杜斌丞、王复初、常黎夫三人围一桌正在吃饭喝酒。

王复初端起一杯酒说:“来,杜兄,我敬你一杯。”

“来,一块喝。”

杜斌丞豪爽地一饮而尽。

王复初说:“杜兄,你这次能来看我,我很高兴。”

“咱们是好朋友嘛!”

王复初送杜斌丞和常黎夫坐上汽车。汽车徐徐开动。

王复初喊着:“杜兄一路走好。”

“王兄再见。”

汽车走出大门。常黎夫对杜斌丞说:“舅舅,您这位同学真热情。昨晚,硬塞给三百元钱。”

杜斌丞说:“这个钱是要还的,回头你把钱给寄过来。”

“是。”

回到西安,杜斌丞走进杨虎城办公室。杨虎城招呼道:

“先生一路辛苦。你的腿好些了吗?”

“好多了。”

“快请坐。”

杜斌丞坐下后,杨虎城说:“现在西北的局势变得十分复杂。先生怎么看?”

“西北大联合的设想已不可能实现,我们得另想他途。”

“没想到情况会变得如此糟糕?这个老蒋实在是太可恶了。”

“主任不要灰心。当务之急是收紧拳头,观察形势,再做对策。我准备辞去甘省秘书长职务,把工作重心暂时放在陕西。”

“就照先生的意思办。哎,和先生一起在榆林教书的王森然老师现在怎么样了?”

“他最近在北平发展。”

“他可是个大才呀!人品也不错。先生能不能给他去封信,让他到西安来工作。”

“我试试吧!”

“先生一路辛苦了,可能累了,早点休息吧!咱们明天再谈。”

杨虎城和杜斌丞站起,两双手久久握在一起。

杜斌丞回到家里。杜良明说:“先生路上累了,也不早点休息,还要出去奔波。”

“形势不饶人哪!你去给我磨好墨,我要写封信。”

“好。”

在北平西四石碑胡同北下窟二号,王森然正在读信,一封杜斌丞给他写的信。“森然兄:弟于前月26日到达西安,迭晤杨主席,谈及阁下近况,渠殷殷垂询,极为关切,而于兄之学识行性尤表好感。弟意驾住北平,不若西来为善,未知以为然否,能否?弟今日乘欧亚机飞甘,下星期当可扫除一切。嗣后续陈。特上。即颂秋祺!弟杜斌丞拜启,十月五日。”

王森然站起望着远方,自语道:“杜兄,你的心意我领了,我走不开呀!”

杜斌丞正在家里看书,杜良明走进来说:“老爷,杨主任来了。”

“快请。”

话音未落,杨虎城走了进来。杜良明退了出去。

“主任,有什么急事?”

“中央军黄杰部已开到潼关,他的参谋长进城来交涉,说南汉宸是共党分子,要我立即逮捕,我好不容易才脱身出来。你赶快送汉宸走，让他转道天津去日本，走得越远越好。”

杜斌丞说：“好，我马上去办。”

杨虎城从身上掏出一张银票，说：“这是一张银票，你转给汉宸，让他多加小心。”

杜斌丞接过银票，说：“我一定办好。”

杨虎城说：“你给汉宸说，情况紧急，我不能亲自送他了。”

“主任放心，我一定转告到。”

“我走了，还要回去应付一下。”

“主任慢走。”

南汉宸正在看书，门外传来敲门声。

南汉宸问：“谁呀？”

“汉宸，是我呀。”

“是杜先生。”

说着，赶紧去开门。

杜斌丞走进门来，说：“汉宸，杨主任刚才找过我，你得赶快走。”

“杨主任说没说，让我去哪里？”

“主任让你由天津转道去日本躲一躲。这是他给你的银票。”

杜斌丞把银票递过来。南汉宸接过银票，看了一下，说：“杨主任这是怕我被逮捕，牵连到他。好，我走。”

“事情怎么会弄成这个样子？”

“我的身份暴露了。这个老蒋，太卑鄙了。”

“到底是怎么回事？”

“前一段时间，胡逸民携老蒋的信找杨主任，说已查出我是共产党员。提出如我到南京，则立法委员和监察委员由我选，否则，行政院即下令通缉我。被我严词拒绝了。他们这是狗急跳墙。”

“你走吧！留得青山在，不怕没柴烧。等情况好转了，你再回来。”

“也只能这样了。”

杜斌丞握着南汉宸的手说:“一路保重。”

兰州飞机场。

杜斌丞和常黎夫走下飞机。来欢迎的邵力子、孙蔚如、邓宝珊上前和杜斌丞握手。

“杜秘书长一路辛苦了。”

“你的腿好点了吗?”

“谢谢关心。”

杜斌丞与孙蔚如、邓宝珊一同游览五泉山。只见园内丘壑起伏,林木葱郁,环境清幽。庙宇建筑依山就势,廊阁相连,错落有致。来到山下,孙蔚如对武志平说:“你们在山下等着。”

“是。”

杜斌丞、孙蔚如、邓宝珊三人一路走,一路欣赏着风景。

邓宝珊问:“这五泉山有哪五泉?”

孙蔚如说:“有惠泉、甘露泉、掬月泉、摸子泉和蒙泉。”

邓宝珊说:“名堂还不少呢!”

快到山顶时,孙蔚如问杜斌丞:“杜秘书长对时局有何见教?”

“我在西安时已对杨主任说过。西北大联合已难实现,我们应该早做打算。杨主任也同意我的看法。”

“具体该怎么做?”

“具体就是收紧拳头,观察形势,再做对策。眼下当务之急,就是要和西北各界人士搞好关系。”

孙蔚如见说,道:“咱们辛辛苦苦在这里经营了一年多,就这样放弃,真让人不甘心哪!”

杜斌丞说:“三十八军军职已发表多时,你还没有就职?目前一定要把军队抓到手,以不变应万变。”

“我明天就做这件事。”

杜斌丞又对邓宝珊说:“邓兄,你是甘省人,要继续做基础工作。”

“没问题。”

“还有，我带来的人，你要善加保护。”

“杜兄吩咐就是了。我听你的。”

回到山下，孙蔚如提议：“咱们合张影吧！”

杜斌丞说：“好。”

三人在一处有泉水的地方站好，武志平拿照相机“咔嚓”照了一张。

平凉三十八军军部。

孙蔚如说：“杜先生，我已就任三十八军军长一职，特委任你为军部高级参议，这是给你的委任状。”

杜斌丞接过委任状，说：“谢谢孙军长的信任。”

孙蔚如和杜斌丞的手握在一起。

邵力子正在省政府办公，杜斌丞走进来。邵力子招呼道：

“杜秘书长快请坐。腿病恢复得怎样？”

“这是老毛病了，要除根还很困难。”

“你刚回来，也不休息几天？”

“我是来辞职的。上次给您打的报告，不知考虑得怎样了？”

“我给你说了，我是不会让你走的。甘省需要你这样的大才。”

“实在是因为我的身体状况不佳，频频影响政事。还希望您早选贤能。”

“别说了，你还是安心养病吧！”

夜深了，兰州三字什招待所的灯还亮着。吴鸿宾、孙作宾、马豫章、李慕愚、常黎夫围在一桌，正在开会。吴鸿宾站起说：“人到齐了，咱就开会。同志们，根据咱们上次会议酝酿结果和北方局批准意见，现在我宣布，中共甘宁青特委正式成立啦！任命吴鸿宾为书记，孙作宾为军委书记，马豫章为组织部长，李慕愚为宣传部长，常黎夫为秘书长。大家有没有意见？”

“没有。”

“没有意见，好，通过。下面，咱们研究一下目前的形势和咱们应该开展的工作。”

邵力子正在办公，董健宇走进来说：“主席，杜秘书长给您寄来一封信。”

“念。”

“邵主席力子均鉴：本年5月，主席莅甘完成正式省政府，斌丞自持疏庸决拟即时引退，用避贤路，乃蒙主座不弃，葑菲电呈国府正式加委，奉命之下，惶悚无似，思维至再，不得不勉竭驽钝，借报知遇于万一。讵任事未久，忽于6月底感受风湿，发为腿疾，虽经请假医治，未见效果。无已于7月中旬去平诊治。一面具呈辞职，仅蒙给假就医。抵平后，即赴各医院认真治疗，而各医院均称此疾非长期诊治不易见痊。因思所任秘书长一职，关系綦重，未便久事虚悬，故经两次电辞，迄未奉复，爰于10月5日力疾返兰，面申前请，无如每次晋谒，都慰勉有加，更替无息。斌丞思维再三，与其窃负虚名，自误以误公，不若暂卸仔肩，以图报于将来……”

“不要念了。”

“那这封信怎么处理？”

“唉，这个杜先生啊！留住其人，留不住其心啊！存起来吧！”

邵力子挥挥手，让董健宇出去。

西安飞机场。

邵力子走下飞机，杨虎城、杜斌丞上前握手。杨虎城问：“邵主席这次来陕，有何贵干？”

邵力子看了一眼杜斌丞，说：“上车说吧！”

杨虎城和邵力子坐一车，杜斌丞和武志平坐一车，在路上缓缓而行。杨虎城在车上问:“邵主席有什么要事?”

邵力子说:“杜秘书长再三辞职,是不是你老兄的意思?”

“说什么话?咱们都是一家人,我怎么能挖你的墙脚。”

“唉,我再三挽留,都留不住啊!”

另一辆车上,武志平对杜斌丞说:“看来邵主席见了你有些不高兴。”

“他主要是不想让我辞去秘书长职务。”

“那你就不能不辞?”

“如今,张国焘的四方面军已经进入陕西境内,在川陕一带创建了20多个县的根据地。我估计老蒋马上会下命令,让十七路军围剿红军。在这非常时期,我怎么能待在甘省享清福呢?”

“还是杜秘书长看得远。”

第二天,杜斌丞来到北院门,走进杨虎城的办公室说:“邵主席走了。”

“走了。他对我也有意见。说我在挖他的墙角。”

杜斌丞释然一笑,说:“他慢慢会明白的。”

“咱们分析一下对策。如今,老蒋以‘剿共’为名,派遣几支部队尾随红军进入陕西境内。尤其是胡宗南到达陕南后,又赖着不走。昨天,老蒋又电令我和四川的刘湘、田颂尧等部合围红四方面军。这将威胁到十七路军的生存。你说,这该怎么办?”

“这个问题,我已考虑很长时间了。我们只有‘联共反蒋’,别无他途。”

“也只能这样了。请先生说说具体的方案。”

“咱们可派人与中共军队取得联系,秘密订立协定,互不侵犯,互不伤害。”

“办法倒是好办法,那派谁去联系呢?”

“咱们先起用一批共产党人。然后多渠道开展工作。”

“这个事情一定要做好保密工作,决不能让老蒋的人知道。”

“那当然。”

“先生有没有合适的人选?”

“可先派张含辉带上地图,以示诚意,和四方面军建立联系。提拔阎揆要担任警卫团副团长兼第三营营长,协助张汉民工作。再明示武志平协助孙蔚如军长工作。以后再视情况发展而定。”

“就依先生的。”

第十二章

杜斌丞正在家里研究地图。阎揆要进来说："杜参议，您找我？"

"快请坐。杨将军叫你到汉中去担任警卫团副团长兼第三营营长。你到汉中后，要多协助张汉民工作。他和你是一个党的。"

"我什么时候出发？"

"明天一早就走。要做得秘密，不要告诉任何人。"

"您还有什么吩咐？"

"前面我已让张含辉去和红四方面军联系，如果情况危机，你就当机立断，把警卫团拉到川北苏区去，以后有机会再做交涉。"

阎揆要站起，举了个军礼，说道："是。请杨将军和杜参议放心，决不辱没使命。"

"去吧！我们等你的好消息。"

在去天水的路上，一辆小车和一辆军用卡车奔驰着。杜斌丞和武志平坐在小车上。车内，杜斌丞对武志平说："这次老蒋让胡宗南部避开川陕边区红军，远驻甘肃，以杨部担任主攻任务，他的企图显然是利用杂牌部队打头阵，与红军相互攻杀，以达到两败俱伤、消灭异己的目的，这个阴谋是很毒辣的。十七路军如果要摆脱老蒋的阴谋圈套，就必须避免和红军作战。"

武志平说："那我们该怎么办？"

"为进一步使红军了解我们的意图，就需要同红军打通关系，取得联络。如果红军西进，我们应当有意识地放过去。如果红军需要在川陕边区停留下来，我们就不打。现在关键问题是派谁去联络。"

“既然现在还没有合适人选，就让我去联络。”

“做这个事情是有危险的。”

“请杜参议相信，我武志平虽赴汤蹈火，在所不辞。”

“好，就派你去。但你一定要注意保密。”

“没问题。”

“记住，这次行动的密语是‘叫开门’，如果叫开门，以后的好多文章就好做了。”

孙蔚如在军部来回踱步，见杜斌丞走了进来，说：“杜参议辛苦了。你来得正好，老蒋让我把部队开到汉中去打红军，该怎么办？”

“绝对不能打红军。”

“不打红军可是违抗命令啊！”

“打红军就中了老蒋‘两败俱伤’的圈套。”

“你和杨主任有没有商量出个办法？”

“现正在运作。必须和红军取得联系，才会有出路。”

“那派谁去和中共联系？”

“我们已商量好了，让武志平协助你工作。”

“好，我听你们的。”

孙蔚如、杜斌丞、武志平骑马前行。身后跟着卫队一营。

路上，烟尘滚滚。

夜里，武志平来到西安东街旅社，向宋绮云汇报工作：“杨虎城、杜斌丞、孙蔚如已经决定，派我去汉中和红四方面军取得联系，准备订立秘密协定。”

宋绮云高兴地说：“这是好事。一会上海来的王右民要向你传达‘特科’的指示。”

话刚说完，门外传来敲门声。

宋绮云说：“老王来了。”

说着,就去开门。王右民走了进来。

宋绮云向王右民介绍武志平:“这是武志平,将要赴苏区和红四方面军联系。”

“你好。”

“你好。”

武志平和王右民的两双手紧紧地握在了一起。

三人坐下后,王右民说:“现在由我传达‘特科’的指示:中央早就想和杨虎城取得联系,以打通和十七路军的关系。”

宋绮云激动地说:“这下好了,大事可定了。”

王右民对武志平说:“你到苏区后,可先和那里的徐以新同志取得联系。他会教你具体的做法。”

在去宝鸡的路上,孙蔚如和武志平并马齐驱,一路交谈。身后跟着卫队一营。

孙蔚如问武志平:“武参谋,你这次到苏区去,有几成把握?”

“我已和上海的组织取得了联系,由他们转达杨主任的意思。”

“那就好。”

孙蔚如忽然下令:“这里是个打猎的好地方,停止前进。”

“孙军长,咱们不赶路了。”

“不着急。杨主任已派王宗山去南京活动,提出十七路军让出陕西,开到甘肃去。咱们等等消息。”

卫队营长下令:“孙军长有令,停止前进。”

所有人端着枪,走向丛林深处。

武志平正在看书,消遣时光。传来敲门声。

“进来。”

王宗山走进来。武志平见是王宗山,忙站了起来,招呼道:

“怎么是你?快请坐。”

王宗山坐下说:“我刚见过孙军长,才知你这次和孙军长一块来。”

“你来凤县有什么使命?”

“前段时间，我奉杨主任之命去活动，其意是杨主任辞去陕西省政府主席，以邵力子主陕，腾出位置，让孙军长担任甘肃省主席。没想到老蒋很狡猾，抢先发表邵力子任陕西省政府主席，朱绍良任甘肃省政府主席。”

“难怪孙军长这段时间迟滞不前，原来是这么回事。那你找我有什么事？”

“杨主任让我给你捎来一封信。”

说着，从怀里掏出一个信封，递给武志平。

武志平接过信，看了起来：“志平参谋弟：别来日久，殊深驰念。余上月25日平安抵省，祈勿念。值兹日寇凭陵，国势阽危，凡我同志，务须深自警惕，力图奋发。吾弟才华卓著，尚喜佐理孙军长努力工作，是为至要。此询，近佳。”

孙蔚如和武志平正在汉中三十八军军部密谈。

孙蔚如问：“红四方面军是谁负责？”

“总指挥是徐向前，总政委是陈昌浩。”

“那张国焘担任什么职务？”

“中央政治局常委，西北革命军事委员会主席。”

“那好，你来研墨，我给徐向前和陈昌浩写一封信。”

孙蔚如和武志平站起。孙蔚如从办公桌取出一块绫布，拿起毛笔，想了想，写了起来。

孙蔚如写完后，又看了一遍，说：“好，收起来，缝在你的衣服里。”

武志平一边收绫书，一边赞道：“孙军长真有文采。”

“别拍马屁了。路上一定要注意安全，快去快回。”

“是。”

巴山道上，武志平化装成樵夫，在树林中攀越着。

武志平来到苦草坝，见一队红军正在巡逻，便爬在草丛中等巡逻的过去，他见有几个炊事员忙里忙外，正在做饭，走过去问道：

"同志,徐以新怎么找?"

一个老炊事员看了看武志平,问:"你是干什么的?"

"我……"

老炊事员见武志平吞吞吐吐地,有点可疑,便给身边的一个小战士使了个眼色。小战士会意,装作无意,向武志平身上泼去一盆冷水。武志平说:"你……"

老炊事员迅速上去把武志平扑翻在地。小战士上去帮忙,把武志平绑了起来。

武志平喊着:"放开我。我是自己人。"

老炊事员说:"我就没把你当好人。带走,押到连部去,让连长审问。看是谁派来的奸细?"

小战士端起枪,说:"走。"

某连部。

连长和指导员正在研究军事问题,门外传来报告的声音。

"进来。"

小战士带着武志平走进来,说:"连长,我们炊事班抓到一个奸细。"

"好,你去吧!"

"是。"

连长问武志平:"说,是谁派你来的?"

"我不能跟你说。我要找徐以新。"

"嗬,口气还不小呢!"

"你认识徐以新?"

"不认识,你找他干什么?"

"我是中共陕南特委派来的,找徐以新有重要事情。"

"什么重要事情?"

"我不能说。"

"那我就没办法帮你了。"

这时,指导员对连长说:"我看这样吧!还是跟徐主任联系一下，以免弄错。”

连长想了想，喊道：“警卫员。”

警卫员跑步进来。

“你押着这个人去见总部徐以新主任。”

“是。”

徐以新和一群参谋正在研究作战方案。门外传来报告声。

“进来。”

警卫员押着武志平走进来，说：“徐主任，我们连长叫我把这个人送过来。”

“好，你去吧！”

“是。”

警卫员说着走了出去。

徐以新看了看武志平，问：“你找我？”

武志平反问：“你是徐以新同志吗？”

“你是？”

“我叫武志平。”

“哎呀，同志，你受委屈了。”

徐以新说着，就去给武志平松绑。然后对其他参谋说：“你们先出去吧！”

众参谋都走了出去。

“快请坐。坐下说。”

徐以新领着武志平到红四方面军总部来见徐向前和陈昌浩。

徐以新介绍道：

“这就是武志平同志。”

徐向前上前握着武志平的手说：“武同志，你辛苦了。”

武志平从衣服上撕开一条缝，取出绫书，说：“孙军长给你和陈政委写了一封信。”

徐向前接过绫书，说:“来，请坐。”

武志平坐下后，徐向前读起信来:“徐向前总指挥、陈昌浩总政委:当前日寇凭陵，国势阽危，凡有血气者，莫不痛心疾首。而蒋介石却侈谈‘攘外必先安内’，妄图以武力消除异己。长此以往，国将不国，我中华民族将陷于万劫不复之地。言念及此，实切隐忧。蔚如与虎城窃谓:各党派对政治见解有所不同，尽可开诚商议，岂容兵戎相见、兄弟阋墙，而置外患于不顾！特不揣冒昧，派我部参谋武志平晋谒虎帐，陈述我方对于时局的意见。深愿停战议和，共同反蒋抗日，以纾国难。贵军如表同意，请迅即派员前来，共商大计。迫切陈词，无任翘盼之至。敬祝胜利。孙蔚如谨启，民国二十二年五月十二日。”

徐向前看完信后，又把绫书交给陈昌浩。然后对武志平说:“看来孙军长很有诚意哦。”

“这不光是孙军长的意思，也是杨虎城和杜斌丞的意思。”

徐向前说:“好，我把情况报告张主席后，再安排你们见面。”

陈昌浩说:“可安排武同志和曾参谋长住在一起，便于多交流意见。”

徐向前说:“我看行。”

武志平坐着向张国焘说:“张主席，我也是中共党员。”

“我知道。说正事。”

“我在来这里之前，见到了中华苏维埃临时中央政府和工农红军革命军事委员会共同发布的一月宣言，这一文件在白区影响很大。杨虎城主任和蒋介石是政治性矛盾，对红军修好是出于诚意，特委托孙蔚如将军就近谈判，这样便于保密。我个人是拥护中共和红军的，甘愿尽一切可能对革命做出贡献。”

张国焘说:“你方的诚意，我相信。你们提出的联合反蒋的意见，我也同意。这样，中午就在这里吃个饭，咱们边吃边谈。”

“我听张主席的。”

张国焘、徐向前、陈昌浩、曾中生、徐以新几个人正在开会。

徐向前说:“在川陕根据地的后方,翻过大巴山便是汉中,是杨虎城控制的地区,如果能和他们打通关系,就可解我们的后顾之忧,集中全力向四川发展。”

陈昌浩说:“最近,敌人对我们封锁得很厉害,我们急需打开通路,与外面发生联系。”

曾中生说:“既然十七路军主动来和我们建立关系,这不论从战略上讲,还是从整个川陕根据地的发展上考虑,都是有利的。”

张国焘说:“好了。既然大家都这么认为,那就这么定了。由于形势紧张,徐总指挥全力负责军事方面。谈判的事就交由陈总政委负责。”

陈昌浩问:“那派谁做咱们的谈判代表?”

张国焘说:“你和曾参谋长商量定一下。下面,我就谈判方针做以下规定:(一)了解对方意图。(二)了解十七路军内部的情况。(三)尽可能在杨虎城、孙蔚如内部找到可以争取的人。”

“是。”

陈昌浩对武志平说:“经请示张主席同意,我们准备派徐以新同志作为红军代表,和你一同到汉中,进行会谈。你看怎么样?”

“我听总政委的。”

巴山道上,武志平、徐以新在前面攀越,后面跟着四个警卫。

在三十八军军长室,孙蔚如对徐以新说:“你们红军到四川来是干什么?是长驻,还是路过?如果长驻是否站得住?”

徐以新说:“这次,你们的代表有许多情况都亲自看见了,红军完全可以在川北站住脚。我们的军队来自于人民,是为人民谋利益的。川北的人民是相信我们的,会尽最大力量支持我们。所以我们能克服各种艰难险阻,粉碎敌人的围攻,发展根据地,壮大我们的军队。这次红军在空山坝大捷,我想已经得知,这就是一个很好的证明。敌人围攻的兵力比我们多三四倍，有30多个团，结果全部垮了。”

“这我知道。那你们的谈判有诚意吗？”

“我们中央政府和军委已经发表了‘一·一七’宣言，只要你们遵守宣言提出的三项条件，我们愿意与你们保持友好的关系。我们可以巴山为界，你不过来，我们也不过去，互不侵犯。”

“你说的话，我相信。最近，胡宗南的部队跟随红军到了西北，驻扎在甘肃一带，显然是对我们不怀好意。我想知道，你们对老蒋的态度。”

徐以新见说，便道：“‘九一八’事变之后，蒋介石不顾民族利益，仍然坚持其‘剿共’政策，数次对我各革命根据地进行疯狂‘围剿’，坚持与我们为敌。我们是随时准备粉碎其进攻的。胡宗南从鄂豫皖一直跟在我们的屁股后面，现在只要他进攻，我们就坚决打。你们能配合，当然很好，不能配合，让路也可以，不配合也不让路，只要不帮助胡亦可。”

“只要你们打胡宗南，我们是可以配合的，还可以给你们一些物质上的帮助。”

“谢谢孙军长坦诚的态度。”

会议室内，王宗山、张绍亭、武志平、徐以新围坐一桌。孙蔚如走进来坐在主位，说：“咱们开始谈吧！谁先说？”

徐以新站起说：“孙军长代表杨虎城将军主动向红军联络，共同反蒋抗日，出自忠诚爱国，我们表示欢迎，所以立即派我来和孙军长进行会谈。希望大家开诚布公，谈出诚意来。”孙蔚如说：“这一点，请徐代表放心，我们绝对是有诚意的。”

夜深了，武志平还在给杜斌丞写信，他想把这几天的收获给杜先生作以汇报。

杜斌丞刚回到家里，杜良明过来递给杜斌丞一封信，说："老爷，您的信。"

杜斌丞见是武志平来的，便展开信看了起来："杜参议均鉴：秉承您的指示，我于5月11日前往苏区苦草坝和红军进行了联络。后在军部谈判，形成四点意见：（一）十七路军对蒋介石专制独裁表示不满，愿意和红军议和，共御外侮。（二）希望红军西进甘肃开辟根据地。如西进，十七路军将采取秘密方式接济红军适量弹药以作补充，并佯为追击在后方作掩护。（三）如红军不动，希望双方互不侵犯。（四）互不侵犯协定成立后，我方即派一名联络人员驻在双方边缘地带保持联系，以利保密。后因红军发展顺利，自然谈不到西进问题，仅在6月24日宣告互不侵犯协定成立。望您得暇前来汉中，以便将文字难以表达的问题当面细谈。"

杜斌丞看完信，说："好啊！看来前往汉中，势在必行。"

袁岳栋、杜衡、贾拓夫、高岗在福盛楼饭店包间开会，一密探把门推开一道缝，伸进头来，贾拓夫、高岗二人发现不对劲，破门而逃。冯之奇带人冲进来，将袁岳栋和杜衡当场抓捕。冯之奇说："带走。"

杜良明正在院内破柴，大门上传来急促的敲门声。

杜良明跑过去问："谁？"

"我，快开门。"

杜良明打开门，高岗走了进来，说："我是杜先生的学生，快让我躲一下。"

杜良明问："怎么啦？"

"可能出了叛徒。"

杜良明说："跟我来。"

杜良明搬过来一架梯子，担在二楼上。

杜良明说："赶快爬上去。"

高岗顺着梯子爬了上去。

夜里，高岗在二楼上，来回徘徊，看来看去，没个尿处。不得已，从后墙的小窗向外撒尿。

这时，冯之奇领着杜衡正在街上走着，身后跟着两个特务。冯之奇说："怎么搞的？过了两天了，连个共党的影子都没抓着。"杜衡正垂头丧气的走着，突然，一股水从空中落下，正好流在杜衡的头上。杜衡用手摸了一把，臭烘烘的，还有点骚味，感觉不对劲，骂道："谁他妈的这么缺德？"

冯之奇说："这是杜斌丞的家。"

杜衡说："楼上肯定有人。"

冯之奇说："进去搜。"

两个特务前去猛敲大门。

杜良明听见敲门声，十分生气，说："谁？报丧来了。"

冯之奇在外面大喊："少废话，快开门。"

杜良明打开门，冯之奇、杜衡，还有两个特务一齐闯了进来。

杜良明用身子挡住这一群人的去路，说："你们搞清楚，这是杜参议的家。"

冯之奇用枪顶住杜良明的胸膛，说："让路，不然我连你一块抓。"

两个特务迅速搬来梯子，爬上楼去。

过了一会，两个特务下来说："什么也没有。"

冯之奇说："真是见了鬼了，走，撤。"

冯之奇等人走后，杜良明关上大门。高岗走到杜良明身后，在杜良明身上拍了一下。杜良明吓了一跳，见是高岗，问："吓死人了，你刚才藏到哪里去了？"

高岗说："怕什么，能抓住我的人还没生下呢。"

这时，门外又传来敲门声。

杜良明问："谁呀？"

"我。"

杜良明说："是老爷回来了。"

说着，赶快去开门。

杜斌丞进来后,问:"你们都站在院子干什么?"

高岗说:"杜校长好。"

杜斌丞说:"你是高岗呀。发生什么事了?"

高岗说:"杜衡叛变了,街上到处在抓人。"

杜斌丞说:"我也听说杜衡已经叛变,所以赶回来,想让良明到兰州跑一趟,去通知一下黎夫。"

杜良明说:"刚才,冯之奇带人来搜查,差点把高同志搜出来。"

杜斌丞说:"良明,你去借一辆马车,咱们连夜送高岗出城。"

杜良明说:"是。"

说着,杜良明朝大门外走去。

一辆马车在大街上疾驰。

高岗坐在马车的轿子里边,杜斌丞和杜良明坐在马车的前边。杜良明手里挥着鞭子,吆着马车。

"驾,驾驾。"

马车驰到城门口。杜良明"吁"一声,一拉车闸,马车停了下来。

一个警察说:"干什么的?下车接受检查。"

杜良明下了车,说:"老爷,我家亲戚病了,得赶紧到城外找大夫去。"

警察说:"不行,已经夜禁了,不许出城。"

杜斌丞走过来,说:"开门。"

警察说:"你是干什么的?小心我把你当共匪抓起来。"

杜良明说:"这位是十七路军的高级参议杜斌丞先生。"

警察说:"真的假的?"

杜斌丞掏出证件,递给警察。

警察看了看,说:"失敬失敬。"

说着,赶紧去开城门。

杜斌丞和杜良明又一次坐上马车,疾驰起来。

来到城外,杜良明"吁"一声,让马车停了下来。杜斌丞、杜良明、高岗都跳下车来,高岗握着杜斌丞的手说:"谢谢杜老师。"

第十三章

夜里,在兰州三字什招待所,吴鸿宾、孙作宾、张德生、李慕愚、常黎夫围在一桌,正在开会。杜良明推开门轻声叫常黎夫。

杜良明:“黎夫,出来一下。”

常黎夫看见是杜良明,吓了一跳。稍作镇静,便跟了出来。

来到门外,常黎夫问杜良明:“你怎么到兰州来了?”

“杜老爷说,杜衡叛变了,叫我来通知你,早做准备。”

常黎夫紧紧地握住杜良明的手说:“太谢谢你了。”

杜良明说:“你多保重,我还要连夜返回西安。”

常黎夫返回会场,对众人说:“杜衡叛变了,咱们赶快撤吧。”

张德生气愤地说:“杜衡这个假马列,真是个软骨头。”

这时,远处传来警笛声。

吴鸿宾说:“撤。”

众人赶快散去。

杜斌丞回到家里,走进客厅,见儿子杜鸿模和他的同学田禾夫正在啦话,便问:“模儿,你怎么没去学校?”

杜鸿模见说,低下了头。

田禾夫站起说:“杜伯伯好。”

杜斌丞问:“出什么事了?”

“我们组织学生罢课,被校方开除了。”

“因为什么原因罢课?”

“我们班有一个同学因看《共产党宣言》,被警察局带走关了起来，学生们气愤不过，就罢了课。”

“就这么个事就开除学生，太不像话了。我明天去找你们的校长。”

“那样的学校，我不想上了。我已和家里说好了，准备到北平去上学。”

杜斌丞问杜鸿模：“模儿，你有什么打算？”

“我也想到北平上学。”

“北平有个志诚中学，你们可以联系去报考一下。”

田禾夫说：“谢谢杜伯伯。”

“不过，学生还是要以学习为主。你们既要关心国家大事，又要学好本领，将来好为国家出力。”

“谢谢伯伯教诲。”

杨虎城和杜斌丞正在研究形势。杨虎城对杜斌丞说：“不知怎么搞的，老蒋已经知道咱们在与红军联络，正在调查此事。是不是武志平有意为之，要把我‘逼上梁山’？”

“不会的，武志平是经过多次考察后才确定的人选。按他的做事风格，不会这样冒失的。”

这时，靖任秋进来说道：“杨主任，杜参议，三十八军参谋长张绍亭求见。”

杨虎城说：“让他进来。”

靖任秋出去后，张绍亭走了进来。

杨虎城招呼道：“张参谋长请坐。你来西安什么事？”

“我是奉孙军长之命，专程前来迎接杜参议的。”

“最近，汉中形势怎么样？”

“通过与红军反复谈判，边境基本稳定下来了。红军正在全力对付川北的田颂尧等人。”

“要时刻注意边境的变化，一有情况，马上报告。”

“是。”

杨虎城又回过头来，对杜斌丞说:“那就请先生到汉中辛苦一趟。”

“好吧!”

杜斌丞、张绍亭、马豫章、杜理丞、刘作霖五人在去汉中的路上，骑马驰奔。

天黑了下来，杜斌丞、张绍亭、马豫章、杜理丞、刘作霖五人骑马进了凤翔县城。已经化装成算命先生的常黎夫抬头看见了杜斌丞的身影，忙尾随到东关旅社。

杜斌丞等人让店小二把马牵走，走进旅社。身后传来常黎夫的声音。

“舅舅。”

杜斌丞回头看时，见有一个算命先生打扮的人在叫他。一时没有认出。

“咳!”常黎夫立即扔掉算卦幌子，撕掉假胡子，说:“舅舅，我是黎夫啊。”

杜斌丞和常黎夫拥抱在一起。稍顷，杜斌丞说:“走，到房间说去。”

杜斌丞带常黎夫走进房间:

“我还正担心你的安全呢！不知你是否离开兰州。”

“多亏有良明传递消息。不然，后果不堪设想。”

“你们的组织有没有受损失?”

“主要负责人都转移了。只是听说梁干丞同志被捕后牺牲了。”

“要革命，就会有牺牲。你也不必难过。好好干就是了。”

“舅舅，没想到会在这里碰到您。您这是要去哪里?”

“去汉中。孙军长派张参谋长来西安接我，让我到汉中走一趟。如今民族危岌，国事日非，在新的形势下，杨虎城、孙蔚如在蒋介石步步紧逼的处境下，不得不走‘联共反蒋抗日’这条路，像王宗山这样的人也接受了这个主张。我这次去汉中，主要有两件事。一是协助孙蔚如加强与红军的合作。二是孙蔚如的妻子张玉娥不知为什么自杀了，孙的情绪很不好，想去安慰他。你来了就好了，我还正想着怎样联系你们组织的人呢！”

“不知舅舅要我做什么事？”

“现在需要物色一个人，协助武志平工作。”

“等到汉中后，我去和陕南特委的汪锋联系一下，再给您答复。”

“好吧！”

杜斌丞、张绍亭、常黎夫、马豫章、杜理丞、刘作霖六人骑马进了汉中城，来到三十八军军部。孙蔚如、王宗山、武志平在军部门口等着迎接。

杜斌丞等人走到军部门口，下了马。孙蔚如上前握住杜斌丞的手说：“杜参议一路辛苦了。蔚如盼先生，如久旱盼甘霖哪。”

“孙军长客气了。”

夜里，孙蔚如和杜斌丞躺在一张床上正在相谈。

杜斌丞对孙蔚如说：“听说孙夫人去世了，还望您节哀。”

“唉，倒霉的事一件接一件。老蒋把我从兰州逼到了平凉，又从平凉逼到了天水，如今又让我来到汉中这个鬼地方。既要对付老蒋，又要应付红军，真不是人干的事。老婆对我也不理解，嚷着要回西安，和我吵了几架，就自杀了。真他妈的倒霉透了。”

杜斌丞安慰说：“不要急，形势会一天天好起来的。这就叫‘天降大任于斯人也，必先……’”

孙蔚如打断了杜斌丞的话：“先生总是这样乐观。”

“我们需要把乐观的态度与现实的精神结合起来，才能战胜一切困难。”

“唉，不谈这个话题了。咱们说说怎样巩固与红军的关系。”

“目前，最要紧的是要做好两条：第一，清理你身边比较明显的坏分子，以免功亏一篑。第二，赶紧再物色一人，充当武志平的助手。”

“先生有没有合适的人选？”

“现在还没有。我已叫黎夫去物色。”

“好，一旦找到，就引来见我。”

杜斌丞来到伞铺街，走进武志平的寓所。武志平招呼道：

“杜参议快请坐。”

杜斌丞坐下后，说：“你是不是不小心，出了纰漏？”

“我也不知道是怎么回事，估计孙军长身边有老蒋的人。”

“杨主任得知走漏消息后，极为不满，认为是你有意为之，把他逼上梁山。”

“我怎么敢出卖杨主任呢？我既是给杨主任办事，也是给我党办事，哪能不尽心尽力呢？”

“知道就好。凡事都得稳妥一点。不过事情已经过去了。我已向杨主任作了解释。你以后要多加小心。”

“杜参议对今后联络工作还有什么指示？”

“今后有这么几条要注意。”

武志平拿出本子要记。

杜斌丞说：“不要拿笔记，要用这里记。”

杜斌丞用手指了指自己的脑袋。武志平收起了本子和笔。

杜斌丞继续说道：“（一）继续帮助杨主任把与红军订的‘互不侵犯，共同反蒋’协定巩固下去，不要受老蒋的威胁利诱，改变初衷。（二）对于共产党和十七路军的统战关系要注意保密，免得敌人抓住把柄，致使双方关系不能维持下去。（三）对红军需要的物资，要尽可能地予以帮助。（四）对杨主任的主要将领，要做些工作，以免有人从中破坏这一关系。”

“我一定照您的指示办。”

“好好干。你要知道你在干一件大事。”

“谢谢杜参议信任。”

汪锋坐在大德照相馆后院一大房子内正在喝茶。傅剑寒领着常黎夫走了进来。

傅剑寒向常黎夫介绍了汪锋同志。

三人坐下后,汪锋问:“常同志急着找我有什么事?”

常黎夫说:“杜参议让我物色一人来协助武志平工作。”

“这里的同志都是熟面孔,容易引起敌人注意。我看还是从外地调人来比较合适。你想一想,看有没有合适的人?”

常黎夫见说,想了想,说:“人选倒是有一个,不知道合适不合适?”

“说说看,这人什么情况?”

“这位同志叫张德生,和我是陕北老乡,也是杜参议的学生,曾任甘宁青特委组织部长。前一段时间,由于杜衡叛变,走散了。”

“这人合适。赶快想办法找到他。”

“好吧!”

常黎夫走在街上,有一报童喊着:“卖报卖报,《新秦日报》。杜参议发表最新文章。”

常黎夫见说,叫住报童:“来一份。”

常黎夫给报童一文钱,然后接过一张报纸。边走边看报纸。

常黎夫回到三十八军招待所,见马豫章、杜理丞、刘作霖正在闲谈,说:“快看,杜参议给《新秦日报》创刊十二周年写了篇贺词。”

众人见说,都围了过来,争相看报。

杜理丞把报纸抢到手后,念道:

建设救国,舍旧图新。新秦取义,倡导三民。三辅多难,国匮民穷。文化之源,强外乾中。猗与贵报,应用而生。艰难奋斗,民意从同。十二周满,舆论交融。方兴未艾,如日东升,东北沦陷,两载匆匆。企图恢复,物质求丰。西北开发,利启洪蒙。欲增生产,先事交通。河山百二,郁郁葱葱。谁司其钥,仰赖悬钟。我祝贵报，实大声洪。挽兹国难，伫待奇功。

马豫章说："写得真好。"

刘作霖说："杜参议真是大气魄。"

这时，杜斌丞走了进来，问："说什么呢？这么热闹。"

马豫章说："我们正在读您在《新秦日报》上发表的文章呢。"

杜斌丞说："拙文格式太旧，不宜倡导。我找黎夫商量点事。"

马豫章、杜理丞、刘作霖三人见说，从房间退了出去。

杜斌丞问常黎夫：

"我让你找的人找到没有？"

"我们商量了一下，找本地人不容易保密。我们决定找张德生过来，担此重任。"

"你们想的很周全。那就再等等吧！"

杜斌丞正在办公。传来敲门声。

"进来。"

李波涛进来后，问道：

"杜参议，您找我？"

"你到平凉辛苦一趟，对杨渠统说，不要和陕甘游击队发生冲突。对陕甘游击队的交涉，可由我办理，免得发生误会。你把这封信面交杨渠统。"

"是。"

孙蔚如正和杜斌丞交谈。常黎夫引张德生走了进来，说："孙军长，杜参议，这是我找到的人，名叫张德生。"

杜斌丞对孙蔚如说："这是我的学生。"

孙蔚如和张德生握了一下手，说："先住下，让杜参议作安排。"

常黎夫和张德生退了出去。

孙蔚如对杜斌丞说："先生认识的人都很能干，可惜都跑到共产党那边去了。”

“这说明共产党很会用人。”

“是啊！”

大德照相馆后院大房子里，杜斌丞和王宗山围着火炉，一边闲谈，一边等张德生。

王宗山问杜斌丞：“听说南京撤销了西安绥靖公署驻甘行署，是真的吗？”

“这已经是公开的秘密。”

“那邓宝珊新职是什么？”

“新编第一军军长。”

一会儿，常黎夫引着张德生走了进来。张德生说：“让二位久等了。”

杜斌丞介绍张德生和王宗山认识。

杜斌丞正在办公，张德生领着汪锋走了进来。

张德生对杜斌丞介绍说：“杜老师，这是陕南特委书记汪锋同志。”

杜斌丞感觉有点面熟，问：“咱们好像在哪见过？”

汪锋见说，便道：“杜参议好记性。有一次，我去您家去看鸿范，见过您。”

“快请坐。”

张德生和汪锋坐下后，杜斌丞说：“现在需要咱们共同努力，和红四方面军搞好关系。”

“没问题。咱们的敌人是共同的嘛！”

“能这样看问题就好了。贵党的人才真不少。”

“杜参议过奖了。”

杜斌丞从身上掏出一张银票，对汪锋说：“这是50块大洋，你拿上，就权当见面礼。”

"这钱我不能要。"

"不要嫌少。我知道你们经费困难。"

汪锋接过银票说:"那就谢谢杜参议了。"

南郑飞机场。

12 月 15 日,杨虎城从西安飞抵南郑,孙蔚如、赵寿山、杜斌丞、王宗山等前去接机。

孙蔚如对杨虎城说:"主任辛苦了。"

"现在形势怎样?"

"还好。这是主任第一次来汉中吧?"

"是啊! 第一次。"

"我已安排好了。咱们合张影。"

"行。"

一群人站好,武志平上前"咔嚓"了一张。

这一天,杨虎城、杜斌丞在孙蔚如、赵寿山、王宗山陪同下,一同参观拜将台。

杨虎城说:"此次来陕南视察,收获颇大。三十八军在精神和训练方面都很好。我常说,要知军队的好坏,全在长官能否切实负责去干。如一团,团长好,即可代表全团精神。营长好,即可代表全营的精神。其余类推。毫不放松的去训练士兵,那就没有练不好的军队。现在社会进步,军队的知识技术就随时代向前推进。我希望大家要跟随时代进步,不要被时代推促才来求进步。"

孙蔚如说:"谢谢杨主任的训示。"

第二天,杨虎城、杜斌丞决定从南郑飞返西安,在飞机前与孙蔚如、王宗山、赵寿山、武志平等人握手告别。

杨虎城握着孙蔚如的手说:"汉中就交给你了。"

"请杨主任放心。"

杨虎城和杜斌丞走上飞机。

下午3时，飞机抵达西安。

飞机落地后，杜斌丞先走出舱门。紧接着，杨虎城着黄色飞行衣、戴土耳其式皮帽、架带圈的白色眼镜，腰佩一自来得手枪相继下机。常黎夫提着行李最后走下飞机。

一群记者围了上去。

“杨主任，请问您这次到汉中的目的是什么？”

“杨主任，红军会不会打过来？”

杜斌丞和常黎夫在前边进了大门，杜良明扛着行李走在后边。杜斌丞吩咐道：“黎夫，晚上你就和良明住在一个房间。”

“好。”

杜斌丞和常黎夫走进客厅，杜鸿鹄跑过来，扑在常黎夫跟前，说：“大哥哥。”

常黎夫抱起杜鸿鹄，说：“哎呀！鸿鹄已经长这么大了。”

朱佩英埋怨道：“回来也不打声招呼。”

“你问黎夫，哪里能顾得上。”

杜良明端进来一盆水让杜斌丞洗脚。

杜斌丞挽起袖子，洗了起来。

在勉县山区，民团在团长带领下，押着几十个被俘虏的红军游击队战士。

“快走。”

“老实点。”

这时，张汉民带一群士兵，围了上来。团丁们吓呆了。民团团长说：“你们这是干什么？”

张汉民说：“把这些俘虏交给我们处理。”

“这是我们俘虏的。”

一连长上前用枪顶住民团团长的脑袋，说：“妈的，你还敢顶嘴。交不交？”

“交，交。”

张汉民带领士兵押着俘虏离开。

等张汉民走远了，民团团长跳着脚骂道：

“有什么了不起的，不就是正规军吗？奶奶的。”

张汉民回到警卫团团部，门外传来一副官的报告声。

“进来。”

副官进来问：“团长，押来的这批俘虏怎么处理？”

“你去审查一下，没什么问题，就都放了，我看都是些农民。”

“是。”

第十四章

杨虎城和杜斌丞正在交谈。杨虎城说:“如今,形势突变,没想到‘福建事变’败得这样快。孙殿英进攻宁夏的计划眼看也要落空。”

“我们赶紧要做好善后工作,免得让人抓住把柄。”

“哎呀,南汉宸已有好长时间失去了联系,弄不好要出大娄子。先生,你赶紧物色一人去宁夏,务必去和南汉宸恢复联络。”

“好吧！我找找看。”

“先生,让你的外甥去,是不是合适一些?”

“他还年轻,缺少历练,恐怕难当此任。主任,我还有事,我先走了。”

杜斌丞离开后,王菊人走了进来,对杨虎城说:“主任,杜参议的外甥是最合适的人选。他既熟悉杜,又认识南,保密工作又容易做到。”

“是吗？我刚才提出,他没答应。”

“让我去说。”

“好吧。”

随后,王菊人来到杜斌丞的办公室,说:“杜参议,杨主任让您找的人找到没有?”

“还没有。”

“我已向杨主任建议,说您的外甥是最合适的人选,杨主任也同意了。”

“你……”

“杜参议不要生气。我是这样想的:这样做有几个好处:一是可以让黎夫得到历练，二是有利于保密。”

“那好吧！让我问问黎夫的意见。”

晚上，杜斌丞回到家。杜良明迎上前：

“老爷回来了。”

“你让黎夫到我房间来一下。”

“是。”

杜斌丞刚回到书房，常黎夫跟了进来，问：

“舅舅，您找我？”

“来，坐下谈。”

常黎夫坐了下来。

“杨主任让你去联系南汉宸。从当前形势看，此去没有实际意义。老蒋给孙殿英青海西部屯垦督办，别有用心。而孙殿英反复无常，在打个人的小算盘，他能否进入西北，能否站得住脚，毫无把握。所谓‘孙杨联合’，没有现实条件和可靠基础。杨虎城力量单薄，起不了主导作用。不过，你去了能和南汉宸、葛霁云等会面结识，以后参加社会活动的路子会宽广一些。同时，借此机会，还可和杨主任建立关系。去与不去，你自己拿主意。”

常黎夫想了想，说：“我去。”

“那好吧！我去跟杨主任回话。”

第二天，常黎夫来到王菊人家。王菊人对常黎夫说：“黎夫兄来了，来，坐下谈。”

常黎夫坐下后，王菊人说：“都准备好了吗？”

“一切准备就绪。”

“杨主任的书信一定要藏好。”

常黎夫指了指衣角，说：“已经让我舅妈缝在衣服里了。我舅舅还给我打发了200元路费。”

“杨主任和杜参议上午已经见过面了，一切都谈好了。杨主任就不再约你面谈了。你争取时间立即起程，等你归来咱们再见。”

“那好。”

王菊人领着杜斌丞来到宪兵营，走进金闽生的办公室，金闽生这时不在房间，只有一人在房内坐着。王菊人对杜斌丞介绍说："这就是徐彬如先生。"

杜斌丞和徐彬如的手握在了一起。

三人坐下后，杜斌丞说："徐先生，让你受委屈了。如果'闽变'成功，'大西北计划'实现，三分天下可有其二。可惜，现在情况变了，王根僧当过黄埔军校教官，可以留下来当参谋处长，你留在这里就不合适了。"

"请杜参议再想想办法。"

"你在西安有熟人吗？"

"绥署办公厅主任陈子坚是我的同乡，又是同学。"

"那好啊！你去找他，叫他跟杨主任讲讲。"

夏末，天气依旧更火热，孙蔚如正在办公，传来武志平的报告声。

"报告。"

"进来。"

"军长，您找我。"

孙蔚如把一份电报纸递给武志平，说："你看看这个。"

武志平接过电报纸看了起来。

电报是蒋介石发来的，上面写道："据密报，有武志平其人者，自称三十八军参谋，住在天池寺卡门附近，常给红军运送汽油军火等物，望就近查拿。"

武志平看完后，脸色大变。

孙蔚如说："你也不要紧张。我已报告老蒋，说你已离开我部。我意，你还是离开三十八军为宜。"

"好吧！我听军长的。"

西安南城门外。

一群人正在看城门外贴的通缉令。武志平挤进人群也看了起来。

有一人念《通缉令》道:“查有汉中武志平扰乱军心,通匪有据,如有发现者,望密报,以便查拿。”

武志平看完后,吓出了一身冷汗,忙从人群中退了出来。

武志平躲避了几日,而后决定去见杜斌丞。这日,杜斌丞刚走进家门,杜良明忙凑上前,悄声说:“老爷,武志平在等您。”

“引他到我书房来。”

“是。”

杜斌丞走进书房,杜良明引着武志平跟着进来,说:“老爷,武先生来了。”

杜斌丞转身和武志平的手握在一起。

“杜参议。”

“让你受委屈了。”

杜斌丞指着椅子说:“坐下慢慢说。”

武志平坐下后,说道:“不知怎么搞的,我们做得相当机密,还是让人发现了。孙军长怕出意外,让我离开三十八军。”

“这样也好。你在外面避一段时间,等风声过后,再作打算。”

“我有些想不通的是,为什么要发我的通缉令?”

“你不要多心,发通缉令只是为了遮人耳目,做做样子。”

“那和红军的联络怎么办?”

“这件事你就不要管了。你现在有什么打算?”

“我想去北平给组织汇报一下这里的情况。”

“那也好。”

杜斌丞来到莲寿坊,下了汽车,上前敲门。这里住的是曹家,陕北延川人。父亲叫曹古馨,是个大书法家。儿子叫曹志麟,是杜斌丞介绍他在省政府工作的。曹志麟打开门,见是杜斌丞,说:“杜参议来了。”

“你父亲在家吗?”

“在楼上。请进。”

曹古馨正在挥毫泼墨。曹志麟领着杜斌丞走进房来,说:“父亲,杜参议来了。”

曹古馨说:“杜参议,这是你要的字。你看看,怎么样?满意不满意?”

杜斌丞一边看,一边念寿联上的字:“福如东海长流水,寿比南山不老松。好,曹老的字真见功夫。”

“杜参议过奖了。你再看这几个大字。”

曹古馨把几个大字摆成一长串。杜斌丞念道:“恭祝孙老太太六十大寿。好,这下你的字可给杨主任母亲60大寿增色不少。”

曹古馨对儿子志麟说:“志麟,你用纸给杜参议包一下。”

西安红埠街有一处杨虎城的私邸,住着杨虎城的母亲和弟弟。这一天,杨家大门布置一新。寿联上写着“福如东海长流水,寿比南山不老松”。横额是“恭祝孙老太太六十大寿”。这是大书法家曹古馨的字,是杜斌丞为给孙老太太祝寿,特意请他写的。大门两边各有一班吹手在响吹细打。东面的戏园子里正在唱秦腔戏《五典坡》。

杜斌丞、呼延立人、杨茂三、杨拯民四人在大门外迎客。一些达官贵人提着礼当来杨家贺寿。

这时,高建白提着礼盒走了过来。杜斌丞看见了,走过去招呼道:“表弟来了。”

高建白上前和杜斌丞握手,说:“我是代表高桂滋师长来的。表哥,这两天你能不能约一下杨主任,高师长让我和他谈谈八十四师的事情。”

“行,回头我给杨主任说一下。”

“那好,表哥,我先进去了。”说着走了进去。

这一日的寿宴,来了诸多政要,格外热闹。晚上,杨虎城、杜斌丞、杨茂三、高建白围在一桌正在打麻将。呼延立人在一旁递烟递茶招呼着。

杨虎城问高建白:“建白弟,听杜先生说,你找我有事?”

高建白打了一张牌,说:“五饼。高师长让我给你说一下,看能不能把84师归到你的名下,调回西北。”

杨虎城也打了一张牌,说:“三万。你到这里和各方面接触就会了解到,我们再怎样做,人家也不会相信,我们只有自己来干。”

高建白说:“老蒋好像对咱们陕西人印象极坏,总想把咱们的部队消灭掉。”

杜斌丞说:“不能这样看问题。老蒋的目的是消灭一切杂牌部队。”

杨虎城说:“西北的部队,现在存留的力量,没有几部分了,如果我们不自行设法,共图生存,人家就要想出种种办法将咱消灭尽净才会甘心。我的意见,今后咱们双方加强联络,你们寻找机会来西北。这样,对咱们双方都有好处。”

高建白说:“谢谢杨主任关照。我回去后一定向高师长汇报你的美意。”

这时,杨虎城说:“今天就玩到这吧,有点累了。”

杜斌丞、高建白、呼延立人起身告辞。

“杨主任早点休息。我们走了。”

“好吧! 再见。”

杜斌丞、高建白、呼延立人走出门后,杨虎城和杨茂三坐在沙发上喝茶。

杨茂三说:“大哥,你在陕北呆过,我看你对杜参议很好,却和井师长不太来往。”

“这你都看出来了,傻小子。井岳秀在陕北压迫人民,倒行逆施,虽和我是同乡,但我俩志趣不投,难相为谋。而杜先生虽是陕北米脂人,和他结识以来,深感他是陕北的人杰之一,是有进步革命思想,有政治远见,并能团结人的英雄人物。”

“没想到你对杜参议评价这么高?”

“傻小子,学着点。”

西安大湘子庙街18号。

书房里，常黎夫正向杜斌丞汇报宁夏之行。常黎夫说："关于杨虎城和孙殿英合作之事，南汉宸说，他没有给孙留下任何把柄。与孙殿英谈判之事，是经过李锡九反复考虑，接受孙殿英的意见，采取封建形式，歃血为盟，只是宰鸡、焚香、宣讲誓言，没有字据，没有什么通电文稿留在孙的手里，这方面请杨主任放心，不会惹出什么麻烦的。"

"那就好，那就好。"

"南汉宸说，他不仅仅是杨虎城的代表和联络员，也不仅仅是朋友关系，他和杨虎城的政治主张是一致的。"

"这一点很重要。他还说了些什么？"

常黎夫喝了一口水，接着说道："南汉宸见孙殿英攻宁夏城失利，断定孙殿英败局已定。所以让我赶快回来报信。"

"你说的情况很重要。明天我就告诉杨主任。"

"噢，对了，我差点忘了，南汉宸给杨主任还有一封信。"

常黎夫说着，撕开下衣角，取出一封绫书来。

杜斌丞接过绫书，看了看，忽又想起一事，遂说道："前几天，武志平已被老蒋的人发现，离开了汉中，你能不能再物色一人前去汉中工作。"

常黎夫想了想说："张光远怎么样？"

杜斌丞说："对呀，我怎么没想起这个人呢？你赶紧通知张光远，让他到川陕苏区走一趟，务使双方协定巩固下来。"

"好吧！我明天就去找张光远。"

说完，常黎夫站起，走了出去，回到自己的房间。

西安绥靖公署。

杜斌丞把南汉宸的绫书递给杨虎城，说："这是我外甥带回南汉宸的信。"

杨虎城看完信后，说："好，很好。南先生办事真是练达老成。

噢,对了,武志平走了以后,再有没有找下联络的人。"

"我已让我外甥物色得一人。此人叫张光远。"

"此人可靠吗?"

"非常可靠。"

"先生办事真是周全。"

洛阳行署。

高桂滋走进蒋介石办公室,说:

"委员长,您找我?"

蒋介石见高桂滋进来,故作热情状:

"来,培五兄,快请坐。"

"谢委员长。"

高桂滋坐下后,蒋介石寒暄道:

"你是陕西人吧?"

"是。"

"你在长城抗战打得不错。"

"谢委员长挂念。"

"我这次要到西安去,你就和我一起去吧!"

"是。"

西安南门外。

杨虎城、邵力子、孙蔚如、杜斌丞等人等着欢迎蒋介石一行。人群中打着横额"欢迎蒋委员长莅临西安视察"。

过了一会儿,蒋介石的车队开过来了。车上下来蒋介石、张学良、宋子文、宋美龄、端纳、高桂滋等人。杨虎城上前握住蒋介石的手说:"委员长一路辛苦了。"

蒋介石说:

"来,我给你介绍一下,这位是副总司令张学良将军。"

杨虎城上前握住张学良的手说:"张副司令好。"

"你好。"

随后,蒋介石住进了西北饭店。晚上,他叫来高桂滋密谈。其间,杨虎城走进来,说:"委员长,在西安还习惯吗?招待不周,还望指正。"

"你招待得很好。你俩认识吗?"

"认识。"

"来,坐下谈。"

三人坐下后,蒋介石对杨虎城说:"西北是国防重地,你可要看好了。"

杨虎城站起说:"谢委员长提醒。"

蒋介石说:"坐下说,坐下说,不要这样紧张嘛!"

杨虎城重新坐下后,说:"委员长,我有个小小的建议,不知当讲不当讲?"

"你说,你说。"

"能否调八十四到陕北?"

蒋介石见说,狡猾地一笑,说:"好啊,我也正想调八十四师到陕北,剿灭那里的共产党。不知培五兄意下如何?"

高桂滋站起答道:"谨遵委员长指示。赴汤蹈火,在所不辞。"

蒋介石站起,踌躇满志地说:"好好好,培五兄真是国之干城。"

杨虎城大感意外。

次日,高桂滋回到洛阳八十四师师部,对高建白说了见蒋的情况。高建白对高桂滋说:"师长,老蒋调你到陕北,剿灭共产党。用心险恶呀!"

"我不这样认为。陕北有什么共产党,那都是八十六师在陕北盘踞多年,剥削压榨,人民负担过重,官逼民反。因此,有少数共产党员借机煽动,贴贴标语,因愤惩罚了几个老财。他们看似宣传得厉害,实力并没有什么。再说,刘志丹和谢子长都是杜参议的学生。前年,经杜参议介绍,我还和他们见过一面呢!"

"那万一双方发生冲突怎么办?"

高桂滋笑笑说："不会的。共产党是图发展，咱们是求生存，双方没有什么冲突的地方。我们正好到陕北保存实力。"

高建白听后，放心地点点头。

八十四师源源不断地开向陕北，高桂滋心里不踏实，又让高建白来西安征求杜斌丞的意见。杜斌丞对高建白说："培五这次很高兴地要到陕北去打共产党，在我看来，他会栽跟头的。共产党能打吗？老蒋不是几次进剿都失败了吗？培五如果打，不会得到便宜。不打，又怎向老蒋交差？他又和井岳秀有旧仇，这个问题怎解决？再说，在家乡门口驻防，是不容易讨好的。没有一个妥善的计划，后果是不堪设想的。"

"蒋介石日谋夜算想消灭我们，不得已，我们才到陕北求生存。共产党在陕北闹革命是求发展。我们知道，如果没有共产党，所有杂牌军队早就叫蒋介石消灭了。我们过去对共产党的办法是力求避免冲突，现在应从中联系，无论如何双方不能冲突。刘志丹和谢子长都是你的学生，你可派一人，同我北上，与刘谢联络，定个办法。"

"我也是这样想的。但一时想不出适当的人。你先走吧！他们会派人来找你们的。"

"那好吧。高师长说，他也要来西安一次，他来后，你和他好好谈一谈。"

"他如到西安，一定深谈一次。"

杜斌丞把高建白送到客厅，高建白说他还想见见嫂子。

杜斌丞喊道："佩英，表弟要走了。"

朱佩英从卧室走了出来。

"表弟，吃了饭再走。"

"不了，我还有事。改天再来吃嫂子做的饭。"

"你们都是忙人啊！"

清涧河口镇。

谢子长率领红军正和敌人激战，突然一颗子弹打在了他的身上。谢子长身子趔趄了一下，被一战士发现了，说：“总指挥，您受伤了！”

“别嚷嚷，不然我枪毙你。”

战士流着泪说：“是——”

武志平又一次来到西安大湘子庙街18号。杜斌丞感到意外，问武志平：“你从哪里来？”

“我从汉中来。”

“说说，怎么回事？”

“我到北平汇报以后，组织又派我回到汉中。没想到，和红军的关系这样快就被破坏了。”

“张汉民是怎么死的？”

“听说是误杀。”

“唉，前途堪忧啊！这样，你赶快离开西安。最近老蒋调动大量军队进入陕甘一带，十七路军又失去了军政两方面的主动权，你必须另换环境。留得青山在，不怕没柴烧。”

“我听您的。”

西北饭店。

杜斌丞问高桂滋：“你那里情况怎么样？”

“很不好。先是我的人打伤了谢子长。后来，谢子长伤势恶化牺牲了。刘志丹和高岗率部接连攻下了六座县城。”

“我让建白劝你不要为老蒋卖命，你怎么不听呢？”

“不是不听你的，而是一直无法和共产党联系。”

“你再继续打红军，跟头会栽得更大。”

高桂滋哭丧着脸说：“请老兄你赶快给我想想办法吧。”

“是得好好想想办法了。只有双方联合起来，反对西北人民的最大的敌人蒋介石，才会有出路。”

第十五章

杜斌丞和韩兆鹗同车来到三十八军驻西安办事处，从车上下来，急匆匆上了台阶，进了大楼。走进一个房间，韩兆鹗问魏希贤："给汉中张专员的钱送去没有？"

"我送去，张专员不收，态度很不好。"

"不收？你送去多少钱？"

"200 元。"

"200 元，谁让你送的 200 元。"

"侯树檀说你打电话说的。"

"你去叫侯树檀，真是出了怪事了。"

魏希贤出去一会，侯树檀走了进来。韩兆鹗问："我给你说给张专员送 200 元钱？"

"可能我在电话里听错了。"

韩兆鹗气愤地说："听错了，你长几个脑袋。这可是孙军长指示的。惹恼了张专员，你担得起责任？"

杜斌丞指着侯树檀说："你去忙吧！我和韩大处长还有事。"

侯树檀出去后，韩兆鹗说："现在的局势太乱了，真叫人无法应付。杜参议，你知道吗？红二十五从洛南县杀过来，先后攻克了镇安、柞水、宁陕、佛坪、洛南等县城，一路势如破竹，打垮了警备师三个旅。打死了两个旅长，伤了一个旅长。还有，朱绍良的中央军、张学良的东北军也开到陕西来了。你说，这可怎么办呀？"

"这回得了教训，我认为是好事。"

"好事？此话怎讲？"

杜斌丞说："既然知道打不过，那就不要打了。现在当务之急，是要研究，红二十五军的意图，是长住，还是路过？要是长住，就要建立联络，避免冲突。要是路过，就赶紧让开道路，以示友好。"

"看来，也只能这么办了。我去向孙军长建议。"

一个多月后，蒋介石又一次来到西安。这一天，蒋介石在新城召开军事会议。蒋介石、张学良、朱绍良、于学忠、杨虎城、宴道刚等人围坐一桌。

蒋介石说："几天前，东北军一一〇师在陕北大部被歼，师长何立中毙命。娘希匹，东北军连几个游击队都没办法，这是党国的耻辱。现根据国民政府令，成立'西北剿匪总司令部'。"

蒋介石用手示意宴道刚。宴道刚站起宣读："国民政府令：即日起，成立'西北剿匪总司令部'，总司令由蒋委员长兼任，张学良为副司令代总司令。陕、甘、宁、青为其辖区，所属部队分为三路。第一路以中央军为主，司令朱绍良。第二路以东北军为主，司令于学忠。第三路以第十七路军为主，司令杨虎城。此令。宣读完毕。"

蒋介石用手示意宴道刚坐下后接着说："诸位，此次围剿西北红军，是以 20 万对 3 万，务求全胜，有没有信心？"

张学良、朱绍良、于学忠、杨虎城、宴道刚等人站起，齐声道：

"有。"

月初，抗日民主人士高崇民带着杜重远的密信来见杜斌丞，二人在家中密谈。高崇民对杜斌丞说："我离沪之前，和阎宝航与正在坐牢的杜重远进行了商量。杜重远说，他与杜参议、杨主任均有交情，他希望张学良将军能够与杨主任交朋友，联合十七路军，以陕甘为后方，安置家属，整训部队，准备抗战。"

"重远兄也是个有远见的人。只要张将军愿意停止'剿共'，我想，其他问题都是好解决的。"

"那就拜托杜参议了。"

“我近日就安排你和杨主任见面谈一谈。”

第二天，杜斌丞来到西安绥靖公署。

杨虎城对杜斌丞说：“东北军太不像话了，抢占民房、捣乱戏场，简直和土匪一样。真是岂有此理。”

“张学良是在老蒋逼迫下率部入陕的。部队开动，大都携家带眷。他们国破家亡，背井离乡，与地方官员及军队发生一点摩擦，在所难免，我们应当同情东北同胞。再说，老蒋调东北军入陕，命令你和汉卿‘剿共’，意在三方对立，互相残杀。在此情况下，咱们应以国家民族利益为重，团结友军，联合红军，变三方对立为三方联合，变互相残杀为联合抗日。这样，既有利于国家民族，又能得到举国上下的赞扬，真正实现孙总理的遗愿，使老蒋的阴谋成为泡影，我们何乐而不为呢？”

杨虎城见说，反怒为喜，说：“先生真是高瞻远瞩。你说得对，我差点上了老蒋的当。先生还有什么事？”

“高崇民代表杜重远有要事想和你相商，见还是不见？”

“重远兄的代表怎能不见呢？见。”

1935 年 10 月 19 日，这是一个将永远载入史册的日子。这一天，中共中央和毛泽东率领的中国工农红军经过二万五千里长征，到达陕北吴起镇。国内各种政治人物的目光一下子全聚集在了陕北。转眼到了 11 月间，这天夜里，杜斌丞正在书房看书。他拿起书，看了一会，又把书放下，看看窗外，脸上显出一丝让人不易察觉的焦虑来，他在等待一个人。马豫章领着孙作宾走了进来。马豫章说：“杜参议，您让我找的孙作宾来了？”

杜斌丞站起，招呼道：“两位来了，来，快请坐。”

马豫章和孙作宾坐下后，杜斌丞说：“杨主任要找你们地下党负责人面谈，衷心希望你们能给共产党中央毛泽东先生传话，说他的部队愿意同红军互不侵犯。我让豫章找你来就是这个意思。”

孙作宾说：“杨主任的话，我们相信。我们几个负责人碰了一下头，认为我们的组织连遭破坏，怕再暴露，杨主任那里，我们就不见了。但我们会尽快派人去陕北向中央请示。”

杜斌丞说：“那好吧！我们静候佳音。”

西安绥靖公署。

杜斌丞对杨虎城说：“这次‘五大’，听说各派官僚、军阀、政客都在准备竞选？”

“没意思，我就不凑那个红火了，听其自然吧！”

“以主任现在的地位和处境，如不参加竞选，必然会引起老蒋的怀疑。”

“那就参加吧！”

“我听说这次竞选都要花钱。刘湘、刘镇华等人都花了大笔的钱。”

“那就花吧！”

杨虎城和王菊人等人走下飞机。

孙蔚如、杜斌丞、赵寿山、孔从洲等人在机场欢迎。

孙蔚如说：“杨主任一路辛苦了。我们在报上已经看了，杨主任这次当选为中央监察委员。”

“咳，从辛亥革命起，就跟同盟会闹革命，到今天还不能不花钱买一个中央监察委员，太丢人了。”

陕北富县东村。

毛泽东正在批阅文件，门外传来报告声。

“进来。”

汪锋走进来说：“主席，您找我？”

毛泽东招呼道：“来，坐下谈。”

汪锋坐下后，毛泽东说：“找你来，主要是想让你前往西安，代表红军同十七路军进行谈判，争取他们同红军互不进攻，联合抗日。你的意见如何?”

“这个决策很英明。我觉得,与十七路军合作的条件已经成熟。十七路军参加过北伐战争,受过大革命的洗礼。不少知名的共产党员如魏野畴、南汉宸等同志都在这个部队做过工作,还有不少党员至今还在十七路军中做秘密工作,在杨虎城将军周围,还有一些同情我党的进步朋友,如杜斌丞等,谈判成功的可能性是很大的。我长期在陕西工作,对这个部队的历史和人物都比较熟悉,我愿尽力做好这项工作。”

毛泽东说:“那好,你先下去休息吧。”

周恩来走进汪锋住的窑洞,说:“汪锋同志,这是主席写给杨虎城、杜斌丞、邓宝珊的亲笔信。”

汪锋接过信,说:“周副主席还有什么吩咐?”

“你这行动,关系重大。到西安后,你可多和杜斌丞先生联系。”

“是,周副主席。我一定不辱使命。”

西安绥靖公署。

王菊人领着汪锋走进杨虎城的办公室,说:“主任,中共的密使到了。”

杨虎城招呼道:“快请坐。”

汪锋撕开衣服一角,取出三封信来,说:“杨将军,这是毛泽东主席给您和杜参议、邓将军的信。”

杨虎城接过信,说:“好吧!你先住下来,咱们慢慢谈。”

然后回过头来,对王菊人说:“你把汪先生安排在一个安全的地方,一定要注意保密。”

“是。”

这天,常黎夫急匆匆地来找杜斌丞。

“舅舅,听说南京把鸿范兄逮捕了。”

"他们给范儿安的什么罪名?"

"说是鸿范参加过共产党的游击队,被一个叛徒出卖了。"

"国民党尽干些不得人心的事情。"

正当杜斌丞为鸿范担心时,杜良明领着汪锋走进杜斌丞的书房,说:"老爷,这位先生找您。"

杜斌丞抬头一看,见是汪锋,忙招呼道:"是你呀! 快请坐。"

"杜参议好。"

杜良明退出去后,带上了门。

汪锋坐下后,说:"我是受我们的毛主席委托,专门来看望您的。"

"谢谢。"

"我们的毛泽东主席有信给您,放在杨主任那里,不知您收到没有?"

"还没有收到。不过,我要谢谢毛泽东先生对我的信任。"

"信的大意,我还记得,让我背几段给您。斌丞先生参谋官阁下:从汪锋同志知先生不忘情于革命,甚感事也。时至今日,论全国,论西北,论陕西,均舍抗日反蒋无第二条出路。为今之计,诚宜急与敝方取一致行动,组成联合战线,敝方愿在互不攻击的初步条件下,与虎城先生商洽一切救亡图存之根本大计。"

"先生为西北领袖人物,投袂而起,挺身而干,是在今日。"

"汪先生的记性不错呀!"

"噢,对了,毛泽东主席还希望您能与邓宝珊将军先行联系一下,以便共同建立合作关系。"

"那没问题。汪先生住在哪里?"

"住在军法处看守所里。"

"那样也好,相对安全一些。你们中央红军到陕北后,情况怎么样?"

"刚到陕北的时候,打了几次胜仗。就是最近棉衣问题不好解决。"

“回头我叫杨主任想办法解决一些。”

“谢谢。”

杜斌丞又问：

“杨主任和你谈的情况如何？”

“我们谈了三次。能看出，杨将军还是比较谨慎的。”

“你不知道，十七路军是杂牌部队，国民党中央军对它极不信任，老蒋指使他的特务机关经常对十七路军造谣生事。陈立夫、陈果夫攻击杨主任周围有赤色分子包围，指责某某人为共产党。还是谨慎一些好。”

“不知这次谈判能不能成功？”

“要知道能否合作，先要了解杨主任的为人。杨主任不像一般人所说的在政治上没有涵养的人。他在政治上有见解，有爱国思想，敢干，刚直，有主见，他自己决定的事情，别人不易改变。我想，他之所以还没有表态，是心里还存在一些担心。”

汪锋又问道：

“不知杨将军担心什么？”

杜斌丞说：“他担心红军只珍惜自己的部队，而不壮大十七路军的力量。他希望这次能够真正的合作。”

“不知杜参议看过我们的《八一宣言》没有？”

“看过。”

“《八一宣言》说得很清楚。只要不以消灭红军为目的，凡是主张抗日的部队，我们都愿意合作。”

“要知道，迟饭有时候是好饭。只要杨主任心里的担心消除了，我相信一定会形成一个很好的合作局面。你这次来是合时机的。毛先生亲自派你来，人选也很恰当。我给你说，和杨先生谈话要讲实在的，他喜欢直爽，经过认真谈，是可以谈成功的。这里知道你来的人，只有王菊人、张依中等人，自然不会有别人从中破坏。现在杨主任还没有给我看你带来的信，也还没有告诉我中共方面有人来，我只能装作不知道。但我可以工作，为沟通情况、倡导西北大联合做工作。”

“杜参议,我想知道,您觉得红军与十七路军合作有哪些有利条件?”

杜斌丞想了想说:“有利条件很多,但主要有两条:一是杨主任与老蒋之间的矛盾已达到无法调和的程度。二是十七路军各部队里都有一批进步力量。这些都是合作的有利条件。”

“那十七路军与东北军能不能达成合作?”

“东北军入陕后,十七路军下层有些人对东北军有不满情绪,对合作有点不利。但据我知道,杨主任并不担心十七路军会被东北军吃掉,因为东北军和十七路军都是杂牌部队,同受老蒋的排挤和压迫,在大的方面合作,没有什么问题。”

“那就好,那就好。”

“根据我们的分析,张学良也是爱国的。”

杜斌丞见汪锋有些疑惑,便说:“我给讲个故事吧!张学良的父亲张作霖早先有个顾问本庄繁,回日本省亲时,要张作霖题字留念。张作霖让本庄繁次日来取。晚上,张作霖大笔一挥,书曰:睡卧美人腕,醒掌天下权。最后署:张作霖手黑。秘书在一旁提醒,说墨字下面还有一个‘土’字。张作霖骂道:他妈拉个巴子,混账!你知道什么,这中国的‘土’我怎么能随便叫日本人带走呢?这叫做‘寸土不让’。”

谈到这里,汪锋站起说:“时候不早了,杜参议休息吧!”

杜斌丞握着汪锋的手说:“回到陕北后,请代问毛泽东先生和周先生好。”

“谢谢杜参议。我回去后,一定向毛主席和周副主席汇报,这里有一位同我党长期合作的老朋友。”

在新近开业的中国旅行社西京招待所大厅内,摆了五六桌,高桂滋、杜斌丞、高宪斌、白超然、杜立亭、崔焕九、高望之、高建白等陕北老乡围坐一桌,五六十人济济一堂。这西京招待所是西安最豪华的宾馆,其两翼二层,主楼三层,共有客房46间,远看像一架展翅欲飞的飞机，又称飞机楼。原来，在1934年春季，时任陕西省政府主席的邵力子与中国旅行社协商，决定在西京建造一家特级酒店。其时西安改称西京，准备作为战时陪都。经过对西安城细细考察之后，中国旅行社把地址选择在了中正路，即今解放路。当时陇海铁路已延伸到了西安，陕西省政府和中国旅行社认为新建酒店应靠近火车站，以方便客人就宿出行。再加上中正路一带当时都是空地，环境清幽，离新城又近，故特级酒店就建在了距离火车站一里地之遥的中正路上。当下，只见高建白站起说道："各位陕北乡亲，高师长今天把大家请来，主要是感谢多年来大家对八十四师的关心和照顾。现在，我提议，为诸位的身体健康干杯！"

众人站起，端起酒杯，一饮而尽。

高建白继续说道："下面，请高师长说几句。"

众人热烈鼓掌。高桂滋端着酒杯，站起说道："诸位陕北老乡，我是军人，向来以服从命令为天职，但是老蒋不把咱当人看呐。我尝够了被排挤的滋味。今天，我才真真切切认识到，咱们西北人必须团结在一起，拧成一股绳，尤其是咱们陕北老乡，更应该抱成团。来，为咱们今天能够聚在一起，干杯！"

宴会完后，杜斌丞、高桂滋、高建白同坐一辆小车离开。

杜斌丞对高桂滋说："你今天讲的很好，说明你对形势有了正确的认识。"

"这都是拜你所赐。没有你的指点，恐怕八十四师都不存在了。"

"一定要学会在夹缝中求生存。方法只有一个，就是团结能团结的，反对必须反对的。"

"这方法太高明了。"

杜斌丞又问高桂滋："哎，你还没说，你是怎样和红军联系上的？"

"我不但跟陕北红军签订了协议，还得到了毛泽东先生的一封信。"

“是嘛？那可太好了。”

高桂滋从怀中取出毛泽东的信，递给杜斌丞说：“你看，这信我还带着呢！”

杜斌丞从信封里取出信看了起来：“培五师长阁下：马志明同志回，述阁下赞同敝方国防政府抗日联军之提议，甚感甚感。时至今日，全国即将陷于沦亡惨境，凡属食毛践土之伦，实舍救国无急务，舍抗日无工作。敝军间关南北，克抵三秦，所务者救中国，所救者抗日本。任何个人团体党派军队，凡与此旨合者则联合之，凡与此旨背者则攻击之。其联之者，为民族革命增义旗也。其攻之者，谓其是真正之汉奸卖国贼，为四万万同胞诛妖孽也。阁下率领之数千健儿，与于1927年大革命之役，复与于四年前抗日之役，光荣历史，国人同佩。与红军为敌，谅出于卖国贼首蒋介石之驱迫，转旆击贼，则前事消忘。从此抗日讨卖国贼之革命联合战线上，有广大民众，有红军，复有阁下之义师，无疑将更有无数之义师续续涌出于炎黄华胄之域，出中国于危亡，实为此之是赖。为使猜疑去之务尽，诚信孚于金石，就阁下对马同志所示及敝方所见，列为数条，借求明察……”

看到这里，杜斌丞说：“毛泽东先生真是一位伟人啊！”

这时，小车停了下来。高桂滋说：“杜兄，你家到了。”

杜斌丞把信还给高桂滋，下了车，说：“再见。”

“再见。”

杜斌丞听说东北大学代表要来拜访，便早早等在院子里。不一会响起了敲门声。杜良明打开大门，让宋黎、韩永赞、马绍周三人走进来。宋黎对杜斌丞说：“杜参议，我们是东北大学赴西安代表，是车向忱先生介绍我们来拜访您。”

杜斌丞握着宋黎的手，说：“我知道，欢迎欢迎。快请到客厅一叙。”

杜斌丞、宋黎、韩永赞、马绍周四人一同走进客厅。杜斌丞说：“快请坐。”

宋黎、韩永赞、马绍周三人坐下后，宋黎介绍说："我叫宋黎。"

韩永赞站起说："我叫韩永赞。"

杜斌丞说："坐，坐，坐下说。"

马绍周说："我叫马绍周。"

宋黎说："我们都是东北大学的学生。"

杜斌丞说："年轻有为呀！"

宋黎说："我们是代表东北大学专程来向张学良将军汇报'一二·九'运动的。刚来的时候，张将军到南京开会去了。'西北剿总'的秘书长不接待我们。我们就到西安省立二中宣传'一二·九'运动，不幸的是，主持会议的罗端先校长第二天就被教政当局给撤职了。我们就去西安绥靖公署求见杨虎城主任。杨主任很热情，他说，抗日的学生在华北前线赤手空拳跟日本鬼子作战，具有大无畏的爱国精神，我们这些手握枪杆的，绝不能坐视不动。他还邀请我向十七路军700多名尉官以上军官讲了北平爱国学生运动情况。杨主任当时在会场很激动，并带头高呼'抗日学生运动万岁''打倒日本帝国主义'等口号。"

"你们做得很好。那你们见到张将军了吗？"

"见上了。张将军一回到西安就接见了我们。我们一连进行了五次长谈。"

"张将军的态度如何？"

"张将军态度很好。他表示：东北沦陷他有责任，他的祖坟还在东北，他是国难家仇集于一身，因而，抗日救国义不容辞。东北青年、东北军、东北人民应该团结起来，打回老家去。"

"现在全国民众已经动员起来了，看来，中国的前途还是有希望的。"

"可恨蒋介石还在坚持'攘外必先安内'反动'国策'。"

"老蒋再继续朝那条路走下去，'攘外安内'，必然遭到全国人民的唾弃。你们东北军民亡省失家流亡异地，真是国恨家仇！"

三原杨虎城公馆。

杨虎城对杜斌丞说:“中共在西安成立了一个特别支部,请先生去联系一下,看他们有什么困难?”

杜斌丞问:“谁是他们的负责人?”

“有一个从上海派来的,名叫谢华,还有徐彬如和李木庵,你可能认识。”

“徐彬如和我打过交道。李木奄还不熟悉。好吧!照主任的指示办。”

“此事一定要做得秘密,不要让那帮狗特务发现了。”

“没问题。”

这时,有人喊报告。

“进来。”

走进来的是马文彦。马文彦问:“主任,您找我?”

“刚被免职的国民政府考试院副院长邵元冲来西安游览,随行人员较多。他想到敦煌去游览,你去陪一下。”

“主任还有什么吩咐?”

“你注意一下,看他是真抗日,还是假抗日?”

“是。”

说完,马文彦转身走了出去。

第十六章

谢华、徐彬如、李木奄三人正在秘密开会。

谢华说:“杨虎城将军对咱们很支持,说让杜参议具体和咱们联系。”

徐彬如说:“杜参议是真正主张西北大联合的,这对我们开展工作很有利。”

这时,传来敲门声。

李木奄一下把灯吹灭,问:“谁呀?”

“我,老韩。”

徐彬如说:“是杜参议他们来了。”

李木奄重新把灯点亮。徐彬如去开门。

杜斌丞和韩兆鹗走了进来。杜斌丞说:“你们都在呀!”

徐彬如向杜斌丞介绍说:“杜参议好。我来介绍一下,这是从上海来的谢华同志,这是李木奄同志。”

杜斌丞说:“你们都很年轻啊!”

谢华连忙请杜斌丞坐下。

众人坐下后,杜斌丞说:“杨主任对你们很重视,专门让我负责和你们联系。”

谢华说:“谢谢杨主任和杜参议对我们的支持。”

“不客气。我想你们必须有一个合法的身份,这样才好开展工作。”

徐彬如说:“我们听你的安排。”

“在你们之前,‘西救会’已做了大量的工作,不如这样,你们就以‘西北抗日救国会’的名义开展活动。你们觉得怎么样?”

谢华说:“杜参议考虑的很周全。”

“‘西救会’现在由杨明轩负责,那也是你们的同志,希望你们能够很好地合作。”

谢华说:“太好了。老杨和我在上海就熟悉,又可在一块战斗了。”

杜斌丞接着说道:“就让韩兆鹗协助你们工作。有什么事,你们就跟他说。”

谢华说:“太谢谢您了。”

杨虎城、杜斌丞、李寿亭三人坐在一起交谈。李寿亭问杨虎城:

“主任,你觉得杜参议人怎样?”

杨虎城见问,回答道:“你怎么想起问这个问题了?先生人很好啊!自从在陕北相识,我们就一见如故。他就是我的张子房啊!”

李寿亭说:“那你还不谢谢我?”

杨虎城疑惑地问:“怎么?”

李寿亭说:“要不是我挽留他,他早就叫你气走了。哪里还会有你的张子房?”

杨虎城说:“敢情你是在这里等着我呀。”

杜斌丞说:“主任上李厅长的当了。”

三个人哈哈大笑起来。

这时,门外传来报告声。

“进来。”

马文彦走了进来,说:“主任,我回来了。”

杨虎城问:“邵元冲他们走了。”

马文彦说:“走了。”

杨虎城问:“怎么样?听到什么没有?”

马文彦说:“邵元冲主张国际上联合英美,不联合苏联。国内一党抗日,不联合共产党。”

李寿亭说:“他是个半抗日。”

杜斌丞说:“他不是真抗日,是假抗日。”

杨虎城问:“谁是真抗日?”

杜斌丞说:“那还用问,陕北的共产党是真抗日。”

杨虎城对马文彦说:“好,知道了,你辛苦了,下去吧!”

马文彦退了出去。

杜斌丞见赵寿山走进来,忙招呼道:“赵旅长快请坐。”

赵寿山坐下后,说:“这陕北真不是人呆的地方。自从我的部队调到中部、洛川、白水一带,就没有一天好日子。上面老是命令我们和红军作战作战。日本人已经打到华北了,我们还在这里自相残杀,消耗国防力量。”

“老蒋的‘安内攘外’就是帮日本人的忙。”

“反正我不管了,我已向杨主任请了假,准备到北平去看病。”

“也好,你出去后,可多接触一些人,这样对开阔眼界有好处。”

“也只能这样了。”

西安大湘子庙街 18 号。

杜斌丞正在院内和杜良明闲谈。

杜斌丞说:“良明,你跟我多少年了?”

杜良明说:“老爷怎么记起问这个?我是民国十九年来的。”

“有七个年头了吧!要不,我给你在外面介绍个工作。”

“老爷,我哪也不去。我这辈子跟定您了。”

“做人不要死心眼。”

“老爷,是不是我做错什么了。您不要我了?”

“真是个实心眼。我对你很满意。有时候,我想,要是没有你这么个人,事情就耽误了。我从心里感谢你啊!”

“那老爷为什么要赶我走?”

“我是怕耽误了你的前程。”

“我早看透了这个黑暗社会,我不要什么前程。”

“那你为什么要跟着我呀?”

“我觉得老爷心里装着老百姓。”

“你再不要‘老爷老爷’地叫我,我听着挺别扭的。”

“那怎么行,别人会笑话的。”

“我为老百姓做事,你协助我为老百姓做事,咱们只是分工不同,没有贵贱之别。”

这时,大门外传来敲门声。

杜斌丞说:“去看看,看是谁来了。”

“是,老爷。”

杜斌丞不以为然地摇摇头。

杜良明跑过去,打开门,问:“先生,你找谁?”

“我找杜参议。”

“请进。”

杜斌丞见进来的是徐彬如,忙站起,走过去,问:“发生什么事了?”

徐彬如说:“我们组织民众准备给鲁迅开追悼会,可是那帮狗特务放出风,说要来捣乱。”

杜斌丞想了想,说:“你们不是和西安的八大家建立了联系,何不请武念堂、崔叠生、韩望尘他们来坐镇。”

“是呀,我怎么没想到这个办法。”

西安南院门民众教育馆。

武念堂、崔叠生、刘文伯、戴铭九、韩望尘、景梅九等人,有的在子女搀扶下,有的拄着文明棍,纷纷走进会场。有一个特务想上前阻止,被另一个特务拉住说:“你不要命啦!也不看看今天是什么阵势。”

“那上司怪罪下来怎么办?”

“那你管去,我喝茶去了。”

两个特务都退出了人群。

主席台上,挂着鲁迅的巨幅遗像,坐着武念堂、崔叠生等人。横标上写着“西北各界救国联合会沉痛悼念鲁迅先生大会”,杨明轩正在主持大会。

会场里坐满了各界人士。大厅两边放满了花圈,有的上面写着“鲁迅是民族之光”,有的上面写着“鲁迅是我们的朋友”,有的上面写着“鲁迅先生不死,中华民族永存”。

杨明轩讲道:“就在前几天,10 月 19 日,我们的文化导师鲁迅先生逝世了。鲁迅先生是一个不知道休息,不知道娱乐的人,他是一个永远战斗的战士。他虽然倒下了,但他的精神永远不死。”

全场响起了雷鸣般的掌声。

这时,有一队宪兵开进了会场,看到这庄严的会场,只好站在最后面,动也不敢动。

常黎夫对杜斌丞说:“高克林和孙作宾让我告诉您,他们近期准备到陕北去。看您有什么指示?”

杜斌丞说:“前两天孙蔚如回到西安,对我说,他也想找共产党。你带他们去和三十八办事处韩兆鹗处长联系一下。”

“孙军长也想找共产党?”

“是呀!杨虎城找共产党,孙蔚如也找共产党,他俩人都找共产党,这是好事嘛!”

“舅舅,我听良明说,咱们再过几天要搬家。”

“是呀,杨主任多次让我搬家,我都没搬。这回我看杨主任真是有点生气了。”

“那往哪里搬呢?”

“崇廉路中段 45 号。良明已经看过了,比这里要安全些。”

韩兆鹗领着孙作宾走进孙蔚如办公室,说:“这是杜参议介绍的人。”

孙蔚如说:“认识,认识,一家子,请坐。”

韩兆鹗见孙作宾坐下后，走出去，带上了门。

孙蔚如问："你在你们组织担任什么职务？"

孙作宾回答道："负责组织工作。"

孙蔚如又问道："听杜参议说，你们最近要到陕北去？"

孙作宾说："是。"

"你去陕北苏区，希望能给共产党中央毛泽东先生捎个话，我们十七路军三十八军愿同红军互不侵犯，建立联系，相互合作，共同抗日。"

"这很好，希望你能给毛泽东主席写一封亲笔信，不然空口无凭。"

"信我就不写了。"

"孙军长为什么不愿写信？"

"过去我军驻防汉中时，曾给张国焘写过各驻原防互不侵犯的信，结果被张国焘在小报上透露了出来，被老蒋知道了，差点没把我整死。你是共产党，你给你们的人汇报，他还能不相信。信我是不能写的，还是口头捎话好。"

孙作宾想了想，说："那好吧，我到苏区后，一定把您所提出的向我党中央汇报。"

孙蔚如又嘱咐道："一定要注意保密。"

"没问题。"

保安县城毛泽东住所。

毛泽东对张文彬说："文彬同志，这次组织上决定派你到西安建立联络站，你还有什么困难？"

"我不认识杨虎城将军和杜斌丞参议，可能接触起来要困难一些。"

"这个我们已经替你想好了。"说着，毛泽东从桌上拿起两封信说，"这是我给杨虎城将军和杜斌丞参议写的信，你去西安后，亲手交给这两个人，事情就好办了。你告诉杨将军，他如果有诚意参加联合战线，我们就是朋友，则将军之一切顾虑与困难，我方均愿代为设计，定使该部立于无损有益之地位”。

张文彬站起举手敬礼，说：“是。保证完成任务。”

周恩来来到毛泽东的房间，敲敲门，走了进去。

“主席呀，又有好消息了！”

“快说说，又有什么好消息？”

“陕西临时省委派高克林和孙作宾回来汇报工作，孙蔚如的三十八军也想和咱们建立关系。”

“好啊，朋友越多越好。那孙将军有没有写给咱们什么东西？”

“孙将军是一朝被蛇咬，十年怕井绳啊！”

“到底怎么回事？”毛泽东问道。

“据回来的孙作宾同志说，孙将军曾和四方面军建立秘密关系，结果，张国焘把孙将军写给他的信在报纸上登了出来，蒋介石得到消息后，派人查了好长时间。致使在那里工作的武志平同志站不住脚。”

“错误和挫折教训了我们，逼使我们变得聪明一些。今后，我们一定要注意为对方着想。孙将军不能给咱们写信，咱们可以给他写。”

“主席说得对。”

毛泽东拿起笔，写了起来。

李克农对高克林和孙作宾说：“这是毛主席给孙将军的信。情况紧急，你俩明天一早动身，赶回西安，把信面交孙将军。”

“是。”

西安崇廉路中段 45 号。

黄昏时分，杜良明领着张文彬走进来。

“老爷，这位先生找您。”

杜斌丞抬头看了一眼，说道："好，你先下去吧！"

杜良明退了出去。

张文彬说："杜先生，我是毛泽东主席派来……"

杜斌丞打断张文彬的话说："我知道。张先生，快请坐。"

等张文彬坐下后，杜斌丞说："你的情况，王菊人都告诉我了。快说说，你和杨主任谈得怎么样？"

"杨将军表示：由于十七路军基础的关系，现在还不能立即与红军走一条路，他愿走'人'字路，将来再会合。希望红军有一定的根据地，根据地最好建在甘宁陕边界。"

"你们谈得很好嘛！还有什么要我帮忙的？"

"我在陕北出发的时候，毛泽东主席给你写了一封信。"

张文彬从怀里掏出一封信，交给杜斌丞。

杜斌丞接过信，读了起来：

斌丞先生左右：仲节君回，盛称德意，并聆抗日救国宏论，无任钦迟。值此国难日亟，国贼猖狂，大好河山，危险万状。伪蒙军向绥远进攻，冀察政委会质量之改组，凡此种种，愈见日寇之变本加厉。弟等一再呼吁，要求全国不分党派，一致团结御侮。一年以来成效渐著。虎臣先生同意联合战线，但望百尺竿头，更进一步。时机已熟，正抗日救国切实负责之时，先生一言兴邦，甚望加速推动之力，西北各部亦望大力斡旋。救西北救华北救中国之伟大事业，愿与先生勉之。特派张同志专谒崇阶，敬祈指示一切。云山在望，延企为劳，诸惟心照。

杜斌丞读完信，说："我和你们的毛泽东主席虽然没有谋过面，但我们总能想到一起。毛泽东先生真是一位伟人啊！请转告毛先生，我一定竭尽全力，不负厚望。"

张文彬说："谢谢。我一定转告。"

杜斌丞又说："张汉民旅长是你们的同志吧！你们俘虏后，却把他给杀了。还有,我曾派我的一名学生杜润滋,前去和张徐交涉,也被你们的人给杀了,这些事在十七路军中影响很不好,还望贵党注意。”

张文彬说:“毛泽东主席已经知道这些事情,都是误会造成的。今后再不会发生类似的事情。”

杜斌丞说:“那就好。”

西安某交通站。

张文彬对话务员命令道:“给毛泽东主席发报。”

“是。”

室内响起“嗒嗒”的声音。

张文彬口述:“主席:我已与杜斌丞见过一面,他表现很好,除愿向杨方推动外,并可向孙等尽力推动。杜云,他有一个学生,是回民,现住西安,可以使他到马鸿宾、马鸿逵处活动。如认为可以,望将对马部一般应提意见告我,以便经过杜的关系,去做初步的侦察和开路工作。……”

西安崇廉路中段 45 号。

杜良明领着孙作宾走进来,说:“老爷,孙先生来了。”

杜斌丞见是孙作宾,忙招呼道:“作宾,回来了,快说说,情况怎么样?”

杜良明见他们谈起话来,便出去带上了门。

孙作宾坐下后,说:“我把这里的情况向我们的周副主席作了汇报,毛泽东主席知道后,给孙将军写了一封信。我已把信交给了孙将军。”

“孙军长态度如何?”

“孙将军看了信后说,感谢毛泽东主席的信任,今后一定和红军好好联合。”

“太好了。现在,毛泽东先生主张的联合战线就要形成了。”

甘肃会宁。

红一方面军、红二方面军、红四方面军打着红旗，汇合在一起。众多红军战士欢呼着，跳跃着。

西安“西北剿匪”总部。

张学良、杨虎城、于学忠、王以哲、孙蔚如等人围坐一桌。

门外传来声音：“蒋委员长到。”

众将领“唰”地站了起来。

蒋介石气哼哼地走进来，坐在主位后，众将领也坐了下来。蒋介石说：“娘希匹，共军是越剿越多。你们东北军和十七路军自‘剿匪总部’成立以来，常常是敷衍塞责，这无疑是通共行为。现在，几大共匪已经汇合，再不努力‘剿匪’，我们将死无葬身之地。我命令——”

众将领又一次“唰”地站了起来。

蒋介石站起来接说：“命令张学良、杨虎城必须率部全力进攻西北红军，否则，将东北军和十七路军分别调至福建和安徽。由中央军进攻红军。”

众将领齐声道：“是。”

一辆中吉普停在新城楼门口。杜聿明下了车，对门口的警卫说：“麻烦通报一声杜参议，就说第二十五师副师长杜聿明求见。”

“你稍等。”

过了一会，警卫出来说：“请进。杜参议有请。”

杜聿明走进杜斌丞的办公室，说：“杜校长好。”

杜斌丞忙招呼道：“光亭啊，快请坐。”

杜聿明坐下后，杜斌丞说：“按辈分，我还要叫你叔叔呢！”

“咱们出门在外，只论师生，不论亲疏。”

“光亭，听说1933年你指挥的长城古北口对日战斗，激战三昼夜，歼敌2000余人，全国人民大受鼓舞啊！”

“不提了，那都是过去的事了。”

“你这次来西北……”

“唉,我们是奉命赴宁夏剿匪的。”

“光亭,你觉得这匪能剿完吗?”

“我们军人以服从命令为天职。”

“你这是糊涂思想。要知道,战争是政治的继续。不过问政治,怎么能打好仗呢?”

“校长你关心的是政治,我只关心军事。”

“你参加的淞沪抗战、长城抗战,就是爱国行为,你这次奉命剿匪,就是消耗国防力量。你怎么能把政治和军事截然分开呢?”

“我说不过你。我只知道,我是蒋委员长的学生,就必须服从蒋委员长的命令。蒋委员长指到哪里,我就打到哪里。”

“你……”

杜聿明见话不投机,遂站起道:“校长保重,学生告退。”

“不送。”

杜聿明走出门去。

第十七章

西安崇廉路中段45号。

赵寿山走进屋内。杜斌丞忙招呼道:“赵旅长回来了,快请坐。”

赵寿山坐下后,杜斌丞问:“这回出去收获大小哩?”

“收获太大了。我是知识一天一天地增加,思想也就因之明朗化。”

“你这次去了哪些地方?”

“我先是到了北平,正好见证了学生的‘一二·九’爱国运动。从中看到了日本帝国主义灭亡中国的军事行动已迫在眉睫,老蒋的‘攘外安内’实际上是卖国政策。后来,我又去了南京和上海,结识了许多进步人士。”

“你回来后,见没见过杨主任?”

“见过了。我对杨主任说:目前的形势对国家的兴亡,对我们的前途来说,只有反蒋联共抗日这一条路。看蒋介石调兵遣将的举动,是要对红军大举进攻,还要把我们也拉入内战漩涡,甚至会消灭我们。因此,是否可以考虑老蒋如果再来西安,必要时我们把他扣起来,逼他联共抗日。”

“杨主任有什么表示?”

“杨主任当时把我训了一顿,说我变了,变得思想太激进了,很危险。”

“我估计,最近可能有大事发生。”

“先生怎么知道要发生大事?”

“天机不可泄露也。”

杜斌丞说罢,“哈哈”大笑起来。

杨明轩、谢华、徐彬如、李木奄、李象九等人坐在主席台上。台下坐满了各界代表人士。

杨明轩说:“各位静一静。明天就是‘一二·九’爱国运动一周年。我们西北各界救国联合会应该有所行动,大家说一说,纪念活动应该怎样搞?”

有人说:“我们应该发表一个宣言,表明我们的政治立场。”

有人说:“我们应该多发动一些学生,造成巨大的声势。”

又有人提出:“我们应该提出响亮的口号。”

杨明轩说:“我看大家都说得很好,那就分头准备吧!”

万余学生走在大街上,有的散发《宣言》传单,有的呼着口号,每个人手里都举着一面小旗。

“停止内战,一致抗日!”

“停止内战,一致抗日!”

“打倒卖国贼!”

“打倒卖国贼!”

“打倒日本帝国主义!”

“打倒日本帝国主义!”

正走着,有人开枪打伤了一名学生。

人群乱了。有的上去救人,有的呼口号:“打倒狗特务!”

西安绥靖公署。

杨虎城对杜斌丞、孙蔚如、赵寿山三人说:“我和张副司令商量好了,准备发动兵变,扣留蒋介石。”

赵寿山说:“早就等着这一天了。”

杨虎城继续说:“具体分工是这样的:东北军负责到临潼去抓蒋介石,我们十七路军负责在城内解决反动军警宪特,并扣留中央大员。然后由杜先生担任省政府秘书长,负责政府正常运行。由孙蔚如担任西安城防司令。由赵寿山担任省公安局局长,负责城内治安。你们有意见没有?"

三人齐声说:"没有。"

杨虎城说:"好,跟我来。"

杨虎城领着杜斌丞、孙蔚如、赵寿山三人来到客厅,这里已有李兴中、孔从洲、王菊人、王炳南等人正在等着。

这时,张学良带着东北军的主要大员走了进来,说:"虎城兄,我把我的人都交给你,在你这里联合办公。"

杨虎城说:"弟兄们,我和张副司令已酝酿多时,决定对蒋介石实行兵谏。现在宣布分工名单。由杜斌丞、高崇民、卢广绩、申伯纯、应德田、王炳南、李维城、王菊人组成设计委员会,负责政治,由于学忠、王以哲、孙蔚如、李兴中、赵寿山组成参谋团,负责军事。由副司令和我担任正副总指挥。大家有没有意见?"

"没有。"

"好,大家分头行动。"

院内已站满了大批警士。赵寿山出来后,问孔从洲:"人到齐了没有?"

"到齐了。"

赵寿山看了一下表,说:"出发。"

众警士跳上汽车摩托,开出大院。

西安绥靖公署会议室。

设计委员会的成员热烈地讨论《通电》。

这时,杨虎城走进来,问:"怎么样,研究好了没有?"

杜斌丞拿过来一份,递给杨虎城,说:"副总指挥,你看一下。"

杨虎城接过《通电》,看了起来。只见上面写道:"西北军民一致主张如下:(一)改组南京政府,容纳各党派共同负责救国。(二)停止一切内战。（三）立即释放上海被捕之爱国领袖。（四）释放全国一切政治犯。（五）开放民众爱国运动。（六）保障人民集会结社一切之政治自由。（七）确实遵行孙总理遗嘱。（八）立即召开救国会议。”

杨虎城看完《通电》后，说：“好，再让张总指挥看一下。等捉到蒋介石以后，立即通电全国。”

杜斌丞说：“好。”

杨虎城又说道：“你们再拟一份给陕北共产党的电报，征求一下他们的意见。”

杜斌丞表示他们马上去办。

杨虎城走出房门。

大家又议论开了。

高崇民说：“天都快亮了，这老蒋怎么还没捉住？”

王菊人说：“老蒋他跑不了。临潼就那么一点地方，他能跑到哪里？”

申伯纯说：“那不一定，老蒋要是跑到骊山，就不好找了。”

王炳南说：“要是老蒋跑了，那就麻烦了。”

杜斌丞说：“菊人，你给陕北共产党拟一份电报。”

王菊人说：“好。”

杜斌丞又说：“还有一件事，要马上办。张总指挥已派张兆麟、从德滋去接管《西京日报》，大家议一议，看改什么名字好？”

李维城说：“咱们搞了好长时间西北大联合，我看就叫《西北联合报》。”

应德田说：“不妥。西北现在是鱼龙混杂，有胡宗南的部队，有朱绍良的部队，有关麟征的部队，还有，新疆到现在还没有联系上，怎么搞大联合？”

李维城说：“那依你说，应改成什么名称？”

应德田说：“改什么名称，我还没有想好。”

王炳南说：“我想出一个名称，叫《解放日报》，大家看合适不？”

杜斌丞说:“这个名称好。老蒋一直压制民主,咱们就让全国人民来一次思想解放。”

高崇民和李维城也表示同意这个想法。

杜斌丞说:“大家没有意见,就这样定了。炳南,你去通知一下张兆麟,把《西京日报》改成《解放日报》。”

“好。”

王炳南说着,走了出去。

王菊人说:“给陕北共产党的电报,我拟出来了,大家看行不行?中共中央毛泽东主席均鉴:吾等为中华民族及抗日前途利益计,不顾一切,今已将蒋等扣留,迫其释放爱国分子,改组联合政府。兄等有何高见,速复。”

这时,张学良和杨虎城走了进来,张学良对大家说:“好消息,老蒋终于被捉住了。”

众人议论开了。

“这下好了。”

“这下好了。”

杨虎城问:“给陕北共产党的电报拟好了没有?”

王菊人走过来,把电报递给杨虎城,杨虎城看了后,递给张学良。张学良看后,说:“行,发出去。”

杜斌丞站起,把《通电》递给张学良,说:“张副司令,这是我们拟好的《通电》,杨主任已经看过了。”

张学良接过《通电》,看完后,点了点头:“不错,你们这些秀才们辛苦了。好,发向全国。”

室内响起了热烈的掌声。

翌日早晨,杜斌丞坐小车来到曹志麟家,曹志麟打开门,见是杜斌丞,问:“杜参议,您找我?”

杜斌丞拉着曹志麟朝小车走去。

曹志麟不解地问道:“有什么事?”

“到汽车上再说。”

杜斌丞和曹志麟坐在车上，向前行驶。

杜斌丞向曹志麟解释道：“张学良、杨虎城二位将军任命我做省政府秘书长，我找你，想让你陪我一道去接管省政府。”

车窗外只听一报童喊着：“卖报，卖报，《解放日报》。张杨二将军发动兵谏，提出‘八项主张’，通电全国。”

曹志麟问杜斌丞：“蒋介石被捉住了？”

杜斌丞会意地一笑。

曹志麟说：“太好了，这个独夫民贼，真是罪有应得。”

一会儿，小车开到省政府门口，一卫兵喊道：“站住，干什么的？”

曹志麟对卫兵说：“这是新上任的省政府秘书长杜斌丞先生。”

卫兵听后赶忙去问一军官，证实后，让车开了进去。

杜斌丞和曹志麟下了车，见到院子里一片狼藉。曹志麟让杜斌丞先等一下，他进楼里去看看发生什么事了。

杜斌丞看到，院子内有几具国民党宪兵的尸体。

曹志麟在楼内转着，看着。秘书长办公室文件堆积满地，连房门也进不去。主席办公室箱柜倾倒，衣物、书籍和其他物件散落满地，书画、字帖、文具被弄得乱七八糟，整个办公楼连一人也看不见。曹志麟唏嘘不已。

“怎么弄成这个样子？”

正想着，曹志麟似乎闻到一点什么气味，蹲下来一瞅，发现了一个人。

曹志麟喊道：“出来。”“再不出来我开枪了。”

里面有了动静。

“别，别开枪。”

一会儿出来一个人。

曹志麟问：“你是干什么的？”

“我，我是这里的工友。”

“跟我走。”

“好,好。”

曹志麟又顺手拿了把藤椅。

曹志麟和工友走出楼,来到杜斌丞身边。

杜斌丞问:“怎么这么长时间?”

“楼内太乱了,只找见这一个工友。”

杜斌丞问工友:“这楼里的人为什么没来上班?”

“不,不知道。”

曹志麟对工友说:“这位是新上任的秘书长,你出去找他们来上班。”

“好。”

工友刚走出一小会,又返了回来。

“你怎么又回来了?”

“门口卫兵不让出门。”

曹志麟找了张纸,让杜斌丞写了个条子,盖了个私章,然后递给工友说:“你把这个拿给卫兵,就能出去了。”

“好,好。”

工友拿着条子,走了。

这时,有一个女人远远地走了过来,说:“杜秘书长,我是邵主席夫人的朋友陆望芝,你不认识我了?”

“认识。你来干什么?”

“邵主席现在还被你们的人押着。邵夫人哭个不停,让我来到邵主席办公室拿几样东西。不知可不可以?”

“可以。志麟,你领陆女士去一下。”

“好。”

说着,就领陆望芝上楼去了。

陆望芝跟着曹志麟走进邵主席卧室,找出一个皮箱,打开后,翻了翻,取出几样东西和一把钥匙,又把皮箱锁上了。

之后,曹志麟和陆望芝走下楼来。只见楼下已来了几位科长和秘书。陆望芝向杜斌丞表示感谢后便离开了。

陆望芝走后，杜斌丞说："你们不要怕。这次为了团结抗日，张学良、杨虎城二位将军实行兵谏，我们大家应该各自坚守岗位，照常工作。现在需要把各办公室很快加以整理，恢复工作。"

"是。"

"好，你们去忙吧！"

众人散后，曹志麟告诉杜斌丞邵主席的小车不见了。

杜斌丞让曹志麟赶快去查一下。

设计委员会的全体委员正在研究问题，孔从洲走进来，说："杜秘书长，您找我？"

"孔旅长，昨晚是不是你们警备二旅负责解决的省政府？"

"是。"

"邵主席的小车不见了，你知道不知道情况？西安事变是革命行动，怎能趁火打劫呢？你回去查一下，把车交出来。"

"是。"

孔从洲出去一会后，又走了进来，汇报道："杜秘书长，是下面的一位团长把车拉走了，我已让他们把车送回省政府。"

"今后治军一定要严，真正做到秋毫无犯。"

"是。"

"好，没事了，下去吧！"

这时，杨虎城急匆匆走了进来，让杜斌丞马上跟他走。

上车后，杜斌丞问发生什么事了。

杨虎城说："冯钦哉可能叛变了。"

"情况属实吗？"

"现在还不太清楚，得让马文彦去看一下。"

在李寿亭家里，李寿亭对马文彦说："杨主任打来电话，让你哪里也不要去，他一会就到。"

“没说什么事?”

“没说。”

这时,传来敲门声。

李寿亭说:“是杨主任到了。”

李寿亭紧走两步,打开房门。杨虎城和杜斌丞走了进来。杨虎城说:“你们俩都在。文彦,现在有一件紧急任务要你去办一下,到大荔去一趟,说服冯钦哉。”

马文彦问出什么事了。

杨虎城说:“事变发生后,我命令冯钦哉迅速占领潼关,结果,他至现在还没行动。”

李寿亭说:“要是冯钦哉叛变了,那麻烦可就大了。潼关一带门户洞开,中央军可随时打过来。”

杜斌丞说:“文彦,你曾帮助过冯钦哉,他对你一向有好感,现在你是最合适的人选。”

马文彦说:“好,我去一趟。”随后便去找冯钦哉。

大荔第七军军部。

冯钦哉问马文彦:“你来干什么?”

马文彦说:“杨主任让我来,想让你和他保持一致,迅速占领潼关。”

“难道你是来当说客的?”

“冯军长,看在咱俩以往交情的分上,你就听一句劝。如今大敌当前,你应该和杨主任保持一致。”

“保持一致?扣蒋介石这么大的事,杨主任为什么事前不通知我一声。明显是杨主任不相信我嘛!”

“杨主任怎么会不信任你呢?十七路军的主要力量都集中在你手里,还能说不信任?这件事是在突然情况下才决定的,所以才来不及通知你么。就连我也是刚刚才知道的。”

“不要说了。我已向国民政府作出‘一不作共产党,二不拥护小张(学良),三不与中央军作战'的承诺。并与刘峙通电全国,反对张、杨。"

"你……"

"马文彦,你不要给脸不要脸。我的忍耐是有限度的。"

"好好好,我走,没想到你是个小人。"

第十八章

张学良、杨虎城、于学忠、王以哲、孙蔚如、杜斌丞等聚在一起。

有几个人取下“西北剿匪总司令部”牌子，挂上“抗日联军临时西北军事委员会”牌子。

张学良说：“从今天起，西北剿匪总司令部正式撤销。成立抗日联军临时西北军事委员会。我和虎城兄分任正副委员长。”

大家鼓掌祝贺。

张学良和杨虎城的手握在了一起。

杜斌丞正在办公，杨虎城进来让他一起出去一趟。

杜斌丞问有什么事，杨虎城说到车上再说。

上车后，杜斌丞问他有什么急事。

杨虎城说：“中共代表马上到了，咱们去接一下。”

“太好了，这下问题就好解决了。”

“先生的意思是？”

“老蒋与共产党是死对头，看老蒋这回还敢不敢再顽固。”

“说得也是。”

小车开到飞机场，杨虎城和杜斌丞下了车，和先到的张学良握了手。杨虎城问：“飞机快到了吗？”

张学良说：“快了。”

过了一会儿，飞机徐徐降落下来。周恩来等人从飞机上走了下来。

张学良上前握住周恩来的手,激动地说:“可把你们盼来了。”

周恩来说:“感谢你们对中国共产党的信任。”

张学良向周恩来介绍了杨虎城。

周恩来上前握住杨虎城的手说:“杨将军是我党的老朋友了。”

张学良又给周恩来介绍杜斌丞。

周恩来又上前握住杜斌丞的手说:“杜先生给我党培养了许多优秀人才啊!”

杜斌丞说:“不敢当。”

张学良告诉周恩来,住的地方安排在高桂滋公馆,那里相对安全一些。

周恩来说:“客随主变嘛!”

房内,杨虎城问马文彦:“冯军长怎么说?”

“冯军长嫌您事前没有给他打招呼,已经投靠了中央政府。但他说,他决不打十七路军。”

杨虎城见说,急得在室内来回踱步。过了一会说:“这下糟糕了,潼关的门户全洞开了。”

“那怎么办?”

“这里你不要管了。现在有一件更棘手的事要你办。于右任已到潼关。你去一下,劝劝于老,让他不要以官方名义来西安。”

“是。”

火车上,马文彦走进于右任卧室车厢,打了声招呼。

于右任抬头问道:“你来干什么?”

“我受杨主任委托,前来看望于老。”

“杨虎城为什么不让我进西安?”

“于老,您误会了。杨主任让我劝您取消‘西北宣慰使’名义,以朋友身份去西安,他会欢迎您的。”

“哼,真是个陕西‘冷娃’。”

于右任来回踱了一会步，又说道："你告诉杨虎城，他这是把天捅了个大窟窿。"

于右任说完，拂袖离开卧室车厢，把马文彦亮在了一边。

潼关。

马文彦正在指挥部队："快快，跑步前进。"

这时，一辆小车驶到马文彦身边停了下来。李寿亭从车上走下来，走到马文彦面前，叫道："文彦。"

"李厅长，你怎么来了？"

"杜秘书长让我来转告你，说中央军聚集潼关，蓄意进犯西安，要准备抵抗，特让我带来一套棉衣。"

马文彦从李寿亭手里接过棉衣，含着泪说："谢谢。"

杜斌丞在办公室对邵力子的副官、秘书说："张杨二将军是从国家利益出发，才举事的。你们是邵主席最亲近的人，到南京后应好自为之，不要做反面宣传。"

邵力子的副官说："请杜秘书长放心，我们知道您的为人，您的话我们绝对相信。"

杜斌丞拿出几支手枪，交到他们手里，说："这是你们的手枪，请你们收好。"

他们十分感动。

杜斌丞又从抽屉取出几个信封，分别递到他们手里，说："我知道你们经济并不宽裕，这是给你们准备的路费，请收好。"

"谢谢。""谢谢杜秘书长。"

"好，你们回去吧！"

他们向杜斌丞敬礼后走出门去。

这时，常黎夫走进来，说："舅舅，您找我。"

杜斌丞从桌上拿起几页纸，说："这是我拟好的《告各县长书》，你赶快以王一山代主席的名义发出去，希望各县县长安心服务，照常工作。当此非常时期，大家更应加倍努力，尽忠职责，安定人心，晓谕民众此次事变之经过及意义。”

“是。”

常黎夫接过《告各县长书》，欲转身离去。

这时，杜斌丞记起一件事，又叫了一声：“黎夫。”

“舅舅，还有什么事？”

“最近听下面人报告，有几个县的县长，不了解情况，已弃职逃跑，你赶紧物色几个县长人选。”

“好。”

常黎夫转身离去。

这时，门外传来争吵声。

“让我进去，我要采访杜秘书长。”

“不行，杜秘书长正在忙于政务，你不能进去。”

杜斌丞走出门来，对警卫说：“让她进来吧！”

女记者走进来说：“杜秘书长，我是《解放日报》记者，请问省府最近政情如何？在此刷新时期，你有什么革新计划？”

杜斌丞回答道：“本人视事未久，一切尚未上轨，革新计划尚难着手。至各部职员，多于‘一二·一二’政变时离府，目下除大部已自动来府办公外，其未到府职员，本人仍设法使其自动前来，并绝对担保其安全，因旧有人员对政府上较为熟练也。”

“请问杜秘书长，现在各县情况如何？”

“‘一二·一二’政变后，省府为使各县明了此次政变的意义及其历史上的的价值起见，业将事实真相，分别令知各县县长，并传谕各县人民，使其了然，以鼓舞其爱国心。据各县呈报，各县官民闻讯，莫不欢腾。”

“请问杜秘书长，省府近日还有什么举措？”

“现拟派大批视察员分赴各县进行视察。惟人选正在准备当中。”

这时，常黎夫进来到杜斌丞身边耳语一番。杜斌丞对女记者说：

“今天就到这里。我还有要事处理。”

“谢谢杜秘书长。再见。”

这时,杨渠统走了进来。常黎夫刚走出去,把门带上。

杨渠统突然“扑通”一声跪在地上。

杜斌丞见状,赶紧上前扶起,说:“杨师长,你这是干什么?快起来,坐下谈。”

杨渠统坐下后,哭诉道:“前一段时间,蒋介石给我们新五师派来12名政工人员,实际上是特工人员,是来监视我的。开封绥靖主任刘峙也给我派来一批黄埔系的军官,把我架空了。然后将我调为第五十军军长。”

杜斌丞说:“升官是好事啊!”

杨渠统继续说道:“我知道这是‘明升暗降’,是蒋介石惯用的一种宰割杂牌军手段。我看破了他们的这一企图,也作了拼命的打算,准备必要时对刘峙开火。我曾派了李波涛前来西安,向先生询问办法。不料,西安事变发生,蒋介石被扣西安,我与刘峙的矛盾也暂时缓和下来。刘峙约我到开封见他,形式上是招待,实际上是软禁了几天。旋又派我到西安来找杨主任和谈,借机把我从第五十军调开。杜秘书长,我现在是里外不是人呐。”

杜斌丞安慰道:“回来就好。把你的眼泪擦干,我引你去见一个人。”

杜斌丞要引杨渠统见的人不是别人,正是中共代表周恩来。他们二人走进西安玄风桥高桂滋公馆。周恩来见杜斌丞和杨渠统进来,问道:“二位有何事?”

杜斌丞对周恩来说:“这位是新五师师长杨渠统,前一段时间,脱离十七路军,现在又回来了。请周副主席给他指条明路。”

杨渠统向周恩来举手敬礼:“周副主席好。”

周恩来示意:“坐下说。”

杜斌丞和杨渠统坐下后,杨渠统说:“我前一段时间身不由己,上了蒋介石和刘峙的当。请周副主席给我说说今后的办法。”

“你的事情我也听说了。现在的情况是这样的。在中国现阶段中,人民的力量尚未发动,汪精卫、何应钦之流背蒋投日,国际方面的形象还不十分有利于我们。而蒋系的力量在这次事变中没有受到任何损失。所以我们必须建立东北军、十七路军、红军三位一体,逼使蒋介石答应我们的主张,领导全民族抗战。”

杜斌丞说:“哎呀,还是共产党站得高,看得远哪。杨师长,咱们要跟共产党走啊!”

杜斌丞和杨渠统站起。杨渠统握着周恩来的手说:“谢谢周副主席。”

东北军行政处。

行政处长卢广绩和东北抗日救国会负责人高崇民、粮秣处长张政枋正交谈。

卢广绩说:“听说共产党主张和平解决西安事变。”

高崇民说:“是啊! 真是没有想到,国民党剿匪剿了近十年,共产党却不记仇,首先提出了放蒋回南京。”

张政枋说:“这说明,红军是真正抗日的队伍。”

这时,杜斌丞和续式甫走了进来。杜斌丞说:“你们都在啊!”

卢广绩忙招呼道:“二位,快请坐。”

杜斌丞和续式甫坐下后,卢广绩问:“不知二位今天来,有何贵干?”

杜斌丞说:“我们是来求援的。请给我们推荐几位能够胜任县长和税务局长的东北人士。”

“这可不好办了,杜秘书长。张副司令昨天刚刚吩咐过,关于陕西地方的事情,交杨主任负全部责任,要我们不要过问。”

“现在咱们是共同患难,不能这样分家,我们现在地方一时找不到更合适的人,所以,还需要你们帮助举荐。”

高崇民也说道:“卢处长,斌丞现在这样诚恳地找你商量,你就不应推辞。”

“那张副司令怪罪下来怎么办？”

“我去跟张副司令说。”

“那好吧！我这里只有两个税务局长人选。一个是胡圣一，一个是李光前。”

高崇民说：“这两个人不错。”

张政枋说：“我那里有个李正阳和孙东垣，不知合适不？”

卢广绩说：“那两个人适合当县长。”

杜斌丞说：“谢谢各位鼎力相助，明天就给这几个人发委任状。”

卢广绩说：“杜秘书长，咱可说好了，你必须把他们安排近一些，我怕他们不愿离家太远。”

“就照你说的意见办。”

翌日，陕西省政府委任胡圣一为西安市特税局局长，李光前为西安市营业税局局长，李正阳为武功县县长，孙东垣为耀县县长。

房间内，杜斌丞问杨虎城：“老蒋现在的态度如何？”

“蒋介石这个政治流氓，中国任何军阀，包括我们在内，都对付不了他，哪一个没有败在他的手里？只有中国共产党才够得上他的对手。”

“那你同不同意放蒋？”

“我对放蒋没有意见，但如何放蒋是很重要的，必须严密考虑，绝不能轻信所谓‘人格担保’。”

“主任说得对，只有抓住老蒋的辫子，才能使他有所顾忌。”

这时，电话铃声响了，杨虎城拿起话筒。

话筒内传来张学良的声音：“杨兄，你赶紧过来一下。”

“什么事，这么急？”

“你先过来再说。”

杨虎城坐车到高桂滋公馆，还未下车，见蒋介石已准备上汽车。张学良过来对杨虎城说：“听说下面军官情绪不稳，咱现在就放蒋走。”

“这……”

“快走吧！再不走就来不及了。”

众人坐上汽车后，急驶而去。

几辆小车急驰到飞机场，蒋介石、宋子文、宋美龄、端纳、张学良、杨虎城等分别下了车。

蒋介石对张学良和杨虎城说：“今天以前发生内战，你们负责。今天以后发生内战，我负责。今后我绝不剿共。我有错，我承认。你们有错，你们亦须承认。”

张学良说：“只要你同意了我们的主张，我送你回南京。”

蒋介石说：“我的承诺，决不反悔。我再说一遍：一、改组国民党与国民政府，驱逐亲日派，容纳抗日分子。二、释放上海爱国领袖，释放一切政治犯，保证人民的自由权利。三、停止‘剿共’政策，联合红军抗日。四、召集各党各派各界各军的救国会议，决定抗日救亡方针。五、与同情中国抗日的国家建立合作关系。六、制定其他救国办法。”

宋美龄说：“大令，咱们走吧！”

蒋介石握住杨虎城的手说：“西北交给你们了，将来设一个西北五省统一的军事机构，由你们负责。”

张学良似想起什么，拿出一个小本，用红铅笔写了一个手令：弟离陕之际，万一发生事故，切请诸兄听从虎臣孝候指挥。此致。张学良。后又想了想，加写了一句：以杨虎臣代理余之职。然后撕下手令，交给杨虎城，说：“望兄保重。”

张学良说完，陪着蒋介石、宋子文、宋美龄、端纳等人登上飞机。

飞机起飞后，只见一辆小车疾驰而来。周恩来从车上下来，见飞机已经起飞，跺脚道：“这个张汉卿啊！”

杜斌丞、杨明轩、谢华、徐彬如、李木奄、宋绮云等正在开会。

杜斌丞说:“蒋介石是独夫民贼,祸国殃民,不杀不足以平民愤。但从大局考虑,从联共逼蒋抗日的角度看问题,我们还是要听听共产党的主张。”

杨明轩说:“反正我是不同意放蒋的。蒋介石对于人民来说,没有一点信义可言。”

这时,常黎夫进来对杜斌丞耳语道:“老蒋已被张副司令送走了。”

杜斌丞见说,一下瘫坐在椅子上,面色煞白,说:“大势去矣。”

杨明轩问:“出什么事了?”

常黎夫说:“张副司令在杨主任不同意,周副主席不知道的情况下,亲自把老蒋送走了。”

杨明轩说:“什么做法?什么三位一体?人都走了,咱们还在这里讨论个屁。散伙散伙。”

杨明轩说完,拂袖而去。

杜斌丞也站起说:“天地间竟有这等事情。走,会不开了,回家。”

谢华等人没想到会出现这样的情况,傻坐着。

过了一会,周恩来、博古、张文彬走了进来。周恩来见状,问道:“你们怎么啦?”

谢华说:“杜秘书长和杨老师听说放了蒋介石,都气得走了。”

周恩来对博古说:“我和文彬去找杜先生,你和彬如去找杨先生。咱们分头去做工作。”

第十九章

博古和徐彬如走进杨明轩家。博古说："杨老师，你怎么撂挑子呢？"

"不干了，我到华山当和尚去。"

"杨老师，你在上海大学给我们讲课的时候，教导我们要以国家利益为重，为了实现远大的目标，可以牺牲个人的一切。"

"坐，坐下谈。"

三人坐下后，杨明轩问道："你真的给我当过学生？"

博古答道："我是 1925 年秋考入上海大学社会学系的，并在那里加入了中国共产党。"

"可是，我于 1924 年秋就离开了上海大学，到了陕北绥德。"

"杨老师，您虽然没有给我带过课，但我却很想认您这个老师。我那年考入上海大学后，听说你曾经是上海大学的老师，我感到非常骄傲。"

"为什么？"

"因为您是'五四'运动八勇士之一啊！"

杨明轩"哈哈"大笑起来："原来是这么回事。博古，你以后再不要叫我老师了。"

"为什么？"

"第一，我没有给你带过课；第二，你现在已是共产党的领导人。免得有人说我冒充你的老师。"

"那不行，你过去是我的老师，现在仍然是我的老师啊。"

周恩来和张文彬走进杜斌丞办公室，张文彬说："杜秘书长，周副主席看你来了。"

周恩来握住杜斌丞的手说："杜先生好。"

杜斌丞招呼道："坐，请坐。"

三人坐下后，周恩来亲切地问道："听说杜先生生气了？"

杜斌丞说："这个张少帅，竖子难以为谋啊！"

"唉，张学良真是太年轻了，他这是负荆请罪，中了《连环套》的毒了。"

"在我看来，张学良亲自送老蒋回南京，其侠义可佩，但后果堪虑啊！"

"蒋介石想让西北乱，但我们不能乱啊！'三位一体'必须巩固，东北军、十七路军、红军必须团结。不然，和平解决西安事变的目的就难以达到。"

"对对对，你看我，差点失了主意。"

"杜先生真是个深明大义的人啊！"

"惭愧，惭愧。"

"那'西救会'的工作……"

"我明天就叫明轩他们继续工作。"

"文彬，咱们走。去和博古、剑英他们再商量一下对策。杜先生再见。"

"周副主席再见。"

周恩来和张文彬急匆匆走出门去。

这时，王菊人走进来说："杜秘书长，杨主任叫您。"

"好，我这就去。"

杜斌丞和王菊人走进杨虎城的办公室。杨虎城说："先生来了，坐下谈。"

杜斌丞和王菊人坐下后，王菊人问："是不是蒋介石走了？"

"走了一个不算，还跟了一个去。"

“还有谁跟了去？”

“还有谁？张副司令呗。”

杜斌丞说：“这简直把革命当儿戏，孺子不可教也。”

杨虎城说：“先生，那咱们应采取什么对策？”

“周副主席刚才跟我谈了，老蒋想让咱们乱，但咱们绝对不能乱。‘三位一体’必须巩固。”

“还是共产党站得高，看得远。”

杜斌丞刚从外面回到客厅坐下，杜良明就引高崇民走了进来。

杜斌丞站起招呼道：“高先生来了，请坐。”

高崇民坐下后，说：“是不是张汉卿送老蒋走了？”

“是啊。张汉卿送老蒋回南京，事先并未和有关方面商量，及至周恩来副主席听到消息，赶到机场，飞机已经起飞了。只看见张学良留给杨虎城、于学忠将军的手书一封，嘱东北军各部队在他离开后，统由杨将军领导。”

高崇民气得直跺脚，“汉卿真是糊涂。他的部下能听谁的？别人不知道，他自己还不知道？”

“怎么回事？”

“自从东北易帜，东北军只听命于张汉卿一人的。”

“看来，问题真是严重了。”

陕北保安县城。

窑洞内，毛泽东、洛甫、张国焘、朱德围坐一桌。

毛泽东说：“在五个条件下恢复蒋之自由，以转变整个局势的方针，是我们提出的。谈判结果，蒋与南京左派代表完全承认。昨晚电示恩来，待先决条件履行及局势发展到蒋出后不再动摇才释放。但他们今日已经释放蒋介石，宋子文、张学良、宋美龄今日同机飞到洛阳。依情势看，放蒋是有利的，是否达成有利，当待今后证实。”

张国焘说：“太不像话了，老蒋没有在谈判结果上签字，怎么能放蒋呢？这是对革命的犯罪。”

毛泽东说：“话也不能这么说。总的来说，西安事变给国民党以大的刺激，成为它转变的关键，逼着它结束10年的错误政策，结束10年内战，而内战的结束，也就是抗战的开始。蒋介石被释放后，他的动摇是否最后结束？现在还只能说是结束的开始，我们要动员一切力量结束他的动摇。西安事变使蒋介石的地位降低了，而我们的地位提高了。这是好事嘛！我们在西安事变中实际地取得了领导地位，应利用这一有利形势开展全国局面，把红军扩大起来，与张杨更加团结，就会成为抗日的核心，这是我们当前的任务。”

朱德问：“那我们的具体策略是什么？”

毛泽东说：“我们的具体策略是推动左派，打击右派，争取中间派。”

洛甫说：“那如果老蒋不实现自己的诺言，该怎么办？”

毛泽东说：“蒋介石如果想在抗日的问题上徘徊，推迟其诺言的实践，则全国人民的革命浪潮势将席卷蒋氏以去。”

杜斌丞趴在办公桌上睡着了。这些天来，他真是太累了。

马文彦走进来说：“秘书长，秘书长。”

杜斌丞醒来后忙问：“我怎么睡着了？什么时间了？”

“下班都很长时间了。我看见你的灯还亮着，就知道你还没走。”

“不应该，不应该。文彦，你等一会，我还要签发几个文件。”

“算了吧！明天再签。老蒋都被放走了，还能有什么急事？”

“文彦，这就是你的不对了。老蒋被放走，咱们越要加倍努力，提高警惕。不然，和平解决西安事变就失去了意义。”

“好好好，我的大秘书长，我说不过你。我看这样，这些天，咱们都累了，我听说炭市街新开了一家浴池，咱约上李厅长，一块去洗个澡。怎么样？”

“好，就听你的。你先联系寿亭，等我把这几份文件签了后，咱就走。”

杜斌丞、李寿亭、马文彦三人泡在澡堂里。

杜斌丞说：“这个地方不错。文彦，你是怎么知道这里新开了浴池？”

李寿亭说：“秘书长，你问这话就幼稚了。西安城里没有文彦不知道的？”

“是吗？”

“秘书长，你不要听李厅长的，他说得太夸张了。”

“我怎么夸张了？人们不是叫你‘西安通’嘛！”

“‘西安通’我可不敢当，那得有多大本事啊！”

三人“哈哈”大笑起来。

杜斌丞、李寿亭、马文彦三人裹着浴巾，躺在椅子上休息。

杜斌丞说：“真舒服。这地方真不错。”

“西安好地方多着呢。你要有兴趣，我一星期引你去一个地方。”

“看看，我说什么来着？‘西安通’的真面目不是露出来了？”

“我不和你抬扛了。哎，李厅长，你不是会算吗？你说，张副司令这回送蒋能回来吗？”

“我看悬。少帅还是太年轻了。考虑问题难免失之偏颇。”

这时传来了打鼾地声音。李寿亭和马文彦回头看，见杜斌丞睡得正香。

马文彦说：“杜秘书长这段时间真是太累了。”

“嘘，让他多睡会。”

过了一会，店老板走了进来，说要打烊了。

李寿亭问几点了。

店老板说已经12点了。

马文彦碰了一下杜斌丞。杜斌丞醒来问：“几点了？”

李寿亭说:“12 点了。”

杜斌丞说:“不好意思。好,咱们走吧!”

杜斌丞回到家里,躺下就睡着了。第二天,杜斌丞一觉醒来,听见小孩的哭声,问身边的朱佩英:“这是谁家的孩子在哭?”

“谁家的孩子?你的孙子呗!”

“康如生了?”

“生了,是个大胖小子。”

“好好好,咱家又添人口了。哎,几时生的?”

“你这官当的,家里的事,你是一点也不操心。生了一星期了。”

“起名字了没有?”

“还没有,等着你给起呢!”

杜斌丞想了想,说:“就叫芳周吧!”

“哎,老爷,你可不能乱起呀!”

“错不了。我这个当爷爷的一周后才知道孩子出生,叫‘芳周’,有纪念意义。”

转眼到了 1937 年元旦。杜斌丞起床后,打开收音机,里面传来杨虎城的声音:“……希望集中全国各党各派的力量,共同站在民族解放的立场,大家抛弃了一切成见或党派关系,精诚团结起来,整齐我们抗日救国的阵营……”

这时,杜良明走进来叫杜斌丞去吃饭。

杜斌丞说:“你看我,差点误了大事。今天还要举行新年庆祝大会和阅兵典礼呢!”

西安 10 万军民齐集西关外大操场。主席台上贴着横额“新年庆祝大会”,杨虎城、周恩来、孙蔚如、何柱国、于学忠、王以哲、杜斌丞、杨明轩、申伯纯坐在主席台上。

申伯纯站起说:“新年庆祝大会现在开始。首先请杨主任讲话。”

杨虎城站起，说道：

今天是中华民国二十六年元旦。当我们热烈庆祝中，假如我们检查一下过去二十五年的历史，不免就使人发生许多感慨。中华民国自肇造到现在已经有二十五年了，但在这二十五年过程中所昭示于我们是什么，那恐怕只是一部内战史的延续，帝国主义者侵略史的演进。天灾人祸，连年交迫，国难危机不断地日益扩大。举目山河，真有日蹙百里之感。尤其自“九一八”事变以来，辽、吉、黑、热，首先被日本帝国主义侵略占了，建立了所谓“满洲国”。长城各口战役之后，冀察两省也是名存实亡了。上海之役更糜烂了，我国东南的经济中心，而日本帝国主义者的野心，并不以此为满足，一定要进一步把全中国数千万方里的土地都变成了他们的殖民地，四万万五千万同胞都做了他们的奴隶，而后才甘心。于是日本帝国主义者在侵占我东北，控制了我华北，破坏了我东南之后，现在又嗾使汉奸伪匪大举进攻我绥远了。同时又利用亲日派分子，极尽挑拨离间之能事，暴力压迫我们签订了种种不平等条约，如上海协定、塘沽协定、何梅协定，直到最近日德、日意的所谓“防共协定”。种种样样都证明是日本帝国主义者是为侵略中国而发的。于是民族灭亡的危机更是间不容发，到了呼吸存亡的危境了。

同胞们我们不要忘记，中华民族有五千余年的历史，数千万方里的领土，四万万五千万男女同胞，只要我们不是绵羊的话，我们是不甘心受日本帝国主义者残酷宰割的。我们应该起来反抗。在万钧沉重的压榨之下我们更应该有个悲壮热烈的回声。这回声是在什么时候开始的，那就是去年十二月十二日西安事变的崛发，为我们揭开了中华民族解放独立自由的头一幕。伟大的光明与正义，正期待在我们的前面。于是民国二十六年的来临显然就在中华民族的生存史上划分两个不同的时代，前者是结束了帝国主义者向我们的进攻而后者更是展开了中华民族解放的坦途。双十二事变之后，日本帝国主义者以及亲日派分子对我们做了极端的攻击与污蔑威吓与利诱，可以说无所不用其极。但我们为贯彻我们救亡图存的主张，我们并无所畏惧。同时我们的惟一领袖蒋委员长以宽宏博大的胸怀在完全明了了张副司令和我的缝洁真诚以后，对于我们的主张完全采纳了。自今以往，我们在领袖蒋委员长领导之下中华民族在二十六年的开始踏上了一条独立更生的大路。双十二事变充分表现了中华民族的伟大与健全，并不像日本帝国主义者所侮蔑我们懦弱、卑劣。双十二的要求也很单纯，只是一个中华民族为反抗帝国主义者侵略的独立自由的战争而已，是要把中国从此引上一条永久生存的大道，希望集中全国各党派的力缝，共同站在民族解放的立场，大家抛弃一切成见与党派关系，精诚团结起来，整齐我们抗日救国的阵容。同胞们，双十二事件所昭示与我们的是什么？即是中华民族更生的开始了。抗日救亡的艰巨工作，是需要我们全民族的总动员的。蒋委员长是中华民族四万万五千万人的领袖，我们要发挥我们民族的抗日救亡的威力更需要伟大的领袖来领导我们。双十二的最大收获是证明了中华民族自今以往将更加团结起来为抗日救亡而奋斗。继续双十二后二十六年元旦的来临即说明了我们的责任的开始，同胞们，在这样伟大的时代当中，我们更应以组织的力量，纪律的行动，共同在政府与领袖领导之下，来调整我们抗日救国的步伐。现在我们高呼我们的口号：打倒日本帝国主义，收复失地，拥护蒋委员长领导抗日！中华民国万岁！

台上台下群情激奋，呼着口号。
杨明轩喊着："打倒日本帝国主义。"
台下群声应和："打倒日本帝国主义。"
"收复失地。"
"收复失地。"

"拥护蒋委员长领导抗日!"
"拥护蒋委员长领导抗日!"
"中华民国万岁!"
"中华民国万岁!"

杨虎城、马占山、张语还、吕永福、惠天祥、景梅九、刘葛如、杜斌丞、杨叔吉、杨明轩、谢华、徐彬如、李木庵围坐一桌。

杨明轩说:"现在开会。为了扩大西北各界救国联合会的影响,以利今后更好地开展工作,特聘请张学良、杨虎城、马占山、张语还、吕永福、惠天祥、景梅九、刘葛如、杜斌丞、杨叔吉为顾问。大家有没有意见?"

"没有。"

"好大家鼓掌通过。"

全场响起一片掌声。

南京国民政府行政院。

孔祥熙、宋子文、何应钦、顾祝同、王树常等人围坐一桌。

孔祥熙说:"现在开会。根据委座提议:(一)派顾祝同为军事委员会委员长西安行营主任。"

顾祝同站起说:"是。"

孔祥熙继续说道:"(二)西安绥靖公署主任杨虎城、甘肃省政府主席兼五十一军军长于学忠撤职留任。(三)陕西省政府委员兼主席邵力子辞职照准,任命孙蔚如为陕西省政府委员兼主席。(四)驻甘绥靖公署主任朱绍良辞职照,准驻甘绥靖公署撤销,派王树常为甘肃绥靖公署主任。"

王树常站起说:"是。"

"以上各项即日发表。散会。"

杜斌丞正在办公。门外传来报告声。

"报告。"

"进来。"

进来的是郑自毅。

"秘书长,我刚才召集东北军的有关人员开防空会议,东北军的张参谋说:张副司令送蒋被扣,听说国民政府要委派十七路军的孙蔚如当陕西省主席,他们东北军怎么办?言语之间好像很气愤。"

"有这回事?你赶紧到收发室查一下,看有没有南京来的重要信件。"

"是。"

过了一会,郑自毅又进来说:"秘书长,查到了。这是南京方面给孙蔚如寄来的委任状。"

杜斌丞接过信件,想了想,在信封上批了"暂存"二字,说:"事关重大,先不发表,等我报告杨主任与有关方面协商之后,再发表。好,你去忙吧!"

杨虎城在办公室来回踱着步,说:"奶奶的,南京这些狗日的,太不把咱们当人了。事先连气都不通,就擅自任命省主席。"

杜斌丞说:"主任,咱们要赶紧想想办法。"

"先生,你说,咱该怎么办。"

"我想,这事应该分两步走。"

"哪两步?"

"第一,先让孙蔚如向南京发一份辞呈电,做做样子,让东北军知道,省主席不是咱们活动的。第二,咱们开一个东北军和十七路军高级干部联席会议。在会上商定看这事该怎办。"

"还是先生的办法多。好,就按你说的办。"

孙蔚如走进机要室,让报务员给南京发报。

孙蔚如口述:"何主任应钦均鉴:职才学谫陋,难胜艰钜,请另选贤明。孙蔚如。”

机要员走进孙蔚如的办公室,说:“南京回电。”

“念。”

“孙军长蔚如均鉴:望以国家地方为重,早日履任新职。希婉劝杨主任虎城服从中央,甘循正轨。”

“好,知道了,你去忙吧!”

“是。”

杨虎城、孙蔚如、赵寿山、杜斌丞、于学忠、王以哲、何柱国等人围坐一桌,正在开会。

杨虎城说:“现在有一件棘手的事情,需要大家做出决议。1月5日,国民政府任命孙蔚如为省政府主席。我让蔚如军长辞掉,不做这个省主席。结果,被南京驳回。如今,二十多天过去了。南京方面天天都有电文来催。大家说说,这事该怎办?”

于学忠说:“该怎办? 上任呗。东北军现在是一天不如一天。我们是群龙无首啊! 不被人宰割才怪呢!”

何柱国说:“我没意见。”

杨虎城说:“如果大家没有什么意见,那就让孙军长到府视事。”

第二十章

就在孙蔚如正式上任的第二天晚上，李寿亭和马文彦正在家里交谈，杜斌丞走进来，说："你们两人都在啊！"

李寿亭说："杜秘书长深夜来访，有什么要事？"

"杨主任一会儿来此，有事要对文彦说。"

过了一会，杨虎城走了进来。李寿亭招呼道："杨主任请坐。"

众人坐下后，杨虎城说："文彦，得叫你到南京辛苦一趟。王以哲被刺，局势变得越来越复杂。你通过于老，了解一下南京的动态。"

"上次我到潼关挡了于老的驾，恐怕于老还在气头上，不会见我。"

"我们在南京除了于老，再没有熟知的人了。现在情况变了，老蒋答应抗日，释放政治犯，组织联合政府。周先生也说，前些日子挡于也好，不挡也好，于老是搞新闻工作的，会作宣传。"

"主任，你还是让别人去吧！"

"还是你去一趟好。有关方面也希望你去。你到南京后不要说别的事情，先拿出这个东西让于老看看。"

杨虎城说着，从口袋里拿出一个铅印文件。马文彦接过来一看，见是共产党的"四项声明"。

杨虎城接着说："于老看了这些东西，一定要说话的。"

"好吧！那我就去一趟。"

南京中山北路43号于右任公馆。

于右任正在练书法。

副官领着马文彦走了进来。

“于院长,这个人找您,他说是陕西来的。”

于右任见是马文彦,没好气地说:“你来干什么?”

“杨主任派我给你送个东西,请你看看。”

马文彦从铁烟盒里取出文件,交给于右任。

于右任起初漫不经心地浏览着,越往后看,态度越严肃。后来,走到写字台前打开台灯,仔细地看了起来,说:“坐。”“我明白了,共产党是真正要抗日哩,西安事变的真正内容我才知道。咳,我当初为什么不以个人名义进西安看看呢?”

“共产党要求抗日是真的,杨主任要求抗日也是真的。于老,杨主任要求抗日你在上海原是赞成的啊!”

于右任没好气地说:“我赞成杨虎城抗日,并没有同意他扣留蒋介石。”

马文彦见于右任没有刚才那么大的气了,便问:“蒋委员长回到南京后,形势有什么变化?”

“蒋介石回到南京只停留了一天,就到浙江去了,说是跌伤了腰骨,需要休息。其他啥都没说。至于蒋在西安同三方面达成的协议,答应抗日,释放全国的政治犯,组织联合政府等事情,我一点都不知道。要不是杨虎城派你送来这个文件,我们还都蒙在鼓里呢!”

第二天晚上,于右任兴冲冲地回到家里,问副官:“陕西来的客人还在吗?”

“在二楼呢。”

于右任走进二楼书房,说:“文彦,你带来的那份文件,今天早晨在孙总理纪念周上宣读了。”

“是吗? 太好了。”

“我看过那份文件后,心里很受感动,一夜都没能入睡。我便想了一个办法,用浆糊把文件贴在地上,让他粘些土,再轻轻地揭下晾干。今天早晨，我请几位老人来看这个文件，并告诉他们，这是一个熟悉的商人，路过陕西农村时揭下来，带到南京送给我的。于是我就请张继委员把它全文宣读了。”

“张继可是个反共专家。”

“我知道他是西山会议派，一向坚决反共，由他宣读，不会引起别人的怀疑。”

“张继读后，众人有何反映？”

“张继认为四项声明讲得很沉稳，很感人，他说，看来起义在东南，成功在西北啊！其他人听后，也都认为共产党是真正要抗日。”

“那我明天就回西安，把这喜讯报告杨主任。”

马文彦坐飞机回到西安，坐在接他的车上，正行驶间，忽然听见一报童喊着：“号外，号外，最新消息。陕西省政府改组，杜斌丞继任秘书长。”

马文彦对司机说：“停一下。”

汽车停下后，马文彦喊道：“来份报纸。”

报童递过一份报纸，马文彦付钱后，小车又开始行驶。

报纸上写着：“国民政府行政院昨开第301次例会。会议决议：陕西省政府改组，除已任命孙蔚如为陕西省政府委员兼主席外，任命彭昭贤、续式甫、周伯敏、雷宝华、杜斌丞、杨毓桢、李志刚、王典章为省政府委员。彭昭贤兼民政厅长，续式甫兼财政厅长，周伯敏兼教育厅长，雷宝华兼建设厅长，杜斌丞兼秘书长。”

西安绥靖公署。

马文彦走进来，对杨虎城说：“主任，我回来了。”

“辛苦了。快请坐。”

马文彦坐下后，杨虎城问：“情况怎样？”

“幸亏跑了这一趟。”

“快说说，怎回事？”

“老蒋回到南京后,只呆了一天,就回浙江养伤去了。南京方面是什么情况都不知道。”

“那于老帮没帮忙?”

“于老这回帮了大忙了。他让张继在孙总理纪念周上,宣读了共产党的四项声明。”

“好好好,你这回是大功一件哪!”

高桂滋公馆。

机要员正在念中央来电。

“为营救失散于甘肃河西走廊的红四方面军人员事,郭洪涛同学刘天民系杨虎城的人,曾作过青海的代表,与两马有旧,可以去找两马。吴鸿宾是回民,是邓宝珊的人,亦可亲见两马。以上二人在西安均系大学生,与杜斌丞甚要好,请注意一找。另电:延安、甘泉两县长是左派分子,与我们相处尚好,惟因无事可做,颇感不安,昨电要求晋省,系想辞职。请告孙、杜,电复不必晋省,安心任职,一面我们与之弄得更亲密些,并设法给以事做。另电:和平是我们的基本方针,也是张杨的基本方针,但我们与张杨是三位一体,进则同进,退则同退,我们不能独异失去张杨。向张杨两部表示我们始终同他们一道,在他们不同意撤兵以前,我们不单独行动,协助他们争取更有利条件。用以上态度,争取最后的和平。另电:已派张宗逊为鄜甘两县防守司令,调二十七军一个团为两城防守部队,但两县豪绅不肯交防。请商杜斌丞解决。否则,只有解决民团,亦须向杜说明。”

周恩来说:“给中央回电。”

“是。”

“中央:请电令张宗逊,暂勿去接防,以便用政治途径解决鄜甘问题。”

吴鸿宾正在广济街一间房内看书,门外传来敲门声。

杜斌丞走了进来。吴鸿宾赶紧招呼道:“杜秘书长,你怎么来了?”

“将有一位姓张的同志会来找你,有些事要跟你商议。”

“好,我记下了。杜秘书长请坐。”

“不了,我还有事。”

说完,杜斌丞从门里走了出去。

西安崇廉路中段45号。

常黎夫让杜斌丞看看他物色的县长人选名单。

杜斌丞接过名单,看了起来:“马豫章、苗紫芹、张执庵、李志洁、艾善甫、田在养、王正身、李腾芳、宋宾三、王俊让10个人,好。你们组织知道不知道这份名单?”

“我和林伯渠、张德生、李涛等人都交换过意见,他们都一致同意。”

“那好,我尽量把这些人安排在陕北各县。”

常黎夫转身欲走。杜斌丞说:“黎夫。”

“舅舅,您还有事。”

“杨主任让咱们把家搬到王家巷32号高双城公馆,明天你和良明去看一下房子。”

“好。”

陕西省政府。

孙蔚如坐在一把椅子上,杜斌丞站在一旁面对马豫章、苗紫芹、张执庵、李志洁、艾善甫、田在养、王正身、李腾芳、宋宾三等人,宣读委任状:“特委任马豫章为肤施县县长,苗紫芹为甘泉县县长,张执庵为鄘县长,李志洁为宜君县县长,艾善甫为中部县县长,田在养为同官县县长,王正身为延长县县长,李腾芳为延川县县长,宋宾三为洛川县县长,王俊让为横山县县长。”

马豫章、苗紫芹、张执庵、李志洁、艾善甫、田在养、王正身、李腾芳、宋宾三、王俊让齐声说:“谢谢孙主席,谢谢杜秘书长。”

吴鸿宾正在看书,门外传来敲门声。

吴鸿宾打开门,走进一个人来。

吴鸿宾问:“先生,你找谁?”

“这里是不是住一个姓吴的?”

“我就是。你贵姓?”

“我姓张,叫张文彬。”

“可把你盼来了。前两天,杜秘书长来说,过两天会有一个姓张的来找我。”

“请跟我走。”

“好。”

小车开进高桂滋公馆,停在院子里,张文彬让吴鸿宾下车,带他来到周恩来的房间。

“周副主席,客人到了。”

吴鸿宾说:“周副主席好。”

“吴鸿宾同志,快请坐。”

“周副主席有什么指示?”

“事情是这样的,红四方面军在河西走廊失败后,有许多同志失散了,你看有什么好办法可以营救这些同志?”

吴鸿宾想了想,说:“西安有一位回族知名人士,叫马德涵,与青海省政府主席马麟和新编第二军军长马步芳都有很深的交情,让他出面,问题肯定可以圆满解决。”

“太好了,我代表红四方面军的同志谢谢你。”

“谢什么?周副主席,我也是咱们党内的同志啊!”

“我知道。你担任过甘宁青特委书记嘛!”

郑自毅走进杜斌丞办公室,说:“秘书长,您找我?”

“现在有一件棘手的事,需要你去办。”

“请秘书长吩咐。”

“原《西京日报》社的人要来接管改出的《解放日报》，现双方正在争执不下。你去维持一下。”

“是。”

“知道怎样做吗？”

“请秘书长指示。”

“你去先在《解放日报》上登一条启事，就说：奉省政府令，接收《解放日报》，自2月8日起，由你负责维持，到2月11日春节后不再出版。”

“是。”

郑自毅转身走了出去，这时，常黎夫走了进来。

“舅舅，杜聿明要见您。”

“请。”

常黎夫把杜聿明叫进来。

“杜校长好。”

杜斌丞忙招呼道：“聿明，什么风把你给吹来的？快请坐。”

杜聿明坐下后，说：“我由平凉到南京去见委座，路过西安，特来拜访杜校长。”

“说拜访不敢当啊！”

“你们怎敢把蒋委员长扣起来呢？这不是犯上作乱吗？”

“你错了，我们扣蒋，是为了全民族的利益，绝对没有夹杂个人恩怨。”

“不管怎样说，扣留委员长就是不对的。”

“你以为你保的那个老蒋是什么好货色。他是个怕死鬼。”

“绝对不会的。这是造谣。”

“造谣？笑话。我给你说，老蒋被捉那天，刚到新城，一扫往日的威风，因跌伤、恐惧、寒冷，加上满嘴没牙，简直不像样子了。他本来就骨瘦如柴，仅披着一件棉袍，龟缩在车上不肯下来。还是张副司令的副官谭海把他从车上拉下来的。还有，老蒋一开始住在新城，我们为了安全，想把他转移到高桂滋公馆。你猜怎么着？当孙铭九和宋文梅奉张杨二位将军前去见蒋,要他搬家时。老蒋见孙宋二人表情严肃,腰插手枪,误认为那晚要杀他了,立刻上下牙托相击格格作响,上气不接下气地说:'我……我死,就死在这里,我……我绝不搬家。'一边说,一边向后退,退到床边坐下。接着上了床,又由床外向床里边退,一直退到床的拐角。后来,还是在张杨二位将军和端纳等人劝说下,才搬到高公馆的。你说,可笑不可笑?"

"委座受苦了。"

常黎夫引田一明走进杜斌丞办公室,说:"舅舅,这个人是王炳南推荐来的。"

"好啊,欢迎。"

"杜先生,我叫田一明,这里还有米暂沉写的推荐信。"

杜斌丞接过信,看完后说:"你来找我就行了,何必还要暂沉写信。好吧!过两天你再来找我,我一定给你安排一个合适的工作。"

杜斌丞走进高桂滋公馆,说:"培五兄,来西安也不说事先打个招呼。"

"杜兄,快请坐。"

"怎么样?这两天见了哪些人?"

"我去拜见了杨主任,又去见了顾祝同。你们搞事变,也不给我通报一声。"

"这样大的事,当然是越秘密越好。我想,你会理解的。"

"那是。不过,你们提出的八项主张和和平解决西安事变的方针,我是完全赞同的。"

"西安事变是为了停止内战,一致抗日,是为了全民族的利益。绝没有夹杂个人的恩怨。"

"是啊!要说个人恩怨,共产党与老蒋之间的仇恨不可谓不大。这次西安事变和平解决,我看到了中国的希望。"

"共产党内确实有高人,做出的事情不得不让人佩服。哎,培五兄,你下一步将作何打算?”

“我已经想好了,一旦中日开战,我便请缨率部开赴抗日前线,打他狗日的。”

“好样的,这才是咱中国军人的气派。不过这段时间,你一定要和中共搞好关系。”

“没问题。我一定听老兄您的。在留陕北之日,我一定保证维护团结,不发生摩擦事件。只是,陕北灾情严重,还需要杜兄您费心。”

“这个问题,我已考虑好了。全国赈务委员会委员、军委会中将参议兼陕北放赈专员何绍南前些日子已到西安,我已和他谈了陕北的情况,他过几天即到陕北考察。”

“那就好。”

“培五兄还打算在西安住几天?”

“我准备明天就回陕北。”

“那好吧!你早点休息。我明天再来送你。”

“那就太谢谢杜兄了。”

第二十一章

常黎夫走进杜斌丞办公室,说:“舅舅,您找我?”

“陕北放赈专员明日要到陕北去,我和你党的林伯渠商量好了,让你以省政府政治视察员的身份,随他到陕北跑一趟。以便争取早日修通延榆公路,促进团结抗日的联络工作。”

“没问题。”

“你这次陕北之行还有一个重要任务,就是考察一下上次新任的县长与中共的合作情况。”

“好。”

“你去叫一下田一明。”

“行。”

常黎夫出去一会儿,田一明走了进来。

杜斌丞招呼道:“一明,坐下说。”

田一明坐下后,杜斌丞说:“有个差事,我想了很久,没有适当的人选。内战时期,陕北各地逃亡到关中有好几千人,还有一些县的保安队也被红军打跑到关中。现在不打内战了,应该做好有关的善后工作,把这些人送回陕北去,由各县地方政府安排救济。我和陕北的苏维埃政府已经交换过意见,他们原则上同意,具体办法尚待研究。我想派你去解决这件事情。你的意见如何?”

田一明想了想,说:“行,我去跑一趟。”

“这是国民党的陕西省政府第一次向苏区政府派代表处理公务,对方处理此事可能有高级领导人参加,你说话要有分寸,办事要谨慎谦虚。”

“好,我记下了。请您放心,我一定不辜负您的信任。”

“一明,你明天到七贤庄一号红军联络处去找叫一个李克农的,他会给你解决去陕北的交通问题。”

“好。”

几天以后。

马豫章和南汉宸、王幼兰夫妇正在延安县政府交谈。有一个秘书领着田一明走了进来。

“马县长,有人找你。”

马豫章一看,忙招呼道:“一明,你来得好快呀！快请坐。”

田一明见南汉宸也在,便打了个招呼。

“南先生也在啊。”

南汉宸说:“这里接到西安的电报,知道省政府派你来。杜先生选派你来是选对了。你获得到延安的机会也是十分难得的。”

田一明坐下后,说:“是啊。我是通过李克农同志,搭乘红军的交通车来的。没想到,在这里能见到你们夫妇?”

马豫章让田一明第二天先去拜访一下林伯渠。

田一明说:“行,到了这里,我就听你们的安排。”

王幼兰问田一明:“杜先生身体好吗?”

“好着哩。就是每天都比较忙。”

当晚,马豫章留田一明住了下来。

翌日,林伯渠、徐特立、田一明、马豫章、南汉宸一起吃饭。

林伯渠端起一杯酒,站起说:“来,为欢迎省府田特派员,咱们干一杯。”

众人端起酒杯,一饮而尽。

田一明说:“林老,我也是一名党员。”

林伯渠说:“我知道。来,吃菜。”

林伯渠又说:“这件事,杜先生已同我们谈过了,一切按杜先生的意见办。你可以去延长县，找那里的警备司令叶季壮接洽。季壮还是红军总供给部部长，难民和保安队回来的日期、路线和生活问题，他都可以负责安排，一切交接手续和欢迎方式，你可同他商量办理。还有，延长县长王正身，也是杜先生委任的。你也可以找他帮忙。”

“太好了，我的任务好完成多了。”

“一明，你可不能说见外的话。林老对杜先生那是很尊重的。”南汉宸说道。

“我知道，我知道。”

林伯渠说：“田同志，你是第一次来延安吧！”

“是啊。”

“等你从延长回来，我安排你见一见毛主席、朱总司令和周副主席。”

“那太谢谢了。”

徐特立说：“在陕西，特别是陕北，许多场合都能碰到杜先生的学生。真希望有朝一日能见上这位既是教育家又是进步的政治家的杜斌丞先生。”

“徐老的这个愿望一定能够实现。”

田一明回到西安后，顾不上回家，便来到杜斌丞办公室。

“杜先生，我回来了。”

“来，坐下说。事情办得怎样？”

“很圆满。难民和保安队的官兵都高高兴兴平平安安地回到了家乡。”

“那就好。”

“在延安，我还见到了毛泽东、朱德、周恩来等中央领导人，您看，这是我给他们照的照片。”

田一明说着，从怀里掏出几张照片，递给杜斌丞。

杜斌丞接过照片，看了看，说：“你给毛泽东照的这张，很好，很有生活气息嘛!”

“是啊,我正准备给毛泽东照相时,突然跑过来一只鸡,我想把鸡赶走,被毛泽东挥手止住了。因此便有了这张蛮有情趣的照片。”

杜斌丞深有感触地说:“从这些细小的事情,都能看出毛泽东不同于一般人的地方。西安事变形成的三位一体的抗日局面,虽然被老蒋破坏了,但延安将成为全民族抗日的火车头,陕北将成为中国革命的根据地,这个局势是老蒋破坏不了的。”

西安高桂滋公馆。叶剑英接到毛主席和周副主席的电报:

“据二十七军报告,宜川县槐县长经过许多争取工作,仍很反动,他10号去西安临行时对宜川绅商各界说:(一)我们主要工作不是抗日,要保持旧政策。(二)我们不卖粮给红军。(三)造谣说二十七军要开走,延安被中央军占领等。并想方设法压制驻城抗日救国会。望与杜斌丞谈及此事,揭穿该县长阴谋,最好能换掉,至少也要告该县长,以后不得如此。”

看完电报,叶剑英马上给杜斌丞通了个电话。

杜斌丞挂了电话便安排常黎夫去过问一下,让宜川县槐县长一切行动听延安的,不要听西安的。

常黎夫正要去办,杜斌丞又叫住他,说:“中共朱德、彭德怀等高级将领路过西安,咱们得略尽地主之谊。我想是这样,你叫徐彬如晚上到咱家来一下,我给他说。”

晚上,徐彬如走进王家巷32号公馆,见了杜斌丞。

“杜秘书长好。”

“来,彬如,坐下说。”

徐彬如坐下后,杜斌丞问他:“黎夫给你说了没?”

“说了。您的意思是?”

“我想,你们的朱总司令路过西安,这是一个宣传的好机会。你可以西救会的名义,邀请西安八大家出面,在莲湖食堂宴请贵党的将领。”

“杜秘书长的这个点子真高。好,我去落实。”

在西安莲湖食堂门口,武念堂、崔叠生、刘文伯、戴铭九、韩望尘、景梅九等人,有的有子女搀扶着,有的拄着文明棍,正在焦急地等待。

戴铭九的儿子戴居仁跑来说:“来了,来了。朱老总他们来了。”

一会儿,朱德、彭德怀等红军将领坐车过来了。

朱德、彭德怀等人下车后,朱德说:“让诸位久等了。”

武念堂握着朱德的手说:“哪里,哪里。总司令驾到,有失远迎,惭愧,惭愧。”

“各位这样热情,实在是不敢当。”

紧接着,崔叠生握着朱德的手说:“你们共产党真是了不起哪!蒋介石杀了你们几百万人,你们不记前仇,主张放蒋,和平解决西安事变,这样的胸怀古今罕见哪!中华民族的一线希望就寄托在你们身上了。”

众人一一握手后,戴铭九请大家入座后再谈。

众人落座后。

武念堂举起一杯酒,说:“诸位,中国共产党是真正抗日的党,他们所领导的军队,也是真正抗日的军队,他们是中华民族的希望。今天,西安‘八大家’有幸能够和他们坐在一起,共商国是,我们感到无比的骄傲。来,大家举杯。我提议,为朱总司令、彭副司令及各位将军的身体健康,干杯!”

“干杯!”

朱德、彭德怀坐车行驶在西安大街上。

彭德怀说:“听说这次活动是杜斌丞先生提议的。”

朱德说:“是,这样的活动以后还应多搞。”

“那咱们再回请他们一次。”

“好啊,回头你安排一下。”

这时，街上有一报童喊着："号外，号外。陕北成立实业促进社，正在征求会员。"

朱德让司机停一下，买份报纸。

司机停下车，买了一份《西北文化日报》，递给朱德。

车子又向前行驶。朱德念道："陕北旅省士绅杜斌丞、白伯英、王德安等人，以陕北物产丰富，资源无穷，惜未能大量开采，致有货弃于地之憾。因拟组织'陕北实业促进社'，从事开采。刻下正在征求会员，草拟简章。"

彭德怀说："杜先生真是非党的布尔什维克啊！"

朱德说："那当然喽。"

陕西省政府会议室的墙上贴着横额"孙中山纪念周"，台下坐着省府各室人员。杜斌丞正在演讲。

"如今很多人没有正确的人生观，以致对于处理公共的事情，常出之敷衍态度。这实在是一大错误。因为吾人生存，固为时甚暂，但是整个民族则永生不灭。在自己生存过程中，对于整个民族历史之演进要负起一份责任。换言之，即是要各个人都忠于他的职务，任何时候、任何事情都不能放松。本着这种观念去认识人生，才是正确的人生观。现在困难已严重到这般地步，望同人改正了过去的错误观念，忘记了小我而重大我，以求为国家民族增厚力量，挽救危亡。"

台下响起一片热烈的掌声。

这时，常黎夫进来对杜斌丞耳语道："杨主任家出事了。"

杜斌丞听后即刻宣布散会。

孙蔚如、邓宝珊、杜斌丞三人来到止园，走进灵棚，三鞠躬。灵棚内有杨虎城亲属的哭声。

二楼上，杨虎城夫人爬在床边哭个不止。"我的儿子呀！你小小年纪，怎么就这样走了呢？"杨虎城坐在一张椅子上，神情沮丧。

孙蔚如、邓宝珊、杜斌丞三人走了进来。杨虎城说："三位来了，坐。”

邓宝珊上前说：“人死不能复生，请主任节哀。”

杨虎城说：“唉，好端端一个生命，说没怎么就没了？”

孙蔚如说：“生老病死不由人啊。”

凤凰山位于延安城中心，乃延安“四大名山”之一，因“叶生吹箫引凤”的传说而得名。古往今来堪称延安一大名胜之地。清《延安府志》载：“城跨其上，雉堞巍然，为郡山首，上有镇西楼，宋范仲淹建，残碑犹存。”凤凰山最高处海拔1132米，为延安城四周群山之冠，也是延安城的主要依托，所以历代城防工事都修筑在山的东坡及山畔上，为守城屯兵扎寨之地。山上古遗址有镇西楼、凤凰阁、文昌阁、六郎寨、狄青寨及传说为北宋年间杨六郎调兵遣将而挖筑的转兵洞。沿山势而筑的古城墙据考证始建于公元前215年，距今已有两千多年的历史，是延安城防建设最早、规模最大、目前保留最完整的一座城池。凤凰山山下，北边的院子，分前后两院。后院有三孔石窑洞，中间的窑洞是会客室，里面陈设木质桌凳，西南边的窑洞是办公室兼卧室，里面陈设有木质办公桌椅、柜子，东北边的窑洞是书报室，里面有炕，还陈设木质长桌和柜子等。1937年1月，毛泽东就住在这里。

这一天，机要员走进毛泽东的办公室，说：“主席，周副主席电报。”

“念。”

“主席：拟提议陕甘宁边区政府委员会由林伯渠、董必武、徐特立、高岗、郭洪涛（或马明方），以及国民党方面的张冲、杜斌丞组成。红军编为四个师，分别以林彪、贺龙、刘伯承、徐向前为师长。”

“给周副主席发报。”“恩来：现在应力争办到，边区政府委员九人名单为林伯渠、张国焘、博古、徐特立、董必武、郭洪涛、高岗、张冲、杜斌丞。红军设某路军总司令部，总司令朱德，副总司令彭德怀（但准备让步为总指挥部），至少四个师，一师师长林彪，二师师长贺龙，三师师长徐向前，四师师长刘伯承。”“马上发出去。”

"是。"

杭州。

蒋介石问杨虎城:"虎城,经过此次事变,你在这样的环境中继续任职,感觉有什么不便的地方没有?"

杨虎城还未来得及回答,蒋介石接着说:"在事变中各方面是有对抗情绪的,他们对你的印象,一时转不过来,你继续任职,在感情上会有些不方便。你不如先往欧美参观一个时期,然后回来任职。至于出国费用,当由政府负责。"

"行,我听委员长的。"

老蒋要杨虎城出国的消息在小范围内传开了。这一天,杨虎城、杜斌丞、孙蔚如、赵寿山、李兴中、孔从洲、许权中等在西安绥靖公署一起商量事情。

孙蔚如说:"主任,请你不要离开西安,也不要出国。你要为十七路军的前途着想。"

赵寿山说:"主任,你就住到耀县的药王山,紧靠苏区,与老蒋硬抗,以待时局变化。"

许权中说:"让我的旅担任警卫,如果老蒋来硬的,咱就与他硬干。"

"谢谢诸位的好意。要知道,我们这次举行兵谏,是为了改变国策,统一抗战,挽救民族危亡,只要能实现全国一致的抗日,就是把我个人牺牲了,把十七路军牺牲了,我认为都是值得的,是有意义的。"

赵寿山见说,哭了起来,"这算怎么回事嘛?老蒋也太不讲信义了。"

孙蔚如、孔从洲、许权中等人也哭了起来。

杜斌丞站起,说:"哭有什么用。事已至此,就让主任按自己的意思行事。"

这时,王菊人走了进来,"主任,南京来电。"

"念。"

“虎城均鉴:所请辞职一节,业已另电知照。并准派兄出洋考察军事,尚希即日摒当,以赴事功为盼。”

赵寿山夺过电报纸,扯得粉碎,说:“狗屁。”

杨虎城吼道:“放肆!”

杨虎城驱车到达省政府楼下,杜斌丞坐上车,小车又一次起动,驶出大门。西安大街上,家家悬旗,人流不断涌向西关外。有的高呼口号:“拥护八大主张!”“停止内战,一致抗日!”

车上,杨虎城说:“先生,我走以后,西北的局面,你要多多操心。”

“自当效力。”

“我们部队的处境,在目前来说,不是很好。但要明确一点,北边是朋友,南边是冤家。北边是光明,南边是陷阱。到了蒋介石压迫我们,使我们的存在发生危险时,我们就断然倒向共产党,跟着共产党走。这话我跟蔚如等人也谈过了。先生,你们负有更艰巨的任务啊!”

“这个我知道。”

“我听周副主席说,中共准备提议你为陕甘宁边区政府的委员。”

“我想,老蒋是不会同意的。”

“听说鸿范被南京释放了。”

“我也是前两天才听说的。他已经杜聿明推荐,进入辎重兵学校学习。”

“鸿范是个有出息的孩子啊!”

孙蔚如、续式甫、李仪祉、寇遐等人和西安的10万市民学生正在等待杨虎城的到来。当杨虎城和杜斌丞坐着车来到机场,全场响起了雷鸣般的掌声。军乐声、鞭炮声和在一起。杨虎城和杜斌丞下车后,步入场中,与孙蔚如、续式甫、李仪祉、寇遐等一一握手,话别。旋由杜斌丞陪同,绕行一周,与送行者招手告别。然后,杨虎城登上了飞机,全场又一次响起了雷鸣般的掌声。

杜斌丞在办公室对田一明说:“杨主任为了抗日救亡做出了最大的努力,付出了很大的代价。现在杨主任被蒋介石逼迫出洋,何日归来,尚不可知。他离开西安时,群众自发地集中到飞机场,形成了那么大的送行场面。现在他即将出国,陕西人民应当再有什么表示,借以安慰和鼓励杨主任才好,你想想看,弄个什么好呢?”

“可否请西安学联搞点什么纪念性的东西,奉赠给杨主任。”

“好吧!你去和他们商量商量,尽量搞得好一些。”

“请杜秘书长放心,一定让杨主任满意。”

第二十二章

蒲望文、李连璧、曹冠群在西安学联总部围坐一桌。

蒲望文说："杜秘书长交给咱们西安学联一项光荣的任务，杨虎城要出国了，希望西安学联能够代表陕西人民给杨将军送一样有纪念意义的礼物。大家想想，看送什么礼物好？"

李连璧说："终南山麓的翠华山花草种类很多，咱们能不能发动一些学生，去那里采集花草，制成标本？"

曹冠群说："这个主意好，咱们把制成的花草标本，再装成纪念册，送给杨将军。"

蒲望文说："再发动一些学生写一些诗词和散文，颂扬杨将军为抗日救国做出的卓越贡献。并鼓励杨将军把抗日救国的道路走到底。"

李连璧说："这个纪念册的名字就叫《故乡花草》。"

曹冠群说："不错。就让杨将军带着《故乡花草》遍游欧美，不忘祖国。"

蒲望文说："要是没有其他意见，咱们就分头行动。"

众人回答道："没意见。"

西安翠华山上，一群老师学生在采集花草。

田一明抱着10本纪念册走进杜斌丞办公室，说："秘书长，给杨主任的礼物准备好了。"

"这么快，拿过来，让我看看。"

田一明把10本纪念册递到杜斌丞手里。

杜斌丞看后，说："《故乡花草》，这个创意不错。很有意义嘛！对杨主任是一个很好的鼓励。"

"这些花草是西安学联的蒲望文、李连璧、曹冠群带领各校的学生到翠华山采集的。"

"代我向学联的朋友致谢。"

"我一定把话带到。"

杜斌丞又说："一明，我明天就要代表孙蔚如主席坐飞机去上海，你随后坐火车赶来。"

"行。"

杜斌丞来到上海祁齐路杨虎城临时住所，说："主任，这是西安学联的师生给你送的纪念册。"

杨虎城接过纪念册，认真地看了起来，过了一会，他慢慢抬起头，热泪盈眶地说："陕西人民没有忘记我啊！"

过了一会，杨虎城对杜斌丞、赵寿山、李兴中、孔从洲说："回顾过去二十余年的历史，我认为，我们能够存在的根本原因，是我们能够跟着时代潮流前进，把我们放在国家民族的需要方面。辛亥革命是这样，靖国军是这样，坚守西安响应北伐是这样，这一次发动西安事变也是这样。这次事变，我的任务只完成了一半，捉了蒋介石，使他没了脸面，也不可能再打内战了。所谓'停止内战'，大体做到了。剩下的一半'救亡抗战'，我能不能亲身参加，很难说，主要依靠你们了。我希望你们一定要搞好内部团结。你们相处有年，都比较了解，一定要精诚团结，舍此，就会被蒋介石肢解消灭。"

杜斌丞、赵寿山、李兴中、孔从洲说："我们一定会搞好团结。"

杨虎城又说道："我们是国民党军队中首先提出抗日的部队，只要在战场上有好的成绩，就会得到人民的支持，我也会得到安慰，蒋介石就不敢把咱们怎么样。"

赵寿山说："我们记下了。"

“还有最重要的一点,你们知道是什么?”

杜斌丞答道:“与共产党合作。”

“对,这一点很重要。我曾想过,毛泽东之所以要主动地找我们,要和我们建立抗日民族统一战线,我觉得这绝不是偶然的。他可能是从我们以往与中共的历史关系考虑的,他相信我们这个部队是主张对日抗战的。因此,我们发动这一次双十二事变,得到了中共的支持,扭转了十年内战的局面,得到了全国人民的喝彩。说老实话,我缠不下蒋介石,你们也缠不下他,能缠下蒋介石的只有共产党。没有同中共的合作,就不会有今天的局面。”

听到这里,杜斌丞、赵寿山、李兴中、孔从洲都鼓起掌来。

翌日,杨虎城正和杜斌丞交谈。杨拯民走了进来,说:“你们在这呢,叫我好找。”

杨虎城说:“你不在北平好好读书,跑来干什么?”

“兴别人送您,就不兴我送您?”

“拯民,来,坐,路上辛苦了吧?”

杨拯民坐下后说:“杜伯伯好。”

“看拯民这孩子多懂事,”杜斌丞夸赞道。

杨虎城问杨拯民:“见过你母亲和弟弟了吗?”

“见过了。”

杨虎城对杜斌丞说:“拯民从小就受了不少苦。先生,这孩子就交给你了。”

“主任,你就放心走吧!国内的事都有我呢。”

杨虎城又对杨拯民说:“你要努力进取,将来好为国家出力。”

“请父亲放心,我会的。”

上海外滩,码头上和美国胡佛总统号轮上,站满了送别的人群。杨虎城站在甲板上,和杜斌丞、邓宝珊、李志刚、韩光琦、赵寿山、李兴中、孔从洲、李虎臣、张季鸾等人一一握手话别。杨虎城握着杜斌丞的手，又一次说："拯民就交给你了。"

"请放心，我会照顾好他的。"

突然，杨虎城在人丛中发现了田一明，主动伸过手去，握住田一明的手说："杜先生带来的纪念册，我都看了，太好了，代我向陕西的同学们致谢。"

过了一会，送行的人回到岸上，与杨虎城挥手告别，人们挥动着花束、手帕、帽子，还有人抹着眼泪。

"再见。"

"呜，呜——"汽笛响过，胡佛总统号开始起航，缓缓驶向大海。

杨虎城、谢葆真、杨拯中、亢心栽、樊雨农站在甲板上也向岸上送行的人挥手告别。

送走杨虎城后，张季鸾、李虎臣、杜斌丞、赵寿山、杨拯民等人来到上海国际饭店，同坐一桌。

张季鸾端起一杯酒，站起说："诸位同乡，你们都是咱陕西的精英，今天，我在这里略备薄酒，请大家尽兴。来，为了陕西的振兴干杯。"

众人都端起酒杯，说："干！"

张季鸾又说："杜先生，能不能在上海多住几日，以便就近请教？"

"对不起，我明天就要动身去北平。"

"什么事能有那么急？"

"最近中日关系紧张，我想到那里多观察观察。"

"杜先生不愧为搞政治的，敏锐度很高嘛！"

"不敢当。张先生文章老辣，不愧为报界的一代宗师啊！"

"杜先生过誉了。"

杜斌丞问赵寿山："寿山，你几时回西安？"

"老蒋让我到庐山接受培训，恐怕一时回不了西安。"

"也好，你去那里后，了解一下其他军人的思想状况。"

"好。"

在由上海到北平的列车上，杜斌丞问杨拯民：

“拯民，想你父亲吗？”

“想。我虽说从小就失去了母亲，但我却得到了双倍的父爱。”

“是吗？”

“小时候，我身体不好，可以说是体弱多病。父亲就给我请了一位国术师，教我练国术。几年下来，我的身体就一天天强壮起来了。后来，父亲还领上我和战士们一起出操，以此增强体质。”

“听说张学良将军也很喜欢你。”

“是啊！张将军对我可好了。一次，我随父亲和张学良将军一起乘车去军营训练团视察，开车的是张学良将军，父亲坐在张将军旁边，我坐在后排两位副官中间。此时张学良将军开玩笑说：‘小家伙，真乃将门虎子。今天在车中的人算你的官最大，我给你当司机，你父亲和我的副官给你当保镖。哈，你的派头不小呢！’”

“当官的感觉如何？”

“不好，一点也不好。我当时被夹在两个副官中间，就像一个犯人。”

杜斌丞见说，“哈哈”大笑起来。

过了一会，杨拯民说：“杜伯伯，您和我父亲交情很深嘛。”

“那当然，我们是老朋友嘛。”

杨拯民还想说什么，见杜斌丞睡着了，便上前给杜斌丞盖上毯子。

杨拯民看着车窗外，思绪万千，不由唱起了他最爱唱的歌《松花江上》。

“我的家在东北松花江上，那里有森林煤矿，还有那满山遍野的大豆高粱。我的家在东北松花江上，那里有我的同胞，还有那衰老的爹娘。九一八，九一八……”

两天后，火车开到天津站。进站时，杨拯民叫醒杜斌丞：

“杜伯伯，杜伯伯，天津站到了。”

“看我，差点把正事误了。”

杜斌丞收拾好行装后,对杨拯民说:“拯民,我到天津有点事,你给你王叔叔说,三天后,我再来北平,帮我把旅店登记好。”

“您放心走吧!”

杜斌丞提着皮包走下车去。

杨拯民依依不舍地和他告别。

杜斌丞走出车站,南汉宸叫道:“胡子大哥。”

杜斌丞见是南汉宸,叫了一声:“汉宸。”

杜斌丞和南汉宸紧紧拥抱在一起。

随后他们来到一家饭店,要了酒菜,然后面对面坐下。

“送杨将军的人多吗?”

“那叫人山人海。杨主任说,可惜,你和孙蔚如不能前来送他。”

“唉,对我的通缉令还没解除,我是身不由己啊。来,干杯!”

“干!”

“汉宸,过两天,咱们一块到北平和王菊人他们会一会。”

“好啊。天津这地方快叫我呆出毛病了。”

三天后,杜斌丞和南汉宸坐火车到了北平,王菊人远远叫道:“胡子大哥,我们在这呢。”

杜斌丞一看,王菊人、刘澜波、高崇民、蒲子政、李寿亭都来火车站接他俩。高兴地说:“你们怎么都来了?”

高崇民说:“你胡子大哥大驾光临,我们还不得全体出动。”

杜斌丞对众人说:“这位是南汉宸先生。”

高崇民说:“汉宸先生的大名,是如雷贯耳啊。”

“不敢当。你是崇民先生吧?”

“是是是,咱们是心有灵犀啊。”

杜斌丞被安排在北平东交民巷的利通饭店。杜斌丞和众人走进来,刘澜波、高崇民、蒲子政、李寿亭等人坐在沙发上。王菊人放下行李,给杜斌丞打来洗脸水,杜斌丞开始洗脸。

这时,杨拯民走了进来,说:“杜伯伯,我来晚了,没赶上接您。”

“拯民来了。你们中华中学离这儿远吗?”

“不远。只是我们抗日民族解放先锋队搞活动，我没能赶来接您。”

“真是虎门出虎子啊！年纪不大，就懂得了爱国。拯民坐。”

杨拯民坐下后。高崇民说：“这个老蒋不知打的什么主意？张将军还没放出来，杨将军又被赶出了国。”

杜斌丞说：“什么主意？西安事变，让老蒋脸面扫地，他受不下这口气嘛。”

李寿亭说：“胡子大哥，照你这么说，杨主任出国，还算是老蒋客气？”

“从形势来分析，杨主任在国外还是安全的，”杜斌丞说。

王菊人又问道：“那杨主任就回不了国了？”

“那要看形势怎么发展。”

刘澜波说：“胡子大哥，我听说，日本人马上要有新的动作。”

蒲子政见说，忙问：“消息可靠吗？”

刘澜波说：“我是听一个朋友说的。”

刘澜波也说：“我也听说，从6月起，驻丰台的日军连续举行军事演习。”

众人都陷在沉思之中。

还是杨拯民打破了沉闷，“杜伯伯，您为什么要留胡子呢？”

“你知不知道苏联有个布琼尼将军？”

“知道啊，布琼尼将军可厉害了。他是苏联的骑兵将军，勇敢善战，更擅长骑术，而且蓄着向上翘的胡子。”

“你看我和他像不像？”

“像，像，像极了，”杨拯民连说。

众人都笑了起来。

王菊人说：“拯民，你上当了。你杜伯伯留胡子的时候，可能还没听说苏联有个布琼尼将军。”

“我就相信我杜伯伯的话。”

众人又一次笑了起来。

王菊人说:"拯民,你知道你名字中'拯民'两字的含义吗?"

"知道啊。我父亲给我说,孙中山先生有两句名言,一句是'拯斯民于水火之中',一句是'登中国于富强之域',他非常喜欢这两句话,于是就截取'拯民'二字,作为我的名字。"

杜斌丞说:"那是你父亲出于对孙中山先生敬重,对你寄予殷切的希望啊。"

不久后,卢沟桥事变爆发,这一日,杜斌丞正在利通饭店收拾行李,杨拯民走了进来,说:"杜伯伯,您是不是要回西安?"

"是啊。孙蔚如主席发来急电,让我赶紧回西安。"

"听我高伯伯说,我父亲发来了电报,说他已经知道卢沟桥事变的真相,想要回国,却被宋子文挡住了。"

"宋子文是怕你父亲回国后,遭遇不测。你父亲现在到了哪里?"

"说是已经到了夏威夷。"

这时,王菊人、刘澜波、高崇民、蒲子政、李寿亭等人走进来。高崇民说:"胡子大哥,我们来送送你。"

"谢谢大家的好意。"

杜斌丞、王菊人、刘澜波、高崇民、蒲子政、李寿亭、杨拯中等人在北平大街每人坐一辆人力三轮,向前奔跑。街上行人投来异样目光。

夜深了,陕西省政府大楼,灯火辉煌。楼下有几个站岗的。孙蔚如、杜斌丞、赵寿山、李兴中、孔从洲几人坐在一起,正在开会。

孙蔚如说:"杨主任在旧金山发来电报,大意是:途中闻河北事变,不胜悲痛。现在实情如何?盼详复旧金山中国领事馆。大家说说,如何回复杨主任?再就是,杨主任有回国抗战的意思,大家再议一议,杨主任现在能不能回国?"

赵寿山说:"回复杨主任比较简单,就按实际情况说,我看就可以了。至于说请杨主任回国主持抗战,我认为条件还不成熟。我们可以先加入抗战的行列，等打出成绩后再观察形势。”

李兴中说：“我认为杨主任应该回国。三十八军只有在杨主任的统一领导下，才能团结一心，共同对敌。”

孙蔚如说：“杜先生说说你的看法。”

“我也认为杨主任现在回国，条件不成熟。大家想想，抗战爆发后，张学良尚未获释，杨主任怎么能回来呢？张学良被扣后，曾对人讲，只有全面抗战后，老蒋才能放他。而事实说明，现在并未有任何放张的迹象。大家知道，张学良在几次重大事件中都帮助过老蒋，但老蒋都不能原谅张学良。这说明什么？这说明老蒋并不因抗日战争全面爆发而稍释个人恩怨。”

孙蔚如说：“好，这件事情就议到这里。下面说说，出师抗战的事情。”

赵寿山说：“前几天，我在庐山接受培训，当我听说日本人发动了卢沟桥事变后，我就向老蒋递了率师出征的请战书。老蒋也答应了我的请求。我准备率领十七师先期出发。”

孔从洲说：“我也要求率部抗战。”

杜斌丞说：“抗日战争是长久的，不是一天两天的事情。因此，我们应该从长计议。我同意分批出发。十七师先期开拔，条件也比较成熟。总之，要把前方和后方调配好。这样才能做到有备无患。”

会后，杜斌丞回到家里，对常黎夫说：“黎夫，你能不能再物色一些人到赵寿山的十七师去工作？”

“好吧。我再想想办法。”

“一定要选一些忠实可靠的人进去。”

“行。”

常黎夫走了出去。一会儿，杜良明引马师儒走了进来，说：“老爷，这位先生找您。”

“表弟。”

“表哥。”

杜斌丞和马师儒拥抱在一起。稍顷，杜斌丞招呼道：“表弟，快请坐。”

马师儒坐下后，杜斌丞说：“表弟，你怎么到西安来了？”

“唉，一言难尽啊。日本占领东北后，华北也岌岌可危。北京各大学相继内迁，我也只好来到西安。”

“那你是几时离开榆林中学的？”

“那年，我到榆林中学时间不长，井岳秀就开始到处抓捕共产党，到处是一片白色恐怖，有些教师和学生莫名其妙地就被关了起来。我觉得那里的政治太黑暗了，就离开了陕北，先后到北京大学、青岛大学、北平师范大学、北平大学女子文理学院等院校任教授。”

“那你现在打算怎么办？”

“西安不是有个西北大学吗？我想让你给推荐一下。”

“好吧，你先住在这里，等我的消息。”

第二十三章

马师儒在杜斌丞家住了几日，和杜夫人朱佩英渐渐熟了，他觉得表哥娶了个好嫂嫂。一天，杜斌丞一进家门，就说："表弟，你的事情有着落了。"

"西北大学不但同意你在那里任教，而且还愿聘你为文学院院长。"

马师儒喜出望外，"真的吗？太好了，谢谢表哥。"

"表弟客气了。谢什么，你是凭学问吃饭嘛。"

一天，田一明来到杜斌丞办公室，"秘书长，您找我？"

"我和孙蔚如主席商量好了，决定任命你为省政府政治视察员。"

"谢谢秘书长。"

"你到职后，去视察一下关中东西两路各县的庶政。"

"是。您还有什么吩咐？"

"你下去后，要办好两件事。一是陕西老百姓负担很重，生活艰苦，我们能为老百姓办多少事，就尽力为之。年轻人千万不要沾染一般出差委员的恶习，接受县上的招待，大吃大喝。"

"是。"

杜斌丞继续说："二是东北军同我们共同搞了西安事变，是同我们共同患过难的朋友。现在，张学良将军被扣，东北军已东开，但留在各县的人员和家眷还不少。他们是背井离乡的人，要尽量照顾他们。"

"好,我记下了。"

"你去准备吧。"

"是。"

过了一会,赵寿山来了。

杜斌丞招呼道:"寿山,来,快请坐。"

赵寿山坐下后说:"先生,我明天就要率师东征,您还有什么吩咐?"

"现在是第二次国共合作,而且,这次合作是由我们促成的,来之非常不易。所以,我们一定要珍惜这大好机会。共产党在许多方面都高我们一筹,因此,我们在他们面前,一定要谦虚,好好地跟他们合作。"

"我们的干部力量有些薄弱,先生能不能在这方面想想办法?"

"我已让黎夫给你物色了一批干部。"

赵寿山见说,非常高兴,"太谢谢先生了。"

杜斌丞来到三原马文彦住所,问道:"文彦,刚才十七师抗日东征誓师大会你去看没有?"

"我身体不好,只去看了一会。"

"真是群情振奋啊! 文彦,我和孙蔚如商量过了,决定派你去南京找于右任,了解一下国民党人士对国共合作的反映。"

"你还是让别人去吧。"

"这事只有你去最合适。我知道你有病,特地带了药来,你最好马上出发,不要拖延。这是药和路费。"

说着,杜斌丞把药和路费交给马文彦。

马文彦不好再推辞,"那好吧。恭敬不如从命。"

杜斌丞把马文彦的肩膀拍了一下,说:"我就知道你会去的。"

南京中山北路43号于右任公馆。

于右任正在二楼练书法,马文彦走了进来。于右任抬头看见后问他,“你怎么又来了?”

马文彦开玩笑地说:“杜大胡子让我找你这于大胡子,我敢不来吗?”

“他那点胡子还敢和我比?”

“当然不敢比了,你是有名的虬髯大师啊!”

于右任放下手中的毛笔,笑呵呵地说:“说,找我又有什么事?”

“我是无事不登三宝殿哪。杜先生让我来了解一下南京对国共合作的反映。”

于右任兴奋地说:“你算是来对了。这次国共合作与第一次国共合作不一样。第一次国共合作,西山会议派等年老人反对的多,这次国民党元老多数是拥护的。国难当头,年老人读书多,经历深,他们知道亡国之苦啊!”

“太好了,这也没有枉费张杨二将军发动西安事变的初衷。我立马把这里的情况告诉杜先生。”

杜斌丞正在家里看书,常黎夫走进来说:“舅舅,周副主席来了。”

杜斌丞忙站起说:“快请进。”

周恩来走了进来,“杜先生,你好嘛。”

“快请坐。”

周恩来坐下后,杜斌丞问:“周公来西安是有事,还是路过?”

“我是和朱德总司令去南京商讨改编红军为八路军之事路过这里的,顺便来看看杜先生。”

“谢谢。周公,你看看,这是我让马文彦到南京搜集到的情况反映。”

杜斌丞说着,把一沓纸递给周恩来。

周恩来接过来,看完后,说:“你们的工作做得不错嘛。自从西安事变之后,国际国内的形势是越来越好,英美等国公开表示支持抗日。这都要归功于张杨二位将军嘛。”

“可惜张杨二位将军,一个被关押,一个被流放。”

“蒋介石那样做是不得人心的嘛。”

周恩来和朱德来到南京,俩人正在房间里交谈。

朱德说:“这个老蒋卡得很死,看来,咱们的八路军只能改编为三个师。杜斌丞和张冲当咱们陕甘宁边区政府委员的事也要泡汤。”

周恩来说:“好在真正的抗日力量在于人民,这一点,老蒋是没法阻挡的嘛。”

这时,马文彦走进来,说:“周副主席好,朱总司令好。”

周恩来见是马文彦,招呼道:“文彦,坐,快请坐。”

马文彦坐下后,周恩来对马文彦说:“我来南京路过西安,见到杜斌丞先生。你搜集到的反映我看了,很有用处,你要继续干下去,同时要多做于右任的工作。于老是你们陕西的人杰嘛。”

“我一定好好干。”

常黎夫走进杜斌丞办公室,说:“舅舅,听说宋黎病得很厉害,您要不要去看望一下。”

“哪个宋黎?”

“就是那个到过咱们家的东北学生代表,后来被国民党省党部逮捕后,被张杨二位将军营救生还的那个人。”

“你多准备些钱,我想他现在一定很困难。”

“好。”

宋黎躺在病床上,打着点滴,马绍周、韩永赞等三个人在旁边坐着。杜斌丞走进来,径直到宋黎的病床前。宋黎欲起来,说:“杜先生,你怎么来了?”

杜斌丞按住他,“快躺着,我也是刚听说你住院了。情况怎么样? 好些了吗?”

“去年,我被特务拳击患了肋膜炎,一再腹水,多次抽水不见好转。”

“你要安心养病。只有身体好了，才能干革命。”

宋黎见说，流下泪来。

杜斌丞对其他三个人说：“你们也是东北人？”

一个回答说：“我们都是东北大学的同学。”

杜斌丞把一包钱塞到宋黎的被褥下，说：“你要安心静养，我还有事，抽空我再来看你。”

杜斌丞说完，走出门去。

宋黎说：“绍周，你去送送杜先生。”

杜斌丞走后，韩永赞说：“我见杜先生给你床下塞了一包东西。”

“你拿出来看是什么？”

韩永赞从床下摸出来，打开一看，是钱，

“哎呀，这么多钱，这下好了，咱们的生活有着落了。”

常黎夫走进杜斌丞办公室，说：

“舅舅，妇女慰劳抗战将士会的秦女士找您。”

“让她进来。”

秦琳走了进来。

杜斌丞一时想不起好像在哪见过她。

“你是……”

“杜秘书长，您不认识我了。我在李象九家里见过您，我是田一明的对象。我叫秦琳。”

“我说怎么有点面熟。请坐。”

秦琳坐下后，杜斌丞问道：“你找我有什么事？”

“我是来求援的。请您帮助我们募捐一些钱物。”

“你能参加抗日救亡工作，很好。每一个中国人都要为抗日救亡贡献力量。你说说，要我怎样帮助你们？”

“我们成立了鞋厂和被服厂，生产军鞋和军装，只是没有钱进原料。”

“那好办，我给你列一个单子，你按这些名单直接去募捐。”

说完，杜斌丞提笔拟起单子来了。过了一会，杜斌丞把拟好的单子递到秦琳手里。秦琳接过单子，看见上面写着“孙蔚如、武念堂、崔叠生、刘文伯、戴铭九、韩望尘、景梅九”等人的名字，心里有些疑惑，“这……”

“现在是抗日统一战线，有钱的出钱，有力的出力，抗日救亡，人人有责，不要胆怯，要理直气壮，就说我叫你去的。”

“那就谢谢杜秘书长。”

“好，去吧。”

陕西各界抗敌后援会成立了，由杜斌丞负责具体工作，这一天，杜斌丞把常黎夫叫来，告诉他：“我和孙蔚如主席商量好了，决定让你以省政府派出的代表人员身份参加陕西各界抗敌后援会，具体分管抗战救济和募捐方面的工作。”

“好。”

“你先以督察员的身份到陕北跑一趟，了解一下下面的情况。”

“行。”

“还有，李仪祉先生早就把织女渠设计好了。你回到绥德后，了解一下修建织女渠水利工程的筹备情况，看还存在哪些问题？回来后写一份专题报告，也算是咱们为家乡做一点贡献。”

杜斌丞正在家里看书，杜鸿模走了进来。

杜斌丞说：“模儿，你最近忙什么呢？”

杜鸿模说：“父亲，告诉您一个好消息，我考上西北工业学院了。”

杜斌丞说：“是么。太好了，你真是一个用功的孩子。你要努力学习，将来好为国家出力。”

“我知道。”

“你和你哥，一个学文，一个习武。好，都有出息。”

“我哥这么长时间都没给家里来信,我真有点想他了。”

“我也想范儿啊。自古忠孝不能两全嘛。”

杜斌丞说着,流下了泪。

杜鸿模安慰道:“父亲,您别难过了。”

杜斌丞擦了把眼泪,说:“没什么。可能是年龄有点大了。你去吧,让我一个人坐会。”

杜鸿模出去后,杜良明引田禾夫走了进来,说:“老爷,这位先生找您。”

杜斌丞见是田禾夫,招呼道:“禾夫,是你呀。快请坐。”

田禾夫坐下后,说:“先生,我是来向您告别的。”

“怎么,你们要到哪里去?”

“我们演剧队的同学在西安演了几十场,场场爆满。为了扩大影响,我们商量了一下,决定到兰州去演出。”

“好啊,有志气。不过我跟你说,要注意入乡问俗,入口问禁。西北地方特殊,是少数民族区,你们要小心谨慎,注意搞好民族关系。青年人要有志气,为中华民族的生存,要敢走南闯北,不计一切。还有,外面有特务,你们可要小心从事。”

“谢谢您的提醒。先生,鸿模在吗?”

“在。他刚考上西北工业学院。”

“太好了。鸿模还是学习好啊。”

这时,杜鸿模走了进来,说:“老同学,是你呀。我说声音怎么这么耳熟。”

“鸿模,祝贺你考上工业学院。”

“那算什么呀。我还羡慕你呢。走,到我房间去。”

杜鸿模拉着田禾夫的手,走了出去。

第二十四章

陕西省政府会议室的墙上贴着横额“孙中山纪念周”，台下坐着省府各室人员。杜斌丞正在台上演讲。

“对日抗战，全国上下已具决心，任何牺牲在所不计。此种全面抗战的局势，为吾中华民族生死存亡之关头，每个公民均须具有牺牲决心和长期抗战的准备。前方的将士浴血杀敌，我辈处在后方，除应积极努力工作以外，更须彻底的铲除自私自利或者还想投机榨取的心理。大家为公务人员，必须在此非常时期，以身作则，随时随地宣传非常时期应有的准备。凡事预则立，不预则废，临渴掘井，终归无济。自卫的民族战争，中央既已下最大决心，则吾人在此最后关头，更应以最大之决心和努力，以求我中华民族之自由与和平。”

全场报以热烈的掌声。

田一明走进杜斌丞办公室，说：“秘书长，杨主任从法国巴黎给您寄信来了。”

说着，把信递给了杜斌丞。

杜斌丞看完信后，说：“一明，你说杨主任回来好，还是不回来好？”

“按常理，杨主任应该回来。咱们西北军民在杨主任领导下，抗战肯定会取得很大的成绩。但是蒋介石是个睚眦必报的人。现在回来，恐有不测。”

“我看还是先不回来的好。”

“秘书长，要没有事，我就先忙去了。”

"你坐下,我还有事要问你。"

田一明坐下后,杜斌丞说:"一明,你和秦琳谈的怎样了?"

"正谈着呢。"

"你可要抓紧哟。秦琳可是个好姑娘。"

杜斌丞回到家里,问常黎夫:"黎夫,你这次到陕北,事情办得怎样了?"

"我这次跑了延安、清涧、绥德、米脂、佳县、榆林六个县,各县的抗日热情都很高。有些姑娘为了支援抗日,连彩礼都捐了出来。"

"那织女渠水利工程筹备的怎样了?"

常黎夫从怀里取出一份材料,递给杜斌丞,说:"这是我写的汇报材料,您看看。"

杜斌丞接过材料,看了起来。

过了一会,杜斌丞说:"要做一件好事困难还真不少。黎夫,你按正常程序报,到我这里后,我叫建设厅和水利局把修建费落实一下。"

"好,我明天就去办手续。"

杜斌丞在办公室正给公路局打电话。

"公路局吗?我是杜斌丞,限你们在两个月内,把咸阳至延安的公路修好。""什么?停工了。经费不足?我让财政厅先付你们一万元。嗯,这是省政府会上定的。完不成任务我拿你是问。"

常黎夫走进来说:"舅舅,上次来找您的那个女士又来了。"

"请她进来。"

常黎夫出去后,秦琳走了进来。

杜斌丞说:"秦琳来了,快请坐。"

秦琳坐下后,杜斌丞问:"上次募捐的情况怎样?"

"我们上次收获可大了。我们拿着您写的单子,挨门逐户地去募捐，那些人一看是您写的名单，都很热情。有的把婚嫁寿宴收的银盾捐了来，有的把一些银首饰捐了来。我们收到这些东西后，都晕了。没想到，您的号召力有那么大。”

“你弄错了，不是我的号召力大，是群众的抗日热情高啊！”

秦琳继续说：“我们把这些东西变卖后，买了很多布料，然后发动许多妇女连夜赶制军鞋和军服，现在慰劳品堆积如山，需要铁路运输。可我们妇女慰劳会的牌子小，这不，只好又来求助杜秘书长您来了。”

“理当效劳。”

说着，杜斌丞按了一下电铃。

田一明走进来。杜斌丞说：“一明，你引秦琳女士到秘书科给陇海铁路局写一份公函，以省政府的名义为她们妇女慰劳会要张车皮。”

“好。”

田一明引着秦琳走了出去。

过了一会，秦琳又走进来，说：“杜秘书长，公函开好了，太谢谢您了。”

“秦女士，你听我说，你们要把慰劳品全部送给八路军的想法很好，但也要注意分配一部分给黄河沿岸的国民党官兵。国共合作，统一战线嘛。要注意这一点，这是个大道理。”

秦琳想了想，说：“要不是您提醒，我们就把这茬忘了。您说得对，我们决不小心眼。”

有一个学生来到通济坊 375 号《解放》周刊分销处，说：“来一份《解放》周刊。”

营业员拿起一份，递给学生，说：“五分钱一份。”

学生付钱后，正欲离开。

这时，闯过来几个拿枪的人，喊着：“闪开，闪开。我们是警备司令部的。”

一群人把分销处围了起来。又有几个穿公安服的走了过来，为头一个说:“《解放》周刊是非法刊物，奉命查封。”

营业员质问道:“我们是中共中央办的机关刊物，凭什么说我们是非法的。”

“没经过检查，一律视为非法。封。”

后来的几个人连砸带抢，有两个人把地上的《解放》周刊装了一袋子，提起就走。

营业员大喊一声:“不许拿走我们的刊物。”

说着，用身子挡住了去路。

有一个穿公安报的用枪托朝营业员背后就是一击。营业员一下栽到地上。围观的群众中有人喊道:“不许打人。”

警备司令部的和穿公安服的把袋子撂上车后，坐上车，开走了。

“七贤庄”现为第十八集团军西安办事处驻地，几乎成了西安共产党派驻机构的代称，抗战初期共产党主动改编部队请战抗日，并入国民革命军序列为第八路军，第一阶段抗战结束，国民革命军重新整编，将八路军改编为第十八集团军。但八路军这个名字更深入人心，不管共方、国方、日方，还是平民百姓，都喜欢使用最初的名字，于是共产党七贤庄的办事处被人习惯性地称作“八办”。七贤庄的四合院建筑群，在四面街上都有小门楼，形成一个独立街区。内部既可以相连，也可以独立成户，出入方便，门径繁多，实在是秘密工作的好场所。但在对付共产党的问题上，国民党的军警宪特从来都是舍得下血本的。从这里看去，仅南、西两面的特务就不下十人，有卖烟、卖水果的固定暗探，也有歇脚的假车夫，闲逛的流动盯梢。还有两个特务根本就不掩饰，靠在路边树上抽烟，死死盯着一个院门。

杜斌丞来到七贤庄门口，左右看了看，给门卫看了一下证件，然后走了进去。他来到周子健的办公室，说:“周处长，你找我有什么事?”周子健说:“杜先生，国民党昨日派特务查封了《解放》周刊分销处。你能不能去了解一下?”

“好,我去了解一下。”

“有劳杜先生了。”

随后,他驱车来到西安行营主任顾祝同的办公室,副官报告顾祝同,杜秘书长来了,顾祝同赶忙起身迎接。

“是谁把这尊神惹下了。快请他进来。”

顾祝同见杜斌丞走进来,忙招呼道:“杜先生,快请坐。”

杜斌丞坐下后,说:“你是不是惟恐天下不乱?”

“到底怎么回事?”

“你是不是派人查封了中共的《解放》杂志?”

“我不知道,可能是手下人干的。”

“你真的不知道?”

“不知道。”

“那好,你查一下,是谁干的?要不刚刚建立的国共合作关系,就要断送在这些人手里了。”

“我查。杜先生消消气。”

“你现在就查,我在这等着。”

顾祝同赶忙拿起电话,说:“要警备司令部。”“你们派没派人查封中共的《解放》杂志?”“什么?是公安局干的?”

顾祝同放下电话,解释道:“杜先生,查清楚了,是公安局派人干的。你放心,我一定一查到底。”

杜斌丞站起后,说:“再不要干这些让日本人高兴的事。”

“是是,杜先生批评的是。”

说完杜斌丞告辞离去。

杜斌丞前脚走,顾祝同便骂道:“啊呸,什么杜先生?我看你是明目张胆地通共。”

常黎夫引贾拓夫走进杜斌丞家里。常黎夫介绍道:“舅舅,这位是也是咱们陕北人。叫贾拓夫。”

杜斌丞招呼道:“贾先生是陕北哪里人?”

"我是陕北神木人。"

"你是稀客。快请坐。"

贾拓夫坐下后,杜斌丞说:"早就知道你的大名。听说你也参加了红军长征?"

"我是去中央苏区汇报工作,正赶上红军长征。"

"这是咱们陕北值得骄傲的事情啊!"

常黎夫说:"舅舅,我们刚刚组织了鲁迅先生逝世一周年纪念会,会议开得很成功。"

杜斌丞说:"鲁迅的骨头是最硬的。我们都应该向鲁迅先生学习。"

常黎夫说:"拓夫,你不是也爱好文学,长于写作吗?"

"我那充其量也只能算作是爱好,怎能和鲁迅先生比呢。"

杜斌丞说:"我们北方的同志,在这方面是要努力向南方同志学习。"

贾拓夫说:"先生说得极是。"

杜斌丞又说道:"省政府将利用以孙蔚如为主任的陕西各界抗敌后援会的名义,组织一批地方进步人士,分赴各地督促动员抗日备战工作,以鼓舞人民群众的抗日情绪。你们组织人才多,能否物色一些人,参加这项活动?"

常黎夫说:"这真是个好机会。"

贾拓夫说:"等我们研究以后,一定给您一个满意的答复。"

常黎夫进杜斌丞办公室,说:"舅舅,毛泽东主席来电让我们给您通报一声,陕甘宁边区政府已于九月六日成立,林伯渠任主席,张国焘任副主席,秦邦宪、董必武、徐特立、谢觉哉、郭洪涛、马明方、高岗任委员。由于张冲已被排除在外,你的委员也就无法保留。"

"还有,我们除有八路军以外,还把南方的红军和游击队组成了新编第四军。"

"新四军由谁担任军长?"

“叶挺将军。”

“这是一步好棋啊!”

“叶挺将军过去就是我党的同志。”

“我知道。叶挺将军是国共双方都能接受的人选。”

常黎夫转身欲离去。杜斌丞叫住他,说:“黎夫。”

“舅舅,还有什么事?”

“你知道《老百姓》报吗?”

“知道。他们的主编是李敷仁,还有武伯纶、张寒晖等人为编委。他们的宗旨是宣传抗战,宣传民主,还经常刊登一些歌颂八路军和抗日英雄的文章。特别受老百姓的欢迎。”

杜斌丞从身上掏出50元钱,说:“我估计他们经费一定很紧张。这把这点钱给他们送去。”

常黎夫接过钱,说:“好。舅舅,是不是西安行营主任换成了蒋鼎文?”

杜斌丞笑了笑,“你的消息还真灵通。”

过了几天,叶挺由延安来到西安,杜斌丞听说了,便来见叶挺。他走进西京招待所叶挺的房间。

“叶将军,你好。”

叶挺上前握着杜斌丞的手,说:“你好。你那么忙,还来看我。”

“你是北伐名将,现在又是新四军军长,我理应尽尽地主之谊。”

“杜先生请坐。”

杜斌丞坐下后,关切地问道:“叶将军来西安还住的惯吗?”

“住得惯,住得惯。”

“中午我在一品楼订了包间,咱们好好聊聊。”

“谢谢。”

“将军在西安还有没有熟人?”

“北伐时,我有个朋友,叫刘子坚,不知现在在不在西安?”

“你说刘子坚啊,熟悉。他原在潼关行营当过办公厅主任,我们共过事。前一段时间,听说他回了三十八军,任参谋长,被派到禹门口监修永久工事去了,可能不在西安。”

“真是无缘相见哪。”

一个星期后,杜斌丞正在办公,常黎夫进来报告说,陈子坚来了。杜斌丞吩咐他,赶紧请陈先生进来。

杜斌丞招呼道:“陈参谋长,快请坐。”

陈子坚坐下后,杜斌丞问道:“你是几时回西安的?”

“回来没几天。怎么?”

“嗨,我还以为你不在西安。叶挺将军由延安来,向我打问你,我说,你可能不在西安。”

“叶将军走了?”

“走了,昨天刚走。”

“叶将军来西安,住在哪?”

“在西京招待所住了一星期。”

“那真是无缘相见哪。我们在北伐时期就是好朋友。”

“陈参谋长到西安来,有什么要事要办?”

“还真是有事要你疏通一下。”

“有什么事你尽管开口。”

“前一段时间修工事,购买材料的工程款到现在还没有结算。”

杜斌丞拿起电话,说:“要财政厅。”“我是杜斌丞,禹门口黄河沿岸修工事的工程款为什么还没结算?你们是拿抗日当儿戏。限你们两天之内把款拨完。”“有困难?有困难你们自己克服。”

杜斌丞放下电话,对陈子坚说:“这国民党各级都存在大大小小的官僚,真是不像话。”

陈子坚说:“不管办了办不了,我都谢谢你。”

陈子坚来到七贤庄,走进林伯渠的办公室,说:“林主席,你好。”

“子坚同志来了,快请坐。”

林伯渠,原名林祖涵,字邃园,号伯渠,湖南安福人,早年加入同盟会。1921年加入中国共产党。参加过南昌起义、长征等革命活动，1937年9月任陕甘宁边区政府主席。时下，中共中央派他常驻西安，任八路军驻陕办事处党代表，集中精力从事统一战线和对外联络工作。他利用自己社会联系广、资深望重的社会影响，广泛团结各阶层人士一致抗日，推动第二次国共合作。

陈子坚坐下后，林伯渠说："子坚同志，抗战是持久战，你一定要想办法和各方面搞好关系，尤其是要搞好三十八军和陕西境内八路军的关系。"

"我知道，我一定想办法办到。"

"陕西省政府和边区政府的关系，我已约请杜斌丞先生从中斡旋。"

"林主席，能不能透露一点？"

"透露什么？"

"杜斌丞是不是咱们党内的同志？"

"你看他像不像？"

"我看像。"

"你看像，他就像。"

说完大笑起来。

杜斌丞听说邓宝珊住在西京招待所，便来看望。一见面，杜斌丞问道："邓将军这次来西安，有什么重要事？"

"'七七事变'后，绥远和包头一带相继沦陷，伊盟、陕北岌岌可危。榆林在军事上显得非常重要，蒋介石把新一军和榆林高双城的八十六师合编为二十一军团，让我担任军团长。"

"祝贺你又得到高升。"

"老兄别开玩笑了。我正发愁呢。"

"发什么愁？你官也当了，兵也多了，应该高兴才是。"

"你看我能高兴起来吗？"

"怎么？"

“北面有日本人进攻,榆林的高双城是井岳秀的老人手,根深蒂固,延安有共产党,你说,这些关系怎样协调?”

“那有什么难的。”

“愿听指教。”

“指教不敢当。我给你说八个字,保你愁云顿消。”

“哪八个字?”

“团结中共,尊重地方。”

“哎呀,你看看,高人就是高人。这叫‘听君一席话,胜读十年书’。”

“没那么邪乎。依你的才干,协调这些关系,还不驾轻就熟。”

“好,谢谢。改天我请你喝酒。”

“喝酒就不必了,只要你能在我的家乡保一方平安,我就谢天谢地。”

“老兄,我,你还不知道吗?我是从不扰民的。”

第二十五章

田一明接到杜斌丞的命令，让他到武汉跑一趟。到武汉后，他先去拜访了于右任，晚上，在王炳南家住了下来。

王炳南问田一明："一明，你这次到武汉有何公干？"

"军政部拨给陕西地方团队80吨步枪子弹，杜先生让来押运。"

"太好了，军政部也给八路军拨了一车皮军需品。正愁没办法运回陕北。你是不是也给想想办法。"

"这事恐怕难办了。"

"为什么？"

"你想，我一个押运员，怎么既是八路军的，又是陕西省的呢？"

"具体情况，我也不清楚。你明天去八路军驻汉办事处找一下叶剑英同志，他可能能想出办法。"

"好吧。"

"一明，你到武汉还有什么事要办？要不要我帮忙？"

"你看我，差点把正事忘了。"

"你还有什么正事？"

"临来时，杜斌丞先生吩咐，要我了解一下，看杨虎城将军现在能不能回国？"

"不能，不能。杨将军现在绝对不能回国。"

"为什么？"

"老蒋虽然声称抗日，但到现在还不肯释放张学良将军。杨将军回来，安全怎会有保障？"

"我去问过于右任，他说可以回来。"

“于老那是老糊涂了。”

翌日，田一明来到八路军驻汉办事处，见到了叶剑英。

叶剑英说：“一明同志，国民政府拨给我军一个车皮的军需品，急需运到西安，转送陕北。”

“是些什么东西？”田一明问道。

“主要是军鞋、军装和担架等。办事处准备派龙飞虎同志负责押运。但他是初次出山，对铁路上的事情不熟悉，你能不能在沿途多出面协调协调？”

“没问题，保证完成任务。”

“那就辛苦你了。”

田一明当时爽快地答应了叶剑英布置的任务，下来一想，麻烦了，自己把自己推到了一个尴尬境地，没办法，只好找龙飞虎来商量。

来到龙飞虎处，田一明说：“飞虎同志，你看我既是陕西省政府的押运员，又是八路军的押运员，这个问题怎么处理？”

“你没把这个问题给叶剑英同志汇报？”

“没有。我想组织上信任我，我怎么能给组织提困难呢？”

“这还真是个麻烦事情。你想想，省政府的能不能在西安就近解决？”

“哎呀，你看我这脑子，你不提醒，我咋想不到这个方法呢？”

“什么方法？”

“军政部在西安有一个军火库，我何不找人变通一下，请省政府把步枪子弹转由西安军火库拨付。”

“这确实是个好办法。”

“这样，我就可以和你集中精力押运咱八路军的物资了。”

田一明从武汉回来，便径直来找杜斌丞。

杜斌丞说：“一明回来了？事情办得怎样？坐下谈。”

田一明坐下后，说：“于老说杨主任可以回来，王炳南说不能回来。还有一些爱国人士说，杨主任是最先倡导抗日的将军，长期滞留国外，恐怕影响不好。”

“这件事还真不好拿主意。那军火运回来没有？”

“我到武汉以后，去了一趟八路军办事处，叶剑英同志让我把八路军的军需品也押运回来，我就通过熟人把陕西省政府的军火改签为在西安军火库拨付。然后和八路军的同志把军需品运了回来。”

“你做得很好。咱们能给八路军帮点忙，是好事，两不误嘛。出外工作，就是要能随机应变。”

“可我这次差费加大了。”

“这不算问题。你把条据集中在一起，我给你批。”

“谢谢秘书长。”

“谢什么？咱们都是为了抗日嘛！”

香港半岛酒店。

客厅里坐着王菊人、申明甫、王炳南、王惟之、王根僧、亢心栽等人。

杨虎城走了进来。众人站起，齐声道：“杨主任好。”

杨虎城说：“谢谢你们来迎我。快请坐。”

众人坐下后，杨虎城说：“明天我就动身去长沙会见戴笠，然后同戴去南昌见蒋介石。”

王惟之说：“杨主任是不是在香港多住几天，看看情形再说。”

王炳南说：“是啊，杨主任还是多观察几天为好。”

王根僧说：“十七路军官兵日夜盼望杨主任早些回西北去，领导他们抗战。杨主任是不是先回到西安，再做打算？”

“我是奉派出国考察的，既然回来了，就得先去南昌汇报，回西北大后方，那只能放在第二步了。”

王菊人说：“抗战爆发后，西北已不是大后方，并已成为抗日的根据地。”

“去冬我和汉卿发动事变为了什么？就是为了争取蒋介石停止内战，团结抗日，现在抗战爆发快半年了，我既然回来，岂能久住香港。我回来的心底是极坦白的，就是为了参加抗战，别无其他。”

王惟之说：“谁都知道蒋介石这个人只记私仇，不讲信义，还是有必要多加考虑。”

“大家不要说了。我这次回到祖国，为的是愿当一兵一卒，亲上前线杀敌。我已得到宋子文的保证，去南昌见委座，领命后再到西安。如果人家不让我上前线，或竟把我牺牲了，我也问心无愧。但愿蒋介石能抗战到底就好了。下面，我宣布一下明天的安排。第一路，葆真、明轩、心栽、郁文、希勃带拯中和郁文的孩子寄欧先飞西安。第二路，全欧抗联的同志们，辛苦点，步行到广州，然后转到西安集合。第三路，我和王根僧去请示委座，待接见后到西安，再作安排。”

众人道：“是。”

夜里，杨虎城走进秦丰川房内。秦丰川说：“杨将军，您怎么来了？”

杨虎城“嘘”了一声，说：“睡不着，来和你聊聊天。”

“杨将军请坐。”

杨虎城坐下后，说：“其他同学都睡了？”

“刚睡下。杨将军几时领我们到西北参加抗日？”

“唉，我到了香港，就给蒋委员长打去了电报，一直等到昨天才接到回电，叫我到南昌与他见面。我这一去，有两种可能。”

“哪两种可能？”

“一种可能是让我抗战，那你就来，大家一同干。另一种可能是把我扣起来，那你们就另找抗日的机会吧！”

“扣是不会的。现在全国都在抗战，他扣一个要求抗日的将领，怎么向人民交代？”

“张汉卿不是还没有释放吗？”

“既然如此，不如不去，咱们另找抗日道路好了。”

“这个问题，我也考虑过，并不妥当，那会给他们找到更多的诬蔑借口。现在只许他扣我，不许我不去。为了团结抗日，个人纵然有所牺牲,也是值得的。我明天就走,我走之后,如果三天之内没有消息,你们就不要再等了。”

王菊人从香港回到西安,马上来到省政府,进了杜斌丞的办公室。

“秘书长,大事不好了。”

“怎么回事?”

“杨主任被蒋介石囚禁起来了?”

“消息可靠吗?”

“非常可靠。十七师的王根僧陪杨主任到南昌去见老蒋,结果发现,这是事先安排好的骗局。他俩一到武汉就被软禁起来了。”

杜斌丞见说,一下瘫坐在椅子上,说:“这下完了。”

过了一会,杜斌丞说:“杨先生为抗日救国竟然落了这样的下场。这个老蒋,真够狠毒的。”

“那我们该怎么办?”

“怎么办? 没办法。将来整个西北抗日的局面和十七路军的处境都会更加困难。”

杜斌丞说着,把桌子上的东西一把掀在地上。

孙蔚如、杜斌丞、谢葆真、赵寿山、李兴中、孔从洲、阎继明、张醒民在沙发上围坐一圈。

孙蔚如说:“杨主任被扣,对我们十七路军来说,不啻为晴天霹雳。我们都很悲痛。没想到,杨主任为国为民,一片赤诚,竟落此下场。杨夫人葆真女士,提出要带三子拯中深入虎穴,前去探夫。大家说说,该怎么办?”

赵寿山说:“我不同意杨夫人去。原因很简单,蒋介石太不讲信义了。蒋介石扣了一个,我们不能再搭上一双。”

谢葆真说:“我说两句。刚才孙主席说了,虎城是为国为民,一片赤诚,难道我就能害怕牺牲,不去探望。这样让世人怎样看? 让虎城怎样看? 我把话撂在这里,我生是虎城的人,死是虎城的鬼,我决不怕死。”

杜斌丞说:“杨夫人的一片肝胆,可鉴日月。这让我们这些男儿之身感到无地自容。我的意见,不光杨夫人可以去,我们还要有人去。让老蒋看看,我们西北人是吓不倒的。”

话毕,其他几个人纷纷表示要去。

孙蔚如说:“大家的心情,我是理解的。我看这样,由阎继明、张醒民护送葆真女士去。一来,我们不是去打仗,不必要兴师动众。二来,阎继明和张醒民是杨主任的副官,名正言顺。越是关键时刻,越要有胆有识,斗智斗勇。大家有没有意见?”

众人表示没意见。

杜斌丞补充道:“我再说一点,杨主任不在咱们身边了,咱们越应团结一心。决不能敌人没乱,咱们先乱了。”

杜斌丞来到七贤庄周恩来办公处。

“周先生,你好。”

周恩来上前和杜斌丞握手道:“杜先生好。快请坐。”

杜斌丞坐下后,说:“听说你要到武汉去?”

“是啊。最近,日本侵略军占领了南京,形势变得非常严峻。蒋介石在庐山发表谈话,承认了中共的合法地位。我去武汉是为了同国民党协商国共合作,并准备在武汉成立中共中央长江局。”

“这是好事啊!”

“这种合作局面来之不易啊!可惜,张杨二位将军不能和我们一同抗日。”

“请周先生在见了蒋介石后,争取一下,让张杨二位将军尽早领导我们抗日。”

“这是我们义不容辞的责任嘛。”

杜斌丞刚刚回到家里,杜良明就引杨拯民走了进来,说:“老爷,杨丞民看您来了。”

杨拯民说:“杜伯伯好。”
“拯民,你几时回来的?”
“我昨天刚到西安。”
“坐吧。”
杨拯民坐下后,杜斌丞关切地问他:“你不上学了?”
“我父亲被关起来了。我没法上学了。”
“那你将来打算怎么办?”
“我想到延安去上抗大,那里才是真正的抗日根据地。”
“很好嘛。你已经长大了,应该有自己的选择了。”
“杜伯伯,那你是同意我去陕北?”
“你的选择是对的,只有共产党才能救中国。我支持你。”
“太好了。杜伯伯,我来的时候,还怕您不同意呢。”
“拯民,你葆真妈妈找你父亲去了。”
“我听说了。杜伯伯,您对我们一家人真是太好了。”
“我和你父亲是患难之交啊!”

常黎夫引马凌甫走进杜斌丞办公室,说:“舅舅,这位是原安徽省政府代理主席马凌甫先生,刚从上海回到西安。”

“啊,马先生,是你呀,快请坐。”

马凌甫坐下后,杜斌丞说:“你这几年在安徽搞的不错。不过在我看来,把国家命运寄托在蒋介石身上是靠不住的。现在日本帝国主义已发动侵略战争,非依靠人民群众作长期抵抗,才能取得最后胜利。”

“杜先生说得很对,所以我才辞去省主席回到西安。请杜先生分派我个差事。”

“现在的中国是做官的人多,干事的人少。你能主动要求干事,这很好。我们正在组织地方人士,分赴各县,动员人民发挥抗战力量。不知道你愿不愿干?”

“太好了,我正愁没事做呢。”

"那你就以陕西省民众运动指导委员会政治视察员的身份,到渭南、合阳跑一趟。"

"行,我听你的。"

常黎夫引徐彬如走进杜斌丞的书房,说:"舅舅,彬如兄找您来了。"

"快请坐。黎夫,你也坐。""找我有什么事?"

徐彬如说:"真是不好意思,又得向您开口。"

"你说吧。"

"是这样,我和张德生等同志商量,准备办一份名叫《西北》的刊物,由我具体负责。毛泽东主席还题了刊名。"

"那是好事啊。"

"只是我们没有经费。巧妇难为无米之炊啊。"

杜斌丞想了想说:"那好办,我去打一场麻将,给咱们赢几个钱回来。"

《西北》杂志社门口,有一个人正在挂"西北杂志社"的牌子。

谢华正往外走,遇见常黎夫往进走,说:"黎夫来了。"

"彬如兄在吗?"

"在办公室呢。你先坐,我出去办点事。"

"你去忙吧。"

常黎夫走进徐彬如的办公室,说:"彬如兄,款子落实了。"

"真的?"

常黎夫从怀里掏出一张银票,说:"你看,这不是,200 块大洋。"

徐彬如接过银票,说:"太好了,这下可以开张了。替我谢谢杜先生。"

"那我呢?"

徐彬如上前握住常黎夫的手说:"也谢谢你。"

两个人都笑了起来。

第二十六章

陕西省政府会议室的墙上贴着横额“孙中山纪念周”，台下坐着省府各室人员。杜斌丞正在演讲。

“各位同仁，本省在最近有三大大问题，即地方治安、农村经济、兵役征募，急求以适当方法，进行有效解决和改善。因为本省在现阶段的抗战局面下，已经是最近前方的后方，或者可以说就是前方了。兼之因地处西北门户，在地理上已形成其重要性。所以我们在陕西从事政治工作的人们，责任非常重大，倘对此三问题不寻求适当的处理，亦就是我们公务员们没有尽到了责任。在抗战中，后方治安状况是否良好，为前方决战胜败之重要因素。……”

正说着，常黎夫走进来，对杜斌丞耳语道：“舅舅，赵寿山从前方回到西安，要见您。”

杜斌丞对众人说：“会就开到这里，散会。”

随后，杜斌丞驱车来到西京招待所，见到了从前方回来的赵寿山，两人寒暄一阵后，坐下来谈了起来。赵寿山说：“自从三原誓师出发抗日，我十七师经过保定抗战、娘子关抗战，打了许多恶仗、险仗，13000 人现在只剩下了 3000 多人了。”

“你觉得受损的原因是什么？”

“主要是因为上面指挥混乱，各部队之间不能紧密配合，再加上偏重于单纯防御，死守阵地，造成了部队大的伤亡。”

“现在部队情况如何？”

“现在好了。十七师归到了第十八集团军战斗序列，得到了很好的休整，也打了一些胜仗。”

“那就好。应该多向共产党八路军学习,学习他们灵活机动的战略战术。”

“我这次回西安途经延安时,还受到了毛泽东、叶剑英等中央领导人的接见。”

“是吗? 太好了。毛先生怎么说?”

“毛先生说了八个字。”

“哪八个字?”

“培养干部,改造部队。”

“是该这样做。”

这天,马凌甫前来见杜斌丞。

“凌甫先生,从乡下回来了,”杜斌丞问道。

“回来了。”

“坐下说,你这次下乡收获大小哩?”

“收获太大了。陕西处处有人才啊! 到处藏龙卧虎。”

“你说的是不是有点夸张?”

“不夸张,我绝没有夸张。我路过渭南的时候,那里的崔孟博县长就很有水平。他说,人民的力量是伟大的。政府总害怕人民力量壮大,不便控制,不敢放手发动,这是一个很大的矛盾。你说,这是不是很有见地。”

“说得不错。”

“还有,我到合阳后,发现那里的抗战热情很高。”

“怎么个高法?”

“你听我给你念两副对联听听。一副上联是:寇势正猖狂,愿人人努力同心,为整个民族求解放。下联是:国忧方严重,望家家节衣缩食,从长期抗战谋复兴。还有一副上联是:国事正艰难,痛念外侮凭陵,当矢敌忾同仇志。下联是秦俗乐战斗,回溯先民典范,毋忘车辚驷铁风。这是不是叫有水平? 我本来是回家动员群众的,没想到,看到农民抗战情绪那样高涨,我却受到了莫大鼓舞。”

“好啊。看来中华民族是有希望的。”

“还有更绝的呢。你听我再给你念一副对联。上联是:活鬼乱当家,倘廉耻犹存,似此类妖孽,应该愧死。下联是:群魔徒害国,使法律有效,看这些东西,如何下场?”

“好,酣畅淋漓,入木三分哪!”

“你知道这是谁的画像?”

“当然说的是蒋某人啊!”

这时,常黎夫走进来,说:“这是新出的《西北》杂志。”

杜斌丞接过杂志,看了看,感慨道:“这么快就出来了?”

马凌甫问:“哪里办的杂志?”

杜斌丞说:“中共办的。”

“能不能给我也找一本?”

“我这是掏了 200 块大洋才买来的。”

“这么贵?”

“那当然了。”

常黎夫说:“我舅舅是和你开玩笑呢。他是给杂志社赞助了 200 块大洋。”

马凌甫说:“原来是这么回事。那我也要赞助赞助。”

杜斌丞说:“这就对了。”

常黎夫又问道:“舅舅,梁漱溟先生从延安归来,路过西安,你见不见?”

马凌甫说:“梁漱溟来了?那可是个大学问家。”

“梁先生住在哪里?”杜斌丞问常黎夫。

“西京招待所。”

“你安排一下,我下午请他吃饭。”

“好。”

下午,杜斌丞来到西安西京招待所,和梁漱溟寒暄了起来。

“梁先生,你在延安住了多长时间?”

“住了 18 天。”

“你见到毛泽东先生了没有？”

“见到了。我们见了数次，交谈甚深。那是一个伟人啊！我在去延安之前，对目前的抗战情况甚感失望，战场上中国军队节节败退，国民党方面上上下下缺乏信心。如此下去，中国的前途如何？中华民族会亡吗？带着这些问题，我去了延安，去向中共领袖讨教。”

“毛先生怎样说？”

“毛先生一开始就用肯定的语气，十分详尽地、有声有色地分析了国内、国外，敌、我、友三方面力量的对比，强弱的转化，战争的性质，人民的力量，战争发展的几个阶段。最后得出结论，中国必胜，日本必败。我当时就对毛先生说，你的观点，使我豁然开朗，精神振奋。几年来对于抗战必胜，以至如何抗日，怎么发展，还没有人对我做过这样使我信服的谈话，也没有看到过这样的文章。”

“可惜我至今还未和毛先生谋过面。”

“你们同在一个省，见面还不是迟早的事。”

“但愿吧。”

杜斌丞听常黎夫说，建设厅来电，咸榆公路延安至清涧段的工程管理费他们还没收到，请杜斌丞帮忙催一下。杜斌丞便给财政厅拨了个电话，让他们特事特办。放下电话后，李象九来找他。

李象九，原名李瑞鼎。陕西白水人。同州师范肄业。1919 年到保安县投军，后去北京游历，结识了陕西旅京学生李子洲、魏野畴、刘天章、刘含初、耿炳光、呼延震东等人，受他们的革命思想影响很大。当时，他受同住一室的李子洲影响，唤起了他学习马克思主义和进步书刊的兴趣，对革命始有认识，参加了陕西学生进步社团共进社并担任基金委员。后来李子洲动员他回陕北搞武装。他到瓦窑堡拉了数十人，配备枪械，到黄龙山从事保商保民。1924 年，李象九复返石谦部队，在绥德经魏野畴、李子洲介绍加入中国社会主义青年团。那时，石谦已升任营长，李象九在安定县任警佐。1926 年，石谦升任团长，委任李象九为第三（补充）连连长。这一年，李象九由共青团员转为中共党员。他在连队建立团的特支和中共特支，任中共特支书记。军队特支6月后受中共绥德地方执委会领导，同时受中共北方区执委会和豫陕区执委会军委指导，使中共在石谦部队中的活动得到加强。这期间，经李象九推荐，谢子长民团也编入石谦团为第十二连，谢任连长，使部队的中共党员人数增加，于同年夏成立了第二特别支部，谢任第二特支书记。同年暑期，中共绥德地方执委会又派去一批党、团骨干到该团从事文化教育和宣传工作。中共第一、第二特支发动士兵到农村组织农民协会，使部队和当地群众建立了密切关系。1927年春，陕西大革命进入高潮，井岳秀部被改编为国民军联军第九路军，石谦升任步兵第六旅旅长，李象九升任该旅二营营长。李象九与谢子长在部队中进一步发展壮大中共组织，有些连队的班、排长全部由共产党员担任，士兵中亦有相当数量的党、团员。李、谢的革命思想对石谦有较深的影响，使其逐渐倾向国民革命。冯玉祥附蒋反共后，中共陕西省委根据中共"八七"会议精神，派唐澍、白乐亭到清涧石谦部队，与李、谢一起领导军队党的工作，并传达了省委关于在该部发动武装起义的决定。在此期间，有人向井岳秀密告石谦部赤化，并要石谦交出李、谢等人，石拒不执行。井遂以为自己祝寿为名，将石谦诱至榆林杀害，任命亲信营长康子祥为六旅代理旅长，命令骑兵团团长种宝卿在清涧、安定一带"严加防范"；又以"改编"和"换防"之名调李营到延安、谢连到宜川，企图分而歼之。石部官兵得知旅长被杀的消息群情激愤。中共军队组织认为起义时机已经成熟。根据中共陕西省委在石被害后制定的行动方针，决定利用"为石谦旅长报仇"的口号，以李营、谢连为骨干，联络其他由共产党组织掌握和受党的影响的六个连共1000多人，发动武装起义。10月12日，李象九宣布起义和南下攻打宜川的命令，部队随即挥师南下。10月15日到达宜川，与驻宜川的三个连起义部队胜利会师。起义部队在宜川改编为旅，李象九任旅长。由于井岳秀派大军"围剿"，起义部队寡不敌众，且指挥失当，损失很大，遂于突围后退至韩城西庄镇。12月，中共陕西省委二次派唐澍和阎揆要等来到部队，先组成以唐澍、白明善、史唯然、阎揆要为成员的军事委员会，又将部队改编为西北工农革命军游击第一支队，唐澍、谢子长任正副指挥，率部向清涧、安定开进，然而攻打宜川再次失利，起义终归失败。李象九没有参加北上行动而离开部队，去了山西绛州，和中共组织脱离了关系。1930年李象九回到西安，经共产党员杨晓初介绍，去河南邓宝珊部，被任命为第三旅旅长。次年返回家乡，任澄白区保卫团指挥官。1934年李再次到黄龙山，以“垦荒”的名义招收人员，扩充革命武装力量。1935年率所部到陇东，编入工农红军。1936年初，李象九与谢华、徐彬如、李木庵等人筹备组织西北各界抗日救国会。西安事变时，该会由杨明轩主持成立，李象九任委员兼农民武装部副部长。抗日战争爆发后，沦陷区难民纷纷逃陕。为安置难民，李象九几次向陕西省政府具文呈请开垦黄龙山。后经杨明轩、杜斌丞向孙蔚如说情，1938年1月，成立了陕西省黄龙山垦区办事处，李象九任主任，收容安置灾民2.5万多人，办了多处农场，开展生产自救。花园口黄河决口后，又有数万难民逃到黄龙山，李均予以收容安置。当下，杜斌丞招呼道：“象九，快请坐。”

李象九坐下后，杜斌丞说：“怎么样？灾民安置搞得怎样了？”

“已经移去两万多人。”

“一定要将灾民安置好。”

“我前些日子到黄龙山搞了一段时间调查，已经把那里的情况吃透了。”

“很好嘛。把底子吃透了，才好开展工作。”

“秘书长，能不能再给我们拨些经费？我准备多办几处农场，开展生产自救。”

“我已在省政府会上建议，再给你们增加5000元钱，已经通过了。可能再过几天，钱就能到账上。”

“谢谢，太谢谢了。要再没有钱到账，就会有移民露宿野外了。”

杜斌丞回到家里，在书房坐下看起书来。杜瑞兰走进来，说：

“爸,跟您商量个事。”

“臭丫头,你能有什么事?”

杜瑞兰撒起了娇说:“爸——”

“好好好,你说。”

“我想回咱们米脂去教书。”

“为什么要回米脂?不能在西安教吗?”

“我想为家乡做点贡献。”

“好,有志气,我支持你。”

“谢谢爸。”

“如今,社会进步是飞快的,你应当好好学习本领为人民服务。不要养成少爷小姐架子,那种习气要不得。”

“我懂,”杜瑞兰说完便跑了出去。

“你跟你妈商量过了吗?”

“商量过了。”

杜斌丞摇了摇头,说:“臭丫头。”

过了一会,朱佩英抱着孙女芳誉走了进来。

“斌丞,快看看你的孙女芳誉。”

杜斌丞接过孩子,说:“小芳誉,快长大。”

芳誉吓得“哇”一声大哭起来。

朱佩英抱回孩子,说:“你看你把孩子吓得。噢噢,芳誉不哭。”

小芳誉果然止住了哭声。

孙蔚如、杜斌丞、高崇民、卢广绩、李维城围坐一桌,一起吃饭、喝酒。

孙蔚如端起一杯酒,站起来说道:“来,为卢先生重新回到西安干杯!”

众人都端起酒杯,一饮而尽。

孙蔚如坐下后,杜斌丞说:“来,大家吃菜。”

卢广绩端起一杯酒,站起说道:“我借花献佛,来,为孙主席和杜秘书长的热情款待,我敬大家一杯。”

众人又一次端起酒杯,一饮而尽。

卢广绩又说:“杜秘书长,听内人说,我不在西安的这一年多时间,你对我家多次进行经济资助,来,我再敬你一杯。”

“不客气。”说完,杜斌丞一饮而尽。

酒过三巡,杜斌丞说:“维城,梆子市街42号有一处空宅,你把卢先生安排到那里,商量事情方便些。”

李维城说:“好。”

田禾夫来到西安王家巷32号公馆,径直来到杜斌丞的书房,说:“杜先生好。”

杜斌丞招呼道:“禾夫来了,快请坐。”

田禾夫坐下后,说:“杜先生,大事不好了。国民党特务机关强行解散了13个抗日团体,逮捕了李连璧、于志远、蔺克义、何志诚、陈宇五位同志。你快救救他们吧。”

杜斌丞见说,十分气愤地说:“爱国有何罪?抗日有何罪?他们那些人,自己不抗日,还阻挠别人,真是些败类!好,我明天就去找他们论理去。”

“谢谢杜先生。”

几日后,五位被逮捕的同志果然被放了出来。

这一日,李公朴前来拜访,杜斌丞早知李公朴其人。李公朴,1902年11月26日生于江苏省武进县。1927年参加北伐战争。1928年初,赴美国留学。1936年创办读书生活出版社,出版了许多进步的通俗读物。同年11月,国民党反动派竟将他与沈钧儒等六人逮捕入狱,制造了震惊国内外的“七君子事件”。抗战全面爆发后,李公朴积极投身于抗日民主救亡运动。1937年11月,出任山西民族革命大学副校长。李公朴当时住在西京招待所。杜斌丞见到李公朴后,两人寒暄了几句。便坐下交谈。杜斌丞说:“公朴兄,你最近在写些什么？”

“我刚完成一部书稿，准备送到武汉出版。”

“你写的《山西的现在及其将来》和《我们在抗战中怎样教育自己》两篇文章，我都看了，很有见地。”

“谢谢。这是我在山西民族革命大学完成的《中国政治问题讨论大纲》、《半年来抗战形势讨论大纲》，请你提出批评意见。”

“批评不敢当，我拿回去好好拜读拜读。”

武汉于右任公馆。

副官领杜斌丞、田伯英走进来，说：“于院长，杜先生和田先生来了。”

于右任招呼道：“快请坐。”

杜斌丞上前握住于右任的手说：“于老好。”

“好，好。快请坐。”

杜斌丞和田伯英坐下后，于右任说：“二位今来有何贵干？”

杜斌丞说：“我到武汉是向最高当局汇报陕西政务的。特地向您通报一声李仪祉先生病逝的消息。”

“李仪祉先生逝世的消息，我前两天也听说了。我们这些活着的人应该好好祭奠他。他对陕西的水利真是贡献太大了。”

“我和伯英商量了一下，最好能创办一所以‘李仪祉’命名的学校，为咱们家乡多培养一些农业人才。”

“好主意。你们承头，我支持你们。”

“我们想请于老担任董事长。”

“不不不，董事长一职，还是由杜先生担任最为合适。我为你们呐喊助威就是了。校长有合适人选没有？”

“我们想让李仪祉的弟弟李翥仪担任校长，不知合适不？”

“合适，弟承兄业嘛。学校名称起下了没有？”

“我们拟了个名称，叫‘仪祉农业学校’，想听听于老的意见。”

“很好。再成立个筹备委员会，好好筹划一下。”

"于老的主意真好。"

"校址你们选好了没有?"

"初步打算设在泾惠渠畔的泾阳县杨吾村。"

于右任笑了笑,说:"看来,你们是有备而来嘛。难怪你们这几年把陕西的事情办得很好。"

"谢谢于老的夸奖。为家乡办事,我们是决不会偷懒的。"

说罢,三个人都大笑起来。

杜斌丞回到西安,刚进办公室,常黎夫就跟了进来,说:"舅舅,三原县有18名绅士要求发还田玉洁的产业。这是他们的恳请书。"

杜斌丞接过恳请书看了一会,说:"他们人在哪里?"

"他们有两个代表,在外面等着。"

"你叫他们进来,我问问情况。"

"好。"

一会儿,王少猷、王俊生走了进来,说:"杜秘书长好。"

"你们叫什么名字?"

"我叫王少猷。"

"我叫王俊生。"

杜斌丞说:"请坐下说。"

王少猷和王俊生坐下后,杜斌丞说:"你们把田玉洁的情况说一说。"

王少猷说:"田玉洁是陕西富平人。曾任陕西靖国军第四路第一支队司令、国民军联军第十一路总司令,后与退入陕境的甘军韩有禄、黄得贵部,在泾阳县城与统治陕甘的冯玉祥、宋哲元部激战月余。城破后,田玉洁在泾阳的产业被宋哲元概行充作泾阳公有。致使田玉洁一家生活发生了很大困难。"

"我也知道田玉洁和杨虎城将军是一块参加靖国军的,私有财产理应得到归还。这样吧,我让省政府发一个公函,你们再去找泾阳县政府。"

王少猷和王俊生站起说:“谢谢杜秘书长。”

陕西省政府会议室。

台上站着杜斌丞和李志刚。台下坐着省府各室人员。

杜斌丞说:“根据武汉国民政府令:李志刚任陕西省政府秘书长,杜斌丞任省政府委员,驻省府办公。大家欢迎李秘书长。”

台下响起热烈的掌声。

经过一段时间的筹备,仪祉农业学校终于办起来了。这一天,泾阳县杨吾村仪祉农业学校大门前空地,站着数排学生。杜斌丞、田伯英、李翥仪、李仪祉的夫人站在大门口。大门旁挂着于右任书写的校牌“仪祉农业学校”。校牌上拴着红绸子。

田伯英走到麦克风前,宣布道:

“‘仪祉农业学校’开学典礼现在开始。首先请董事长杜斌丞先生和李仪祉夫人剪彩。”

杜斌丞和李仪祉夫人各拿起一把剪刀,走前一步,剪彩。

鞭炮响了起来。所有人鼓起了掌声。

孙蔚如、杜斌丞、彭昭贤、韩光琦、王宗山、李志刚等人围坐一桌。孙蔚如说:“拟成立陕西省垦荒委员会,由省主席兼任垦荒委员会主任,由省府委员杜斌丞代行主任职务,省民政厅、财政厅、建设厅各厅长兼任委员,大家有没有意见?”

众人齐道:“没有。”

孙蔚如又说:“鉴于黄龙山垦区经济困难,严重影响了那里的生产,经核算,拟补助黄龙山垦区 11.1 万元,大家同意不同意?”

众人齐道:“同意。”

第二十七章

夜幕降临,杜良明引呼延震西走进来,说:“老爷,这位是呼延震东之弟,来找您有事。”

杜斌丞说:“请坐。坐下说。”

呼延震西坐下后,杜斌丞问:“你找我有什么事?”

“我用驮骡给延安运了一批物资,路过彬县的时候,被专署查出来后,扣了下来。请您给想想办法。”

杜斌丞想了想,说:“这样吧,省政府秘书科有个主任叫郑自毅,他和七区的熊正平专员熟识,你去找他,就说是我让你来的。他就知道该怎么办。”

“谢谢杜先生。”

“不用谢。你明天就去找他。”

“好。”

第二天,呼延震西来到陕西省政府秘书科,走进门来问道:“哪位是郑主任?”

“我就是。你是……”

“我是杜斌丞先生的学生,是他让我来找你的。”

“什么事?”

“能不能借一步说话?”

郑自毅说:“你们先出去一下。”

其他秘书都走了出去。

郑自毅说:“你说吧。”

“我有一批物资,路过彬县的时候,被查处扣留了。”

“那好，我给熊专员写一封信。”

郑自毅拿起笔，说：“你先坐下等会。”

然后铺开纸，写了起来。

过了一会，郑自毅把写好的信折叠好，放进信筒里，说：“你拿上信亲自交给他。估计他会给我这个面子的。”

“谢谢。”

郑自毅介绍的熊专员，名叫熊正平，辽宁辽阳人，曾经是东北军115 师师长。因参加过长城抗战而获国民政府颁发的青天白日勋章。西安事变前夕，被张学良调至彬县，兼任陕西省第七区行政督察专员兼保安司令，扼守西兰公路。当下，熊正平的秘书引呼延震西走进来，说：“熊专员，这个人找您。”

“是谁让你来的？”

“郑自毅郑主任。这是他写给您的信。”

熊正平接过信看了起来，信上说：“来人是杜斌丞先生的学生，请予放行。弟郑自毅。”

熊正平看完后，喊道：“来人。”

秘书走了进来。

熊正平说：“你引这个人把东西提出来，给予放行。”

“是。”

杜斌丞回到家里，问常黎夫这段时间咋不见田一明了。

常黎夫说：“田一明听说马上要换省主席，怕现在的职位保不住，回白水开煤矿去了。”

“胡闹。你明天联系一下，让他马上回来。”

“好。”

第二天，田一明来到杜斌丞办公室。

“杜委员，我回来了。”

“回来就好。坐下说。”

田一明坐下后，杜斌丞说：“陕西省政府主席换人了，孙蔚如换成了蒋鼎文,我们要交出政权。调你回来,是要你办理移交事务。你要把所有的东西清点清楚,不准把一纸一笔拿出省政府,要给蒋介石的人看看我们西北人的气魄,要他知道,我们的陕西省政府是廉洁的。”

“好。”

“你去忙吧。”

田一明领着两个办事员正在院内走着。一个办事员看见房檐下有一个弃置多年的油桶,走过去踢了一脚,说:“田主任,这里还有半桶机油,登记不登记?”

“登记上。凡是省政府的东西都要登记。”

“是。”

晚上,杜斌丞对杜良明说:

“良明,你把全家人都召集来,咱们开个家庭会议。”

“好。”

过了一会儿,朱佩英、常黎夫、杜鸿模、马康如、杜鸿鹄、杜芳周、杜芳誉、杜良明等陆续来到客厅。有的坐在沙发上,有的坐在椅子上,马康如怀里抱着杜芳誉。

杜斌丞说:“现在政治局势极不稳定,我和孙蔚如都把权交出去了。我想,你们能回米脂老家的,都应回去。”

杜鸿模说:“我还要念书,我不能回去。”

杜良明说:“我要照顾老爷的生活,我也不能离开西安。”

常黎夫说:“我的行止要请示上级组织才能决定。”

杜斌丞说:“那好吧,你们三人可以留下,其他的人都回米脂老家。我已和八办的人说好,由他们护送你们回去。”

杜鸿鹄说:“我不回去,我还要在西安上学。”

杜斌丞说:“好孩子,听爹的话,你到米脂后,就可以见到你姐姐了,她也可以教你念书识字嘛。”

朱佩英不舍地说:“斌丞,我们离开后,你可要注意你的身体啊！”

“我会的。”

西安八路军办事处院内，朱佩英、马康如、杜鸿鹄、杜芳周、杜芳誉坐上一辆卡车。杜斌丞、常黎夫、杜良明、杜鸿模、林伯渠在车前送别。

卡车徐徐开动，众人招手道别。

卡车开出院子后，林伯渠让杜斌丞到办公室坐一会。

杜斌丞让常黎夫、杜良明、杜鸿模先回去。

杜斌丞和林伯渠到办公室后，杜斌丞说：

“我和孙蔚如都把权交了。”

“我们已经知道情况了。看来，这是蒋介石有步骤的行动。”

“老蒋的心眼太小了。”

“杜先生下一步打算怎么办？”

“先走着看，到时候再说。”

杜斌丞正在办公，田一明捧着一沓账本，进来说：“杜先生，东西全部都登记完了。”

杜斌丞接过账本，一页一页认真地看了起来。当看到“半桶机油”时，念道：“半桶机油。好，就是要这样严肃认真，一丝不苟。”

田一明说：“那我的任务完成了。”转身欲走。

杜斌丞叫了声：“一明。”

“杜先生，您还有事？”

“我和孙蔚如商量了一下，由你全权办理移交事务。”

“可我只是个视察员，名不正言不顺。”

“这个我们已经给你想好了，暂时任命你为事务股代理主任。”

“那好吧。”

田一明正在给总务科的寿家骏交手续。过了一会，寿家骏说：

"没想到你们这样认真?"

"我们西北人靠的就是'认真'。"

"好,手续就算交完了,你可以走了。"

田一明从怀里掏出一张纸,说:"这是我的辞呈,请你转交给蒋主席。"

寿家骏颇感意外,说:"辞呈?你先拿着,等我向蒋主席汇报后再说。"

"那好吧。"

寿家骏走进蒋鼎文的办公室,说:"蒋主席,孙主席的人把移交手续都办齐了。"

"有没有遗漏的?"

"没有。他们做事非常认真,连半桶机油都登记上了。"

"是吗?真是太难得了。"

"蒋主席,办交接的田主任要求辞职。"

"那不行。也不知道怎么了?现在已有好几个人向我递来了辞呈。他们就跟商量好了似的。你去好好做做工作,一定要挽留住。"

"这……"

"还不快去。"

"是。"

田一明来到杜斌丞的办公室,说:"杜先生,手续都交完了。"

"好,辛苦了。"

"杜先生,我准备辞职不干了?"

"为什么?"

"我不想为他们那些人卖命。"

"你好糊涂。"

"我提出辞职后,蒋鼎文让寿家骏多次挽留我,我正不知该怎么办?"

"你想，事务股的工作接触面广，他们想利用你对陕西情况熟悉的条件，咱们也要利用这个职务同他们接触，他留下你对咱们有好处。你不要自己先关门，不要采取不合作主义，只要你不贪污，你就放心干，我支持你。"

"那好吧。"

常黎夫走进杜斌丞办公室，说："舅舅，有一个新安旅行团从兰州来到西安，你见不见？"

"他们是干什么的？我怎么没听说？"

"新安旅行团是由江苏淮安县新安小学 14 名学生组成的，由校长汪达之带领，从淮安出发，走向社会，以推销进步书刊、放映抗日电影、讲演等形式宣传抗日救亡，已经途经 18 个省市，行程四万五千余里。"

"真不错。这让我们看到了中华民族的希望。你安排一下，我一定要给他们以鼓励。"

"好吧。"

新安旅行团一学生正在西安东大街讲演。横额上写着"新安旅行团"。周围的人越围越多。汪达之和一个学生坐在一张桌子前，正在销售《新华日报》、《老百姓》、《西北》等书刊。

讲演的学生说："同胞们，东北亡了，华北亡了，上海沦陷，南京沦陷，我们还有什么地方可退。叔叔阿姨们，我们一定要勇敢地站起来，肩负起中华民族的重任，为抗战流血，为抗战流汗，保卫我们的家园。……"

众人热烈地鼓起掌来。

这时，杜斌丞和常黎夫走进人群，来到汪达之面前。常黎夫介绍道："汪校长，这是省府委员杜斌丞先生，看望大家来了。"

汪达之见说，忙站起握着杜斌丞的手说："谢谢，谢谢杜委员。"

杜斌丞说："你和这些娃娃真了不起，为国家、民族奔波，出了不少力,吃了不少苦啊。”

这时,有一个孩子来到杜斌丞面前,说:“请您买一份我们的报纸吧。”

杜斌丞接过一份《新华日报》,说:“好,我也为抗战出份力。”

说着,杜斌丞从怀里掏出一块银元,递给面前的学生,说:“不用找了。”

众人又一次热烈地鼓起掌来。

常黎夫正在看书。杜良明走进来,说:“常秘书,你给老爷说一声,我准备回蟠龙一趟。”

常黎夫问:“你回去干什么?”

“我父亲从蟠龙王家砭写来一封信,说有个户族流氓,长期赖在我家里,老是欺负他。我准备回去打死这个狗杂种。”

“你怎么打?”

杜良明从怀里掏出一支手枪,说:“我用这个。”

常黎夫站起阻止道:“胡来。革命没有你这么蛮干的。”

“那怎么办? 就让那个坏蛋老那样欺负我爹。”

“凡事要多动动脑子。”

“动脑子有什么用,动脑子那个坏蛋就不欺负我爹了?”

“这件事,你就听我一回。”

杜良明生气地坐在一边。

常黎夫摊开纸,拿起笔,写了起来。过了一会,常黎夫把写好的信装进信筒,递给杜良明,说:“明天,你把这封信寄到延安。”

杜良明嘟嘟囔囔地说:“寄信有什么用?”

“寄了你就知道了。”

延安的曹力如接到一封信,信中写道:“曹主任勋鉴:我舅杜斌丞有一随员,叫杜良明,他父亲住在蟠龙王家砭村,被一流氓长期赖在家里,欺负老人,请你出面妥善处理这事。常黎夫。”

曹力如看完信后,让小刘赶快备马,策马疾驰,朝蟠龙王家砭方向奔去。

杜良明引王玉琪、常纯德走进来,说:“老爷,这两位是织女渠包工代表,有事来找您。”

“呵,那是陕北老乡嘛。快请坐。”

王玉琪和常纯德坐下后,杜斌丞问道:“你们找我有什么事?”

王玉琪站起欲说,杜斌丞让他坐下慢慢说。

王玉琪说:“我叫王玉琪,他叫常纯德。我俩是大伙推举来的代表。事情是这样的:米脂县长一开始给我们说:织女渠是省上杜秘书长让修的,经费肯定有保障,但是有一条,一定要保障质量。织女渠快建成时,突然经费停了,工人们都吵着问我们要工资,我们几个包工的没办法,就把家里的钱拿出来给工人发工资。如今,完工几个月了,还不见上面的经费拨下来。我们就一级一级找上来。结果,水利局的局长还让人把我们赶了出来。没办法,我们就找到您这里来了。”

“织女渠现在能灌溉多少土地?”

“大概有十几万亩,”常纯德答道。

“那还欠多少钱?”

“总共欠 7155 元。”

“本来是想为家乡办点好事,没想到让你们受累了。这样吧,我给水利局长写封信,你们拿上信再去找一下。我想问题终会解决的。”

杜斌丞摊开纸,拿起毛笔,写了封信交给他俩。

王玉琪和常纯德带着信来到省水利局局长室,局长孙绍宗不耐烦地说:“你们怎么又来了?”

王玉琪说:“杜斌丞委员让我们把这封信交给您。”

孙绍宗接过信,看了起来:“绳斋仁兄局长大鉴:米脂县织女渠包工代表王玉琪、常纯德等,因工程赔累,生计维艰,申述经过确系实情。‘请愿’一节亦属迫不得已之举,应由主管机关核办,定邀吾兄存恤,千余工友引颈而望。将来拜惠多多矣！专此布意。敬颂勋祺！弟杜斌丞,七月十日。”

孙绍宗看完信,说:“这个杜胡子,真能给人出难题。这样吧,这事也不是我一个人能定的,还需要上一次省政府委员会。等我派人到米脂县去核算一下,再做定夺。”

常纯德还是不放心:“孙局长,那还得等多长时间?”

“你们也不需要等了。杜委员的面子我还是要给的。等我们弄好后,就把款子给你们打过来。”

“孙局长……”

“你这人怎么这样?我话都给你们说清楚了,怎么还不走?”

王玉琪拉了一把常纯德,然后说:“孙局长谢谢你。那我们走了。”

王玉琪拉着常纯德从门里走了出去。

孙绍宗摇了摇头,说:“真是些乡巴佬,不可理喻。”

第二十八章

李象九来到省政府事务股,说:“郑主任,你好。”

郑自毅招呼道:“是什么风把您给吹来了?”

“找你有点事。”

“快请坐,坐下说。”

李象九说:“有人向省府诬告我在黄龙山为延安方面囤粮、买枪,听说蒋鼎文主席电召新任的八区行政专员熊正平日内由大荔来省,可能就为这件事。这事我已告诉杜斌丞先生了,他让我找你设法解释一下。”

“那行。等熊正平来西安后,我安排以咱俩的名义,请他一块聚一聚。”

“那就谢谢了。”

“谢什么?你的面子我得给,杜先生的面子我更得给。”

西安某食堂。

郑自毅、熊正平、李象九等围坐一桌。

李象九端起一杯酒,说:“来,熊专员,我再敬你一杯。”

熊正平端起一杯酒,一饮而尽。

郑自毅说:“来,吃菜。”

熊正平说:“我,我喝多了。”

郑自毅和李象九扶着熊正平从食堂走出来,郑自毅对熊正平说:“李象九的事情,还要您老兄多想办法。”

“请放心。杜先生是我们东北军的恩人。李象九是杜先生派,派去黄龙山的，我，我一定要尽力支持。”

熊正平的警卫员赶忙去开车门。郑自毅和李象九把熊正平扶上了车。

小车疾驰而去。

郑自毅走进杜斌丞办公室，说：“杜先生，李象九的事情摆平了。这是熊正平到黄龙山调查的结果。”

郑自毅把一页纸递给杜斌丞。杜斌丞念道：“‘事出有因，查无实据’。好，这件事办得好。

常黎夫引田禾夫走进杜斌丞的书房，说：“舅舅，禾夫向您辞行来了。”

杜斌丞请田禾夫坐下说话。

“禾夫，你准备到哪里去？”

“西北第二次青年救国会代表大会在延安召开。我也被选为代表。明天，我就准备动身去延安。”

“很好嘛。青年人就要有理想，有奋斗目标，中国的复兴，民族的希望，就寄托在北国的这股力量上了。你到延安后，要好好向他们学习。”

“我一定不辜负您的期望。”

常黎夫说：“禾夫，我真羡慕你。到延安去，这是多么好的学习机会啊！”

西安王家巷32号。

杜良明打开大门，常黎夫走了进来。杜良明一把拉住常黎夫，就往房间走。

常黎夫说：“良明，你拉我干什么？”

“到房间再说。”

杜良明和常黎夫走进房间。杜良明让常黎夫坐在椅子上。然后，“扑通”一声跪在地上，说：“常秘书，你是我们家的恩人。”

“良明,你这是干什么?赶快起来。”

杜良明起来后,从怀里掏出一封信,说:“你看,我家的问题解决了。”

常黎夫接过信,看了一下,说:“这个结果,我早知道了。”

杜良明疑惑地问:“你怎么知道的?”

“延安来信告诉我的呗。”

“你们共产党太伟大了。”

过了一会,杜良明说:“常秘书,你说我能加入你们党吗?”

常黎夫没想到他会提出这个问题,想了想,说:“你真的想加入中国共产党?”

“我早就想加入了,就怕你们党不要我。”

“这样吧,等我请示上级以后,再给你答复,好不好?”

“好。那你可要快点。”

杜斌丞和常黎夫一人坐一辆黄包车来到七贤庄门口,下了车。杜斌丞向左右看了看,然后走进大门。门口的警卫向杜斌丞敬礼。马路对面,有一个钉鞋的特务把这一切看在了眼里。杜斌丞和常黎夫走进林伯渠办公室。杜斌丞说:“林主席好。”

林伯渠招呼道:“二位来了,快请坐。”

杜斌丞和常黎夫坐下后,林伯渠说:“现在抗战形势十分严峻,国民党战场是一败涂地。10 月 25 日失了汉口,26 日失了武昌,27 日失了汉阳。”

杜斌丞说:“是啊。国民政府已正式迁往重庆。真是民心失尽了。”

林伯渠说:“日本政府鉴于蒋介石的动摇行为,已改变了国策。开始采取诱蒋投降的方针。”

“伯渠,你们共产党方面最近有什么对策?”

“我们当然是抗战到底。”

说着,林伯渠拿出一本书,递给杜斌丞。

“这本《联共(布)党史简明教程》是在延安刚出版的,送你一本。”

杜斌丞接过书,说:“谢谢,我回去后一定认真拜读。”

在林伯渠那聊了一会后,二人叫了黄包车准备离开,伍云甫和宣侠夫将他俩送出门去,目送二人坐着黄包车离开。这一切都被张严佛的特务看在了眼里。

“报告区座,杜胡子今天上午坐黄包车到八办,进去一小时才出来。伍云甫和宣侠夫两人送到大门口,等杜胡子上了车之后才进去。”杜斌丞他们离开后,特务马上赶回来报告。

张严佛说:“很好。以后,一定要盯紧点。杜斌丞这人思想极其左倾,先是与南汉宸有勾结,参与了西安事变,后来又与八办的宣侠夫有勾结,公开反对蒋委员长。所以情报工作一定要搞细,不然哪一天老头子怪罪下来,让你吃不了兜着走。”

“属下明白。”

“去忙吧。”

“是。”

陕西战时行政训练班开学了。主席台上坐着蒋鼎文、韩光琦、彭昭贤、李志刚。横额是“陕西战时行政训练班第三期开学典礼”。杜斌丞正在做演讲。

台下坐满了省府及各县来的行政人员。

杜斌丞说:“……党派已形成了坚强的抗战阵营,做出了持久抗战的战略决策。这个阵营,这个战略,是决不允许破坏的,也是任何人破坏不了的。”

全场响起了热烈的掌声。

这时,有人带头呼起了口号。

“抗战到底!”

“抗战到底!”

“一定胜利!”

"一定胜利!"

常黎夫在一处秘密交通站找到张德生,说:"我舅舅身边那个随员你知道吗?"

"知道呀,我们的许多同志都得到过他的照顾。"

"他叫杜良明,前两天他提出要加入中国共产党。"

"这倒是个问题。我的意见是,他就留在斌丞先生身边工作,不入党活动更方便些。"

"我也是这样认为的。"

"那好吧,你给他多解释解释。"

常黎夫正在看书,杜良明走进来,说:"常秘书,我前几天给你说的事,你们研究的怎样了?"

常黎夫放下手中的书,说:"我们研究认为,你是个好同志,但为了工作方便,你还是留在党外,做个非党的布尔什维克比较合适。"

"什么是非党的布尔什维克?是不是你们党不要我?"

"不是。你这么好的同志,我们党怎能不要你呢?非党的布尔什维克就像我舅舅一样。"

"就像老爷一样?"

"对,就像我舅舅一样。这也是为了工作的需要。"

"我懂了。只要你们不嫌弃我就行了。"

"怎么会嫌弃你呢?我们党的同志要是都能像你一样,就好了。"

"那可说好了,要是有什么任务,你就给我布置。"

"行。"

杨明轩、李寿亭、何寓础、车向忱、张耀斗等人围坐一桌。杨明轩说:"咱们西北教育界抗日救国大同盟自一月份成立以来,在诸位的共同努力下,取得了很大成绩。但是反动势力仍然很猖獗。据杜斌丞先生透露,教育厅长周伯敏为要肃清教育界的'左倾分子',令省立师范、西安二中、西安女中、西安高中等校解聘二十余名教师,并令各校一律不准约聘车向忱、李敷仁、何寓础等六人。大家讨论一下,看看有什么好的对付办法?”

何寓础说:“我的意见是,咱们分别联络一些知名教师,联名上书省政府,不信制不住周伯敏这个党棍。”

车向忱说:“咱们还得准备第二套方案,万一第一套方案不能奏效,咱们就组织全市罢课、罢教。”

杨明轩说:“大家有没有意见?”

“没有。”

“好,那就这么定了。寓础给咱辛苦一下,由你负责写请愿书。”

“好吧。”

杜斌丞和常黎夫在客厅坐着聊天,常黎夫说:“舅舅,李敷仁给我说,他们联络了上百个知名教师,联名上书省政府,结果使周伯敏的计划泡了汤。”

“周伯敏整天不好好研究怎样抗日,就会挖空心思整人。结果只能是卷铺盖走人。”

“舅舅,我听人说,鸿范进了杜聿明的部队。”

“是啊,刚任了个连长。范儿来信说,他和居恭还添了个女儿,正等着我给起名字呢。”

“那他们现在哪个省?”

“信上说,他们现在贵阳。”

“老蒋也是的,部队都窝在大后方,还怎么抗日?”

“他们那是保存实力。”

“等整个国家都亡了,我看他们还怎样保存实力?”

“去年年底,汪精卫发表‘艳电’,公开投降了日本。真是一蟹不如一蟹。”

“舅舅好在还有我们党在坚持抗战。1月5日,我党中央发出了《关于汪精卫出走后时局的指示》,要求我们坚决打击卖国汉奸汪精卫和一切投降反共活动。”

“前几天，国民党五届五中全会在重庆举行。会议虽然主张抗战，但把‘抗战到底’解释为只是回复到‘七七’事变以前的原状，同时声明‘吾人绝不愿见领导革命之本党发生两种党籍之事实，’确定了‘溶共、防共、限共、反共’的方针，还秘密通过了蒋介石提出的《限制异党活动办法》，规定各级行政人员一律集体加入国民党。胡宗南两次三番给我送来《国民党党员登记表》，让我加入国民党，还许我以军事委员会参议之职，都被我当面拒绝了。”

“我们党为了应付眼前的复杂局面，已经做出决定，共产党员可以加入国民党。”

“共产党员组织决定加入国民党，可以是假的。如果我加入了，假的也被他们利用为真的了。”

杜良明在院内干活，大门外传来敲门声。杜良明打开门，说：“你找谁？”

“杜斌丞先生在家吗？”

“在。你是？”

“我叫王幼兰，是南汉宸的夫人。”

“快请进。”

杜良明领着王幼兰来到客厅，杜良明说：“老爷，南汉宸先生的夫人找您。”

“稀客，快请坐。”

王幼兰坐下后，喝了一口水，说：“事情是这样的，我党中央机关为了丰富同志们的文化生活，决定成立一个俱乐部。但我们缺乏设备。组织上便派我来西安找您帮忙来了。”

“那是好事啊。我一定大力支持。汉宸现在情况怎么样？”

“汉宸情况很好。”

“西安现在情况十分复杂，你一个女人家一定要注意安全。”

“谢谢您。我会的。”

"只要你看我家什么东西有用,都可以带走。"

"那我就不客气了。"

"客气什么,你随便拿。"

王幼兰先是把汽灯摘下来,又去拿留声机。

杜斌丞向外叫道:"良明。"

杜良明进来后,杜斌丞让他帮王幼兰拿一下东西。

"这……"

"这什么？快去帮忙。"

杜良明帮王幼兰抱上留声机。王幼兰又去搬挂钟。

杜斌丞问王幼兰:"你再有帮手没有?"

"有,在外边呢。"

"你俩一样一样拿。"

杜良明抱着留声机出去后,一会儿,又来和王幼兰抬挂钟。过了一会儿,杜良明又和王幼兰进来,杜良明提起汽灯,往出走,王幼兰又在屋里扫了一眼,看见一把手电筒,走过去拿在手里,说:"杜先生,真不好意思。延安物资太匮乏了。"

"支持革命是应该的嘛。"

"杜先生,再见。"

"代我问汉宸先生好。"

延安杨家岭毛泽东窑洞。

毛泽东问王幼兰:"幼兰女士,你们这次到西安收获大小哩?"

"收获可大了。主要是得到了杜斌丞先生的大力支持。主席,我看杜斌丞这个人根本不像党外人士。"

"是吗?"

"我感觉他对革命很热情,对咱们党的政策理解的也很深刻,我们应该吸收他入党。"

毛泽东笑着说:"我们把杜斌丞就没有当外人看待。与他共事,我们是很放心的。"

第二十九章

常黎夫一边洗脚，一边问杜良明："良明，我看舅舅的客厅里怎么少了好多东西？"

"昨天来了个王女士，说是南汉宸的夫人，把东西都拿走了。"

"原来是王幼兰来过了。"

"常秘书，我想问你个问题。"

"你说。"

"老爷为什么对共产党这样好？"

"因为共产党是全心全意为老百姓谋利益的。"

"噢，我懂了。那我一定要跟着老爷好好干。"

"只知道跟一个人干还不够，只讲个人间的肝胆义气还不行。你要心里装着老百姓。"

"你说得对，我以后一定要注意学习。"

"良明，你只看一些侠义旧小说是不成的。今后，你应该多看看进步书刊。"

"那好吧，你今后多给我找一些好书刊来。"

"怪我前段时间忙，没有多关心你。今后，我一定给你多找一些好书让你读。"

"谢谢。"

米脂织女渠畔，站着一群各界名流及许多看热闹的老百姓。横额打着"织女渠放水剪彩仪式"。还有几面彩旗迎风飘扬。

几个年轻人正在起劲地敲锣打鼓。

主持人问县长刘学海:“可以开始了吗?”

刘学海说:“开始。”

主持人用手示意了一下,锣鼓家什立即停了下来。

主持人说:“织女渠放水剪彩仪式现在开始,第一项,鸣放鞭炮。”

顿时,鞭炮声骤起。

主持人:“第二项,请刘县长讲话。”

刘学海说:“各位父老乡亲:鄙人于民国二十六年春奉命由同官调任米脂县,捧檄之日,省府秘书长杜斌丞先生即谆谆以兴修无定河水利为嘱。鄙人两年来跋涉河干,督工筹款,力任奔走,悉心维护。幸赖杜公力请省政府倡导于上,李仪祉先生精心设计,更有李维第君精勤擘划,地方各界精英协力赞助,才有今日之放水仪式,才有两万多亩旱地将要变成水浇田。真是米脂幸甚,陕北幸甚。”

全场响起了热烈的掌声。

主持人说:“第三项,剪彩。”

刘学海与一老者拿起剪刀,上前剪彩。

全场又一次响起热烈的掌声。

主持人说:“第四项,开闸放水。”

众人都欢呼起来。霎时,锣鼓、鞭炮震天动地。无定河水通过水渠,流进了一大片庄稼地。

陕西省政府会议室的墙上贴着横额“孙中山纪念周”,台下坐着省府各室人员。杜斌丞正在讲话。

杜斌丞说:“各位同仁:‘九一八’后,世界公约被日本破坏,实际上大战已开始。数年之间,已有几个国家被侵略而灭亡,如阿比西尼亚、澳大利亚、捷克斯拉夫及西班牙等国。其灭亡之经过,或经战争而失败,或不战而屈服,但其所以失败,均有不得不然之原因。如阿比西尼亚之军事支持仅止数月,未能利用环境,以运动战及游击战来持久的普遍的发挥其抗敌力量。澳大利亚失败之主因,则为失去自信心，无自主外交，专以侵略国家是赖，致令敌人从容布置，及至事急已无法挽救，终遭亡国之祸。至若捷克斯拉夫，其失败主因则为内部党派分歧，虽至敌人迫来，仍相斗争，遂使德帝国主义不费一枪一弹，仅以一纸命令而并为属国。最后，西班牙经两年余之抵抗，虽终失败，然其奋斗精神，已足使吾人钦佩，且将成为民族复兴与战争中重要之一页。而我国人力物力极为充足，较上述各国超出若干倍，敌人在我长期抗战之下，已窘态毕露。总之，我国主观客观之条件，均极优越，最后胜利绝无疑问。”

全场响起热烈的掌声。

常黎夫对杜斌丞说：“舅舅，最近国民党经常消灭我八路军、新四军部队。”

杜斌丞说：“这国民党老是干些亲者痛仇者快的事情。”

常黎夫接着说道：“6 月 11 日，国民党河北民军总指挥张荫梧率部袭击了我冀中琛县第十八集团军后方机关，屠杀指战员 400 多人。第二天，国民党第二十七集团军杨森部又包围了我驻湖南平江县嘉义镇的新四军留守通讯处，杀害上校涂正坤等 10 余人。”

“那你们延安有什么反应。”

“毛泽东主席为此发表了《反对投降活动》的文章，指出：要坚决斥责那些公开的汪精卫和暗藏的汪精卫制造的反共空气，号召全国人民一定要团结起来，坚持抗战，把投降阴谋和分裂活动镇压下去。”

“不团结，国家要亡。不抗战，国家更要亡。这老蒋怎么连这点道理都弄不懂，真是不可救药，”杜斌丞气愤地说。

停了一会，杜斌丞又对常黎夫说：“去年，老蒋下令在河南花园黄河决口，造成数十万灾民流离失所。驻河南的二战区长官卫立煌与中央赈济会主任朱子桥提出拨专款在陕西增辟垦区，大量安置难民。咱陕西现有的垦区规模都太小。我的意见是在马栏新建一个垦区，你去征求一下你们组织的意见，看他们同意不同意？”

“行。”

随后,常黎夫来到泾阳县云阳镇中共陕西省委驻地,在那住了三天,就马栏垦区新建等三个问题,征求了中共的建议。

常黎夫回到家里,向杜斌丞做了汇报:“我在云阳住了三天,和新任省委书记欧阳钦,还有张德生同志认真讨论了三个问题。一是关于你加入不加入国民党的问题,我们组织尊重您个人的意见。二是同意新建马栏垦区。三是您和杨先生提出的在十七路军建立抗日同志会问题,我们中央的意见是以不搞为宜。”

“好,我知道了。”

一天,常黎夫对杜斌丞说:“舅舅,我听车向忱说,东北救亡总会被国民党省党部派人查封了。高崇民先生没有地方住了。”

“是啊,高崇民不给国民党干事,经济上没有来源嘛。黎夫,你这两天注意一下,看在附近能不能找到房子,让崇民搬过来住。”

“那房租怎么办?”

“房租由我出。你在崇民跟前一定要保密,让他住过来就行了。”

“好吧。”

杜斌丞、白绍虞、乐文山、营尔斌、张筱丛、白超然、柴孺强、张光远、王昆生等齐集一堂,讨论成立陕北旱灾救济会。

杜斌丞说:“自入春以来,陕北酷旱成灾,以致秋禾至今未能下种,粮价暴涨,小米每斗八元有奇,尤以绥德、米脂、榆林、神木、府谷一带最为严重。据我知道,陕北各县士绅为谋救济,特在榆林成立了旱灾救济会,向各方呼吁,以资赈济。咱们这些旅省同乡,是不是也应该关怀桑梓,做一些事情呢?”

白绍虞说:“胡子大哥,你说吧。你怎样说,我们就怎样做。”

白超然说:“咱们也应该成立旱灾救济会。”

张光远说："我看就叫陕北旱灾救济会西安分会。"

乐文山说："对，咱们有钱的出钱，有力的出力。"

杜斌丞说："绍虞，超然，我看，你们两个就给咱当这个会的正副主任，把这件事抓起来。"

白绍虞和白超然齐声道："行，没问题。"

杜斌丞又说："再就是，要通过新闻界多向社会呼吁，争得大多数人的同情和支持。"

白超然说："好，我去办。"

郑自毅引屈武来到王家巷32号公馆，走进客厅，说："杜先生。屈先生看望你来了。"

杜斌丞说："经文，听说你是从西欧回来的。"

"我是昨天刚从重庆到的西安。"

说着杜斌丞和屈武的手握在一起。

稍顷，杜斌丞招呼道："经文，快请坐。自毅，你也坐。"

屈武和郑自毅坐下后，杜斌丞说："经文，这次欧洲之行，收获大小哩？"

"收获很大。我在国外看到了世界反法西斯阵线。"

"是啊，爱好和平的人还是多数。"

"杜先生还是那样精神百倍。"

"我们天天要和反动派斗，精神不好能行吗？"

杜斌丞又对郑自毅说："自毅，南汉宸和林伯渠来西安参加'设置陕北师管区会议'，南先生说：'延安方面物资匮乏，尤其是图书。'我已将我的收音机赠给南先生。你有没有图书要捐？"

"我有一部戚继光的《纪效新书》，不知能不能捐？"

"当然能。那可是部不可多得的好书。你见了南先生后，直接把书交给他。"

"行。杜先生，屈先生这次回来，主要是深入各战区调查研究，以便于协助苏联顾问团开展工作。"

“那好啊。经文离开西安已经好多年了,情况可能都撂生了,你要多协助他。”

“没问题。”

杜良明引张文彬走进来,说:“老爷,张先生看你来了。”

杜斌丞见是张文彬,招呼道:“文彬,好长时间没有见面了。快请坐。”

张文彬坐下后,说:“杜先生,我是路过西安,要到南方去。特地来向您道个别。”

“好,好。”

张文彬从怀里取出一本书,说:“杜先生,这是毛泽东主席新出版的一本书,送给您。”

杜斌丞双手接过书,看了起来,口里念道:“《新民主主义论》,好,谢谢,我一定认真拜读。”

张文彬走后,杜斌丞开始看毛泽东的《新民主主义论》。

不知不觉天已大亮。

常黎夫走进来,说:“舅舅,天已亮了。怎么?您看了一夜书。”

杜斌丞站起,伸了个懒腰,说:“好书,好书。”

“什么书?”

“是文彬送给我的,毛泽东先生新出版的《新民主主义论》。黎夫,毛泽东先生说的太好了。他为我们指出了新民主主义的道路。这下,我们就看清了前进的方向。”

“那能不能让我也看一下?”

“那不行,我还要反复地研究呢。”

陕西省政府杜斌丞室。

杜斌丞对常黎夫说:“经我和蒋鼎文研究,将你从省府秘书处第一科调任省垦务委员会一等干事。这是给你的委任状。”

常黎夫接过委任状,说:“谢谢舅舅。”

“你坐下，我给你说些事。”

常黎夫坐下后，杜斌丞说：“经与河南省当局协商，拟先送十万贫苦灾民分赴陕、川、甘、宁各省垦荒。这十万人分作两批，第一批五万人，分配陕西二万，甘肃一万人，宁夏五千人，四川一万五千人。第二批还须协商后，再行分配。”

“那马栏垦区的事定下来没有？”

“定下来了。第一期施垦步骤及需费预算书已经省府研究批下来了。下一步就要着手筹办。”

“我一定尽力。”

杜斌丞正在看毛泽东的《新民主主义论》，旁边还放着一本王明的《为中共更加布尔什维克化而斗争》，这时，徐彬如突然来访。

“杜先生，我马上要到延安去，您有什么吩咐？”

杜斌丞见说，道：“请代我向你们的毛泽东主席问好。”

“没问题，我一定把您的话带到。”

徐彬如看见桌子上放着一本书，上面已密密麻麻画了许多圈点和眉批，便问：“杜先生最近在看什么书？”

“毛先生的《新民主主义论》。我对毛先生很敬仰，他的文章深入浅出，道理讲得很透彻，而王明的文章太深奥。不过，我看出你们党内思想是不一致的，王明同毛先生的主张就不同嘛！”

“我看我们党内很团结，没有不一致的地方。”

杜斌丞笑了笑，说：“慢慢你就知道了。”

延安某窑洞。

南汉宸上前握住徐彬如的手，说：“彬如，回来了？”

徐彬如说：“回来了。我是和博古同志一块回来的。乘博古去向毛主席汇报，我来看看你。”

“好，谢谢。请坐。”

“南先生，在延安，毛泽东与王明是不是有分歧？”

“你怎么知道?”

“那这么说,真有这么回事?”

“自从王明1937年11月29日回到延安,他们就一直有分歧。尽管毛先生一直尊重王明,但王明常以‘钦差大臣’自居,我行我素,致使中央的一些正确决策不能很好地贯彻执行。”

“杜先生太厉害了。他能从毛先生和王明的文章里看出他们的分歧。”

“是吗?”

“当然是真的。当时我对他的话不理解,还和他辩解了几句呢。”

“这就叫‘秀才不出门,便知天下事’。”

第三十章

西安王家巷 4 号。

门外传来“咚咚”的砸门声。

高崇民从屋内出来问:“什么人?”

“快开门,我们是侦缉队的。”

高崇民过去打开门,问道:“深更半夜,找我们什么事?”

说话间,门外闯进来一群如狼似虎之人。冯之奇冯队长说:“你儿子高存信呢?”

“我儿子在外地没有回来。”

“别装洋蒜了,有人看见他回来了。给我搜。”

几个侦缉队员闯进屋里,只听见“噼,啪,咚”翻箱倒柜的声音。

高崇民怒斥道:“你们这伙强盗,无凭无据,凭什么搜查我家?”

冯之奇说:“别嘴硬,你儿子是延安的共产党,谁不知道? 待会搜出来,看你怎么说?”

这时,白竟凡从屋内跑出来,说:“爸,他们把好多东西都砸烂了。”

“让他们砸,看他们还能猖狂到几时?”

几个侦缉队员从屋里出来,说:“报告队长,没有发现高存信。”

“肯定是藏起来了,先把这个老头带走。”

几个侦缉队员上来就推高崇民,吼道:“走,跟我们走一趟。”

白竟凡急了,扑上来就抓挖侦缉队队长。

冯之奇一推白竟凡,白竟凡跌坐在地,哭了起来。

高崇民见状,说:“住手,我跟你们走。”

侦缉队将高崇民带出了大门。

杜良明刚把大门关上,准备回房间休息,门外便传来一阵急促的敲门声。

杜良明问:“谁呀?”

“我,我是白竟凡,快开门。”

杜良明听见白竟凡焦急的声音,赶紧打开门,说:“出什么大事了?”

白竟凡披头散发、急急忙忙走了进来,说:“杜先生在家吗?”

“在。你跟我来。”

杜良明引白竟凡来书房,说:“老爷,白女士找您有急事。”

这时,常黎夫走进来问:“出什么事了?”

白竟凡说:“存信从延安回家探亲,被国民党侦缉队跟踪了。八办的人得到消息后,马上通报了我公公,存信便当即搬到八办去住。没想到,刚才侦缉队的人搜查了我们家,还把我公公带走了。”

杜斌丞说:“不要怕,有我呢。黎夫,你和良明赶紧去八办一趟,请他们出面交涉。”

“是。”

说着,他俩从门里跑了出去。

杜斌丞让白竟凡也回去,照护门户要紧。

白竟凡便急匆匆地走了。

过了个把时辰,杜良明回来了。

杜斌丞赶紧问:“怎么样?有消息没有?”

杜良明说:“八办的人前去交涉,国民党死活不承认有此事。”

“真是一群无赖。黎夫呢?”

“常秘书让我先回来通报您一声,他再去问问,看高先生被关在哪里?”

“黎夫更加成熟了,”杜斌丞赞赏地说。

过了一会,常黎夫走进来,说:“舅舅,情况探明了,高先生被侦缉队关在新城看守所里。”

杜斌丞对常黎夫说：“走，跟我要人去。”

陕西侦缉队队长室。

一个侦缉队员对冯之奇说：“队长，杜胡子来了。”

“你就说我不在。”

正说着，杜斌丞和常黎夫走了进来。杜斌丞说：“冯队长，你还像个陕北人吗？”

“不知杜先生驾到，有失远迎，失敬失敬，”冯之奇假惺惺地说。

“请把高先生交出来。”

“杜先生，我们这里可没什么高先生。”

常黎夫说：“我们已经探听清楚了，你把高崇民先生关在了新城看守所。”

冯之奇见说，随之一震，说：“误会，误会。”

随后让人赶紧把高先生放出来。

过了一会，高崇民被带到了办公室。

杜斌丞说：“崇民，咱们回家。”又对冯之奇说：“冯队长，请你再不要干害国害民的事情。”

杜斌丞、高崇民、常黎夫走了出去。

侦缉队员说：“队长，人不能放啊！”

冯之奇说：

“滚！”

侦缉队员赶紧走出办公室，身后传来摔水杯的声音。

常黎夫对杜斌丞说：“舅舅，我听说杜聿明到了西安。”

“我知道，住在西京招待所。”

“那您去不去看他？”

“当然要去。他是第五军军长，又是抗日英雄。他是咱们米脂人的骄傲啊。”

杜斌丞来到西京招待所，走进杜聿明住的房间，两个人寒暄了一阵，然后坐下交谈起来。杜斌丞说："光亭，听说前一段时间你参加了桂南战役，取得了昆仑关大捷，可喜可贺呀！"

"都是委座领导的好呀！"

"不尽然，不尽然。胡宗南也是国民党部队，不但纪律不好，还常常欺压老百姓。这是老蒋用人不当啊！这样下去，国将不国。你看人家共产党，军队纪律严明，得到了老百姓的真心拥护。"

"你这个人，一边捧共产党，一边给蒋委员长做事，一脚踩两只船，委座怎么会信任你呢？"

"对，是这样的。不过，我做事，一定要有利于抗日，有利于人民。"

杜聿明摇摇头说："我看你都快站到共产党那边去了。"

"和共产党站在一起有什么不好？"

杜聿明想了想说："假若共产党将来违背诺言，抛弃民主，你还会像现在这样拥护共产党吗？"

杜斌丞坚定地说："谁搞民主，我就拥护谁。"

周子健走进一家饭馆，坐在一张小桌旁，店小二过来问："客官，要点啥？"

"来一壶龙井，两个杯子。"

店小二说：

"好来，您稍等。"

店小二离开一小会，又转回来，给周子健桌子上摆好了茶壶和茶杯，又去招呼别的客人。

这时，常黎夫从外边走进来，径直走到周子健对面，坐下后，问：

"出什么事了？"

周子健给常黎夫斟了一杯茶，然后说："根据咱们地下工作的同志得到的情报，最近，西安的特务已准备逮捕你。你要多加注意。"

"好，我知道了。咱们分头离开。你先走。"

周子健站起，走了出去。

常黎夫又喝了一口茶，给桌子上放了一块大洋，说：“小二，结账。”

店小二走过来，常黎夫说：“不用找了。”说着，向外走去。

常黎夫回到家，对开门的杜良明说：“外边有人盯，你要多注意。”

“你放心，有我呢。”

常黎夫回房后拿起书看了起来。看了一下，又烦躁不安地放下。这时，杜良明走进来，忙着抱被褥。

常黎夫问：“良明，你这是干什么？”

“你放心睡吧，我在外边给咱看着点。”

说着，杜良明抱着被子到外边去了。

翌日晨，杜斌丞夹着公文包往出走，到了门口，回头对杜良明说：“良明，这两天要特别留神门户。”

“是，老爷。”

杜斌丞又说：“你安顿黎夫这两天不要随便出门。我去西京招待所一趟，有事到那里找我。”

“好。”

躲在巷子里的一群特务见杜斌丞出门坐车走了，便闯出胡同，直奔32号公馆。

杜良明听见有猛烈的敲门声，没有说话，便直奔常黎夫房间。来到房内，杜良明说：“常干事，快跑，情况有点不对劲。”

“那往哪里跑？”

“你赶紧翻墙到隔壁去躲一下。”

“好吧。”

杜良明和常黎夫从房子里跑出来，杜良明赶紧搬过来一架梯子，担在墙上。常黎夫迅速从梯子上翻过了墙头。杜良明又把梯子放回到原处。

这时，敲门声越来越紧。甚至有人喊着：“快开门，再不开门就砸门了。”

杜良明无奈,过去把大门打开。一群特务闯了进来。

一特务头子骂道:“这半天不开门,捣什么鬼?”

说着,一拳朝杜良明打了过来。杜良明眼疾手快,顺势一把抓住打过来的拳头,向下一窝,痛得特务头子龇牙裂嘴。其他特务一捅而上,和杜良明扭打在一起。最后,杜良明终因寡不敌众,被敌人绑了起来。

特务头子说:“妈的,敢跟我玩阴的。给我搜。”

特务头子和另一特务照着杜良明,其他特务向房内跑去。

过了一会儿,众特务拉扯着做饭的任师傅,从房内走了出来。

任师傅抗议道:“我是做饭的,拉我干什么?”

特务头子命令道:“带走。”

西京招待所。

杜斌丞、杨明轩、胡景通、石毓瑞四人正坐在一起交谈。

杜斌丞说:“不要看胡宗南对你们亲近,他企图叫你们做陕奸,拆二十二军的台。榆林到西安,中间隔着陕甘宁边区,不然,你们早被胡宗南吃掉了。你们回去告诉邓宝珊和高双城二位将军,一定要与八路军建立友好关系。”

胡景通说:“请杜先生和杨先生放心,我们一定把话转到。”

这时,常黎夫跑了进来,说:“舅舅,不好了,敌人把良明和做饭的任师傅都抓走了。”

杜斌丞见说,急忙站起,说:“你们先谈,我去找一下蒋鼎文,真是没王法了。”

杜斌丞来到蒋鼎文家,对蒋鼎文说:“蒋主席,我家的佣人犯什么法了,都被你们的人给关起来了。”

蒋鼎文说:“有这等事?我不知道啊?”

“你不知道,他们就随便逮人关人?”

“这帮混蛋,整天就知道给我惹事。”

说着，拿起电话："给我接省党部。""你们是不是把杜委员家的佣人都关起来了？""什么？他们是共产党？你们是不是神经过敏了？你们有没有证据？""没有？你们赶快给我把人放了。杜先生已经发火了。"

蒋鼎文放下话筒，说："这帮王八蛋，没有证据就敢抓人。"

杜斌丞说："你们的政府太黑暗了，我不干了，今后我再也不上你们的衙门，做你们的官。"

说着，就往外走。

蒋鼎文跟在后面，说："杜先生息怒。今天这事都是误会。我有许多事情还要迎仗你呢，你可不能撂挑子。"

杜斌丞不管不顾地走了。

杜斌丞回到家中，见杜良明和任师傅已经被放回来了。杜良明身上伤痕累累，便一时怒气难平，说："不干了，不干了。辞职。"

当即挥笔疾书，给蒋鼎文写信。写好后，便派人将信送去蒋处。

蒋鼎文接到信后，连忙打开看。

"蒋主席鼎文均鉴：鄙人因早先患有腿疾，一直未愈，因受您的尊重，勉强做一些事情。近日发生的一切，使我很觉失望，感到国民党政府太过黑暗，不得不提出辞职。特提出辞退省政府委员和其他一切行政名义。并郑重申明，今后与国民党政府断绝一切关系，不上衙门，不做国民党反动政府的官。杜斌丞。"

蒋鼎文读完信后，摇了摇头说："这个杜胡子。"遂在辞职信上批示："不准辞职。"

常黎夫对杜斌丞说："舅舅，皖南发生大事了。"

"什么大事？"

"我党领导的新四军军部及所属皖南部队九千人奉命北移，由云岭地区出发，1 月 6 日在泾县茂林地区陷入国民党军八万余人的预伏圈。新四军被迫抵抗，血战七昼夜，除两千人突破重围外，一部被打散，大部壮烈牺牲和被俘，军长叶挺被扣押，副军长项英被叛徒杀害。”

“国民党真是无耻透顶。”

“还有更糟糕的呢。国民党纠集了19个步兵军、两个骑兵军、三个保安旅和17个保安队,从南、西、北三个方面包围封锁了陕甘宁边区,企图困死边区军民。”

“这国民党是只要他们的党,而不要咱们的国了。真是民族败类。”

常黎夫又说道:“舅舅,我的去留问题,把我给难住了。”

“你说说看,我给你分析分析。”

“张德生写信来,主张我先到陕西省委工作。米脂县长卫邦辅一再想要我代理他的职务。还有,鸿范兄也从广西全州来信说,杜聿明将扩军抗日,利用时机,可有作为,催我去广西。你说我该怎么办?”

杜斌丞想了想,说:“这好办。”

说着,提笔写了起来。

杜斌丞一边写,常黎夫一边读:

“留县太乏味,南下惹是非。山中有名师,求学方为贵。”

常黎夫读完后,说:“好,我知道了。谢谢舅舅。”

西安八路军办事处院子里,杜斌丞、伍云甫、杜良明和常黎夫握手告别。旁边停着一辆大卡车。杜斌丞握着常黎夫的手说:“到延安后,一定要好好干。”

“我知道。”

伍云甫握着常黎夫的手说:

“边区又多了一员虎将。”

“哪里,我是去学习的。”

到了杜良明跟前,常黎夫和杜良明拥抱在一起。两个人眼里都含着眼泪。

稍顷,常黎夫说:“感谢你这十年来对我的照顾。”

杜良明说："我真舍不得让你离开。"

"良明兄，咱们还会有见面的日子的。你要照顾好我舅舅。"

"我会的。不劳吩咐。"

常黎夫与众人道别，然后坐上车。汽车缓缓开动，向大门外驶去。

杜良明引白宝山进来，说："老爷，这是延安来的白老板，找您有事。"

杜斌丞看了看白宝山，问："咱们见过面？"

白宝山说："我也是榆林中学毕业的，也是您的学生。这是我的介绍信。"

杜斌丞接过信，看了看，说："白老板请坐。"

白宝山坐下后，杜斌丞问："你找我有什么事？"

"杜先生可能也听说了，陕甘宁边区在国民党反动派的严密封锁下，经济物资极感困难。我最近从西安购到大宗布匹、棉纱，以及各种日常生活用品，但无法弄到陕西省政府和省动员委员会的'通行证'，没办法把货物运到陕北去，特来找您帮忙。"

"我虽应省府委员名义，但经常不去办公。这样吧，你去找李树藩，他还关心陕北地方人民的痛苦，并且是省参议会的参议员，是个有言责者的人，说话较为合适。"

"谢谢杜先生的指点。"

李树藩见杜斌丞走进来，忙招呼道："杜先生怎么还亲自跑一趟？"

"这事太重要了。咱们研究一下。"

"快请坐。"

杜斌丞坐下后，李树藩说："我还正为这件事情发愁呢。"

"就是，这事难度确实有点大。真难为你了。"

"能为抗日做点事，再难，我也愿意。"

“树藩,你不如这样。”

“您说。”

“陕北现在不是旱灾严重吗?你就说,办通行证是为了救济陕北的灾民。”

“好主意,就这么弄。”

白宝山来到杜斌丞家里,说:“杜先生,通行证办下了。”

“太好了。路上你一定要注意安全。”

“我会的。这事真要好好谢谢您。”

“谢什么?咱们都是陕北人嘛!”

晚上,杜斌丞告诉杜良明,他明天要到河南去一趟。他走后,要杜良明照好门户。

第三十一章

1941 年秋，抗日战争进入紧张激烈阶段。在河南渑池县境内，驻有八路军的兵站，还有高桂滋的第十七军、河北民军、义勇军等各种番号的部队。由于各部队经常通过调运兵员和运送军需物资，一时，渑池车站显得非常热闹。这一天，一秘书走进站长宋文荃办公室，说："站长，十七军高军长和高师长来找您。"

宋文荃说："请进。"

话音未落，高桂滋和高建白走了进来。高桂滋说："宋站长好。"

宋文荃说："高军长好。二位将军快请坐。"

高桂滋和高建白坐下后，高桂滋问："从西安到渑池的火车几点钟到？"

宋文荃看了看手表，说："快了，再有半个钟头。你们是接什么客人？"

高建白说："从西安来的一位朋友。请你给找个临时休息的地方吧。"

宋文荃想了想，说："我这办公室人来人往的，人多嘴杂。这样吧，就到我的家里坐一会。"

高建白说："好吧。"

过了一会，宋文荃说："时间快到了，咱们去接一下。"

一列火车缓缓驶进了站台。许多人开始下车。过了一会，从车厢里走出一位五十岁上下的人，他身材魁梧，身着灰布长衫，脚上穿着一双双梁黑布鞋，目光炯炯，两撇八字胡又黑又亮，既有学者风度，又有劳动人民的质朴,显得十分刚毅精干。高桂滋和高建白疾步迎上前去,握住他的手。

“胡子大哥好,”高桂滋说。

“斌哥好,”高建白也问候道。

“好,好。”

高桂滋对杜斌丞说:“我给你介绍一下,这位是这里的宋文荃站长。”

杜斌丞上前握住宋文荃的手说:“宋站长好。”

高桂滋又说:“这位是我的好朋友杜斌丞先生,是很有学问的教育家。”

宋文荃说:“久仰大名。这样吧,杜先生一路辛苦了,先到寒舍休息一下。”

“好,客随主便嘛。”

来到宋文荃家里,众人坐定后,高建白说,我去打个电话叫几匹马。

佣人端上来茶水,给杜斌丞、高桂滋、宋文荃、高建白一人斟了一杯茶。

高桂滋问杜斌丞说:“这一路顺利吗?”

“糟糕透了。”

“怎么?”

“火车驶经潼关、灵宝、陕县等车站,时有山西境内的日寇隔着黄河开炮轰击。”

高桂滋气愤地骂道:“妈的,这日本人太可恶了。”

杜斌丞接着说道:

“这陇海路是借外债、由外国人选线督修的。外国人只为本国的权益着想,只图急功近利,有多处紧挨黄河,常受急流冲击,时有路倾车覆之危险,此险较之日寇之炮火,有过之而无不及。”

“杜先生从未干过铁路工作,却对铁路状况这样谙熟知情,宋某佩服。”

“宋先生过奖了，你们铁路员工的生活情况怎样？”

“唉，别提了。现在到处是物价飞涨，货币贬值，生活怎么能好呢？尤其是装卸工，生活更没办法维持。”说完，宋文荃深深地叹了口气。

“那你这站上的人有没有饿跑的？”

“没有。不是不想跑，是离了‘两条线’就没有路可走了。”

杜斌丞看了看高桂滋，意味深长地说：“现成的路也有，不过是人们不认识罢了。”

宋文荃说：“铁路上的工人曾经想过联名上书，请铁路局把发纸币工资，改成发实物。”

杜斌丞笑着摇了摇头：“那就成共产党的供给制了，你们这里办不到，办不到。”

这时，高建白打完电话走出来，说：“马匹来了，咱们走吧。”

“吃了饭再走吧？”宋文荃有些不舍地挽留杜斌丞一行人。

高桂滋说：“不打搅了。以后麻烦你的日子还长着呢。”

“再见。”

“再见。”

高桂滋、杜斌丞、高建白，还有两个警卫员从宋文荃家骑马离开，在山路上骑马奔驰。一个钟头后，来到十七军军部，众人纷纷下马。高桂滋、杜斌丞和高建白把缰绳交给警卫员。

高桂滋说：“大哥，请。”

杜斌丞走前，高桂滋和高建白走后，向办公楼走去。进入室内，高桂滋说：“胡子大哥，请坐。”

众人坐定后，高桂滋说：“胡子大哥，请您说说目前的形势。”

杜斌丞说：“日本帝国主义在速战速决的美梦破灭以后，已经深陷泥潭而不能自拔，只要我们坚持抗战到底，最后胜利是绝无问题的。”

“那目前我们应该怎么做？”高桂滋又问道。

“那当然是团结抗日。如果没有八路军在敌后抗战，我想，纵然这里有中条山和黄河天险，日本兵也早就打过来了。”

“大哥说得对，是这么回事。”

离开河南，杜斌丞又来到重庆。就在前几天，中国民主政团同盟在香港办的《光明报》公布了《中国民主政团成立宣言》和《中国民主政团对时局主张纲领》。中共中央机关报《解放日报》立即发表了题为《中国民主运动的生力军》，支持中国民主政团同盟的成立。其实，中国民主政团同盟在年初已经成立，只是前一阶段处于秘密阶段。这一切，杜斌丞只是听说，并不知内情。夜里，杜斌丞和王炳南住在一起，谈论的是另一话题。王炳南说：“杜先生，前一时期，由周恩来先生提议，准备成立一个统一战线组织。主要由我们的一部分党员、一部分爱国进步人士，一部分国民党左派，和在国民党政府中担任较高幕僚职位的人士组成。主要目的是团结抗日。属秘密性质的。”

“这个组织名称有了没有？”

“我和王昆仑、许宝驹等人商量了一下，初步拟了一个名称叫‘中国民族大众同盟’。”

“还有哪些人参加？”

“还有刘仲容、于振瀛、屈武、谭惕吾等人参加。”

“那你做我的介绍人，我也参加。”

“我们早就把你算进来了。我和周先生商量，决定让你担任陕西组的组长。”

“组长你们可以找更合适的人嘛！”

“杜先生就不要谦虚了。这个组长非你莫属。”

“我不是那个意思。我是说，我最近一段时间要到广西去。”

“杜先生到广西去，有什么重要事吗？”

“我儿子鸿范病了，我要去看一下。顺便到南方考察一下那里的民主运动。”

杜斌丞要去的地方是全州。从前广西有个道县，湖南有个全州。明朝时有个广西籍的官员告老还乡，走到全州就死了，死前说可惜不能死在自己家乡，皇帝听了，于是将全州从湖南划到广西，而把道县从广西划到了湖南。后来，全州时划湖南，时划广西。最终，是划归广西，成了广西的一个县。全州人真有点不适应，因为说话是湖南音，习惯更近于湖南。杜斌丞来到全州，一打听，才知道全州又划到了湖南。当下，一副官引杜斌丞走进第五军军长杜聿明的办公室，说："军长，杜先生到了。"

杜聿明说："杜先生一路辛苦了，快请坐。"

副官给杜斌丞斟好茶后，退了出去。

杜斌丞问："范儿是怎么得的病？"

"主要是劳累过度，静养一段时间就好了。"

"范儿的事让你费心了。"

"鸿范是个工作狂，干什么事情都不注意爱护自己的身体。"

"哎！这孩子。"

下午，勤务兵引杜斌丞走进全州一医院病房，说："团长，你父亲看你来了。"

"父亲，您怎么来了？"

"病情怎样了？"

"医生说，再静养一段时间就好了。"

"你一个人出门在外，一定要学会爱护自己的身体。"

"我会的。"

"杜聿明对你怎样？"

"很好啊。自从我跟了他，由连长一直升到现在的少将团长。"

"杜聿明对老百姓怎样？"

"杜军长在老百姓中间威信是很高的。他在这里兴学办报，很受老百姓的欢迎。尤其是我们军刚刚取得昆仑关大捷，老百姓都把杜军长当抗日英雄看待。"

"我再过两天要到桂林去一趟，你有什么要我办的。"

“我没事,您放心去吧。”

“那我给你留一点钱。”

说着,杜斌丞从身上掏出一沓子钱来。

“爸,钱我不要,您带上好路上用。”

“留下吧。”

说着,杜斌丞把钱放到杜鸿范手里。

杜鸿范把钱收起来,又说道:“听说我兰妹在米脂干得挺不错的?”

“她已经是米脂女校的校长了。”

“鸿模现在学业怎样?”

“很好,到明年就要毕业了。”

“国民政府资源委员会在昆明设了一个中央机器厂三十四分厂,看鸿模愿不愿意到这里来?”

“我回去后,征求一下他的意见。”

“爸,家里其他人都好吧?”

“你母亲和你小妹都回米脂老家去了。”

“那西安还留下谁?”

“就我和鸿模,还有良明。鸿模大部分时间都在学校。”

“黎夫呢?”

“黎夫的身份已经暴露,到延安去了。”

“那您一定要注意安全。”

“这不用你担心。”

在全州,杜斌丞住在杜聿明家里。这一天,杜斌丞对杜聿明说:“聿明,我明天准备到桂林去会会朋友。”

“要不要我派人保护你。”

“不用。”

“那我给你派辆车,你行动会方便些。”

“好。谢谢你。”

杜斌丞驱车向广西桂林奔去。这一路，山高路远，崎岖不平。在桂林，杜斌丞结识了朱蕴山。朱蕴山，大杜斌丞一岁，安徽六安人。早年考入安徽巡警学堂参加光复会，进行反清活动，曾参与徐锡麟刺杀安徽巡抚恩铭事件。是著名的中国政治活动家，杰出的爱国民主人士，中国共产党的亲密朋友，革命的坚强战士，参与筹建农工党，是民革的主要创始人和领导人之一。中国人民政治协商会议第五届全国委员会副主席。熟悉朱蕴山的朋友们常把他比作梁山好汉朱贵，意在赞其为中华民族的解放事业做了大量说服动员和团结争取工作。这是后话，暂且不提。这一天，朱蕴山引杜斌丞走进李济深的办公室，说："李主任，这位就是我常跟您说起的杜斌丞先生。"

李济深见说，忙上前握住杜斌丞的手说："杜先生好。"

"李主任好。"

"咱们出去谈，相对安全些。"

朱蕴山提议去李任仁家去。

李济深问杜斌丞的意见。

杜斌丞说："客随主变。你们安排吧！"

李济深说："那好吧，咱们乘车去。"

一辆小车在山路上疾驰。半个小时后，小车在李任仁公馆院内停下。李任仁的副官马上前来开车门。

李济深、朱蕴山、杜斌丞从车上走下来。李任仁上前和众人握手。当李任仁走到杜斌丞跟前时，朱蕴山介绍道："这位就是西北来的杜斌丞先生。"

李任仁握住杜斌丞的手说："久仰大名。"

"不敢当。"

李任仁招呼大家进屋去，并吩咐佣人倒完茶后，把门关上，不要让人随便进来。

朱蕴山说："杜先生这次从西北远道而来，主要是想和咱们西南的同志讨论如何坚持抗战和推动民主的问题。对于杜先生的热情和对我们的信任,我们表示深深的谢意。”

李济深说:“蒋介石这些年为了小集团的利益,不顾当亡国奴的危险,和中共的军队频起摩擦。年初,蒋介石就动用了八万人围剿新四军的九千人,实在令人发指。”

李任仁说:“最主要的是,国民党的军队一退再退,让全民看不到希望。”

朱蕴山说:“杜先生,请您也谈谈自己的看法吧。”

“从当前形势来看,老蒋有投降日本的可能。所以,我们不得不预做准备。如果老蒋投降日本,我们便可把云南、四川和两广联系在一起,和延安联合起来,继续进行抗日战争。而在目前,我认为,应该坚持民主,坚持团结,推动抗战。把国人都紧紧地团结在一起。”

李济深说:“杜先生说得很对。凡是抗日的,咱们都应该团结,凡是卖国的咱们都应该反对。我们不能眼睁睁地看着具有几千年文明的国家落入他人之手。”

李任仁说:“我非常同意诸位的意见,咱们就是要积蓄力量,加强南北合作,拟定一个计划,在必要的时候,组织南北各军同时起义,包围蒋介石。”

李济深说:“杜先生,那你就把西北的责任担起来。”

“行。”

回到全州,杜斌丞来找杜聿明。

“杜先生从桂林回来了?”杜聿明见到杜斌丞非常激动。

“回来了。这次收获很大。”

“你到处奔波,究竟有什么目的?”

“这次西南之行,使我认识到,西南的气氛比西北好,桂林的人士还敢讲些问题。广西的政治又比你们进步,聿明,我希望你和西南的这些人多来往,进一步搞一搞政治。”

“你搞你的政治,我搞我的枪杆子。我对政治不感兴趣。”

杜斌丞在全州住了一段时间,回到了重庆。一天,杜斌丞和王炳南在特园又一次见了面。王炳南说:“杜先生这次西南之行都见过哪些人?”

“见过桂林的朱蕴山、李济深、李任仁,四川的刘文辉、邓锡侯,云南的龙云。”

“您肯定收获不小。”

“是啊! 拥护民主的人是越来越多。”

“我来是想和您商量点事。”

“你说吧。”

“周公的意见是,西安是西北的重镇,应该有一份自己的大型宣传工具。”

“你是说……”

“周公叫我和你商量一下,看能不能仿照‘中央’‘扫荡’两报出联合版的先例,把《秦风日报》和《工商日报》合并起来?”

杜斌丞一拍大腿,说:“这个意见好啊。两报分开来办,在经济和人力上都有困难,合起来就可以集中力量把它办好。”

“周公还说,报纸办起来后,要带点灰色,不要太红,要坚持下去。”

“好,我回到西安后,就落实这件事。”

杜斌丞在返回西安的途中,又一次来到渑池火车站宋文荃家。

宋文荃说:“杜先生这次到西南收获大小哩?”

杜斌丞说:“收获很大。见了许多人。”

“你儿子的病情怎样了?”

“他得的是慢性病。需要静养,一时半会还好不了。”

杜斌丞见宋文荃桌子上放着一本《诗韵钱璧》,便拿过来看了看,问道:

“宋站长,你喜欢不喜欢作诗?”

“作不好。杜先生的诗一定作得很好。”

“我不会作诗,但读过很多。”

"先生,我前两天专门给你写了一首诗,你看一下。"

宋文荃从桌子抽屉里取出一张纸,递给杜斌丞。

杜斌丞接过诗页,读了起来:

笔上锋芒舌上雷,三秦一士剧雄伟。

书生岂可无奇气?霖雨苍生志莫灰!

杜斌丞看了后,笑着说:

"把'霖雨苍生'这四个字改一下。这四个字我可不敢当。"

"那谁能当得起这四个字?"

"当得起这四个字的人在延安。"

"那改成什么?"

杜斌丞想了想,说:"改成'揽辔澄清'好一些,平仄也还是谐调的。"

"好吧,我改一下。"说完,宋文荃便在纸上把诗重写了一遍。写完后,双手把诗递给杜斌丞,说:"赠给您。"

杜斌丞接过去,爽朗地说:"行,我收下了,留个纪念吧!"

过了一会,杜斌丞问宋文荃:"宋站长,你见过八路军没有?"

"见过。八路军在渑池设了一个兵站,他们的站长李鹏,还有政工干部韩钧,常和我来往。还有一次,我见到了来巡视工作的八路军副总司令彭德怀将军。"

"是吗?你对彭总有什么印象?"

"彭总穿着和普通士兵一样的灰布军服,腰间系着和士兵一样的窄皮带。他还让我常到八路军兵站去借书看。"

"宋站长,你们这里的敌情如何?"

宋文荃从柜子里取出一个盒子,拿出一块反光镜片,说:"你看,这是我在车站附近捡到的几十片汉奸为日寇指示轰炸目标放置的反光镜。"

杜斌丞感慨道:"高军长那天还把我称为'教育家',你看,汉奸这么猖獗可恶,可见我们的民众教育并没有办好啊!"

第三十二章

西安王家巷32号。

杜斌丞从大门走进来。杜良明赶紧从杜斌丞手里接过手提箱，说："老爷，您回来，也不事先打个招呼，我好去车站接您。"

"我不拿多少东西，用不着接。"

杜斌丞和杜良明走进客厅。杜良明放下箱子，就赶紧去打洗脸水。

过了一会，杜良明端着脸盆走进来，说："老爷，先洗把脸吧！"

"好。"

说着，他挽起袖子，开始洗脸。

杜斌丞洗完脸，问杜良明："良明，我走这段时间，有没有什么消息？"

"有，听说常干事已被任命为边区政府粮食局局长了。"

"黎夫干的好啊！"听到这个消息杜斌丞非常高兴。

"老爷，日本飞机前一向来西安轰炸了几次，炸死了许多人。"

"良明，别怕，小日本猖狂不了几年了。"

"对了，前几天，来了个《秦风日报》的成柏仁先生，说经费困难，想请您筹措一点经费。"

"这倒是个大难题。"

"噢，还有，八办的人给您送来了毛先生的《反对党八股》。"

"书在哪里呢？"

"我给您藏起来了。"

说着，杜良明从柜子里取出毛泽东的《反对党八股》，递给杜斌丞。

杜斌丞接过书，说："这我得好好拜读拜读。"说着，他翻开书页，看了起来。

就在杜斌丞回到西安的第二天，高崇民便来向杜斌丞辞行。原来，新疆督办盛世才一改往日联苏联共的政策，公开倒向蒋介石，大肆捕杀共产党人和爱国人士。以勾结汪精卫的罪名，将爱国民主人士杜重远逮捕入狱。杜重远是高崇民患难与共的战友。他的被捕，使高崇民十分焦急。高崇民连续发函电给盛世才，与其反复争辩，强烈要求释放杜重远。最后，盛世才答应等高崇民来新疆面谈后，再决定处理办法。高崇民毫不犹豫地决定前往新疆。然而，当他将要动身之际，接到了王化一转来的戴笠的口信，让高先到重庆一见，然后再去新疆。高崇民不知戴笠葫芦里卖的什么药，不去又怕引起太多的麻烦，于是决定先动身前往重庆。杜斌丞得知消息后，要高崇明到了重庆，一定要注意安全。

高崇民说："我是明知山有虎，偏向虎山行。"

高崇民走后，马师儒来到了杜斌丞家里。一进门，马师儒就哭了起来。杜斌丞忙安慰地说："表弟，你哭什么呢？有话慢慢说。"

马师儒哽咽着说："我父亲去世了。"

"舅舅什么时间去世的？"

"家里捎来话说，就在前天。"

杜斌丞劝道："人死不能复生，你要节哀。这样，你随我到七贤庄去一趟，看有没有顺车，你好及早回家奔丧。"

"谢谢表哥。"

中国民主政团同盟总部先后派特派员郭则沉、辛志超、叶笃义等到西安，与杜斌丞、杨明轩、王菊人等会商建立民盟组织和开展抗日民主运动问题。杜斌丞、杨明轩、王菊人等遂成为民盟总部直接吸收的陕西第一批盟员。

河北老河口第五战区司令长官部参议室。

尹冰彦走进来，对王复初说："王参议，蒋委员长要在西安王曲召开一、二、五、八战区高级将领军事会议。李长官让我问问你，在那里你有没有要好的朋友？"

"有啊。茹欲生、党晴梵、王幼农和杜斌丞都是我的好朋友。尤其是杜斌丞，是我在三原宏道书院的同学，他可是西北的人望啊！"

"那你能不能给他们几位写封信？"

"当然能。"

说着，王复初摊开纸，写了起来。

李宗仁到西安后，住在铁路局何竞武公馆。这一天，李宗仁说："冰彦，明天我去王曲开会，你拿上我的名片分别去拜访一下陕西的社会贤达人士，如果有需要我亲自拜访的，你再和我商量。"

说着，他递给尹冰彦一沓名片。

尹冰彦接过名片，说："好。"

这一天，尹冰彦来到杜斌丞家里，投递了王复初的信后，杜斌丞走了出来，自我介绍后，问了问王复初的现况。

尹冰彦说："王参议情况很好。"

杜斌丞说："尹秘书请坐。"

尹冰彦坐下后，说："李长官想来拜访您，让我来打前站，这是他的名片。"说着，又站起，把名片递到杜斌丞手里。

杜斌丞接过名片，说："请您详细介绍一下李德公这个人。"

尹冰彦复又坐下后，说："1907 年，李长官报考陆军小学第二期。结果不同凡响，被录取为备取生第一名。可当时交通不便，邮差们更是非常不负责任，当入学通知送到李长官家时，距开学只有半天时间了。李长官连行李都没怎么带，纵马狂奔赶到城里，结果还是迟了十分钟。虽然李长官百般解释哀求，但那些教员们都是从日本海归而来，别的没怎么学会，日本人的刻板倒是学得烂熟。时限一过，任你天王老子也不收。李长官无奈，只得郁闷而归，翌年报考该学堂第三期，终于被再次录取，从此开始了从军生涯。”

杜斌丞说：“李德公真是有志气。那他和老蒋关系怎样？”

尹冰彦说：“我说一件事，您就知道了。一次，老蒋悄悄塞给李长官一张兰谱，李长官打开后，看见上面写着四句誓词：谊属同志，情如同胞，同心一德，生死系之。没想到，时隔不久，老蒋便把李长官打得退回到广西，气得李长官大骂：蒋该死这个人真是凶险奸诈，独霸无情，不可共事合作，老子要反他到底！”

杜斌丞说：“李德公当年对我们发动西安事变有何看法？”

“李长官平时滴酒不沾，当得知西安事变后，高兴得手舞足蹈，一口气喝了半瓶白兰地，大声喊道：蒋贼真是罪有应得、死有余辜！蒋贼只有一死方能平国人之义愤！”

杜斌丞说：“李德公在广西，特别是抗战初期在徐州，延揽各方面人才，组织抗战力量，人们都有口皆碑，我更是心悦诚服。他来看我，我不敢当，而且房前房后随时都有特务监视，他来很不方便。我也不便到何竞武家去看他，免得给他增加麻烦。但我总希望和他见面谈谈。请你请示德公以后通知我，李先生的名片请你带走，留在我家没有好处。”

尹冰彦说：“客随主变。就按杜先生说的。”

黄昏时分，杜斌丞穿一身黑色长袍，戴着墨镜，昂首阔步，好像一位主教，按照约定，走进尹冰彦在西京招待所住的房间。

尹冰彦招呼道：“杜先生来了，快请坐。李长官马上就到。”

杜斌丞刚刚坐下，李宗仁就着一身便服，戴着一顶毡帽走了进来。

杜斌丞立即站起，和李宗仁的手握在一起，说：“德公好啊。”

“杜先生好。请坐，坐下谈。”

尹冰彦备好烟茶，出去把门带上。

杜斌丞和李宗仁谈了起来。

尹冰彦来到外面，和副官刘永才坐在楼梯口的沙发上守卫、照料着。过了很长时间，李宗仁从房间走出来，对尹冰彦说：“已和杜先生约好了，后天晚上九时仍在这里谈话，改换一个房间，你布置一下。”

说完带着副官刘永才下楼梯走了。

尹冰彦回到房间，杜斌丞说：“请德公先走一会儿，我呆一下再出去，免得引起别人注意。”

尹冰彦问：“你们今天谈得怎样？”

“冰彦，今天我们谈得很深，主要是围绕着发扬民主、抗战到底的问题。什么时候你有时间，请到我家吃顿陕西风味的家常便饭。”

“不用了。你的处境这样险恶，为什么还要找麻烦？我们不在乎这些事情。你要多加保重，来日方长。”

杜斌丞站起说：“那好吧。再见。”说着，走出房间。

身后传来尹冰彦的声音：“杜先生再见。”

杜斌丞回到家里，刚坐下，杜鸿模就走进来说：“父亲，我在西北工业学院已经毕业了。”

“好啊，祝贺你。你毕业后，有什么打算？”

“我想听听您的意见。”

“你哥给我说过，中央机器厂在昆明设一个三十四分厂，他想让你到那里去工作。不知你愿意不愿意？”

“我愿意。那样我就可以和我哥在一起了。”

第二天晚上，杜斌丞又来到西京招待所。李宗仁让尹冰彦也加入谈话。李宗仁特意改换行头，身穿一级上将军服，显得十分威武。他说：“当前依然大敌当前，只有团结，才能御侮。我和蒋先生闹别扭这么多年，现在不能不服从他的领导，共同抗战。关于陕北问题，我一向主张现在两党携手抗战，打败日寇后，再用政治方式解决政治问题。中国这么大，为什么不可以分区而治呢？我在广西搞了这么多年，不是也搞出了点名堂吗？”

杜斌丞说:“李先生,这是你好心肠的想法。历史情况你是亲历的,现在情况你是看见的,老蒋一心想要君临天下,吃掉别人。新四军的事情发生了,这里的胡长官拥有重兵对付陕北,西安特务随便抓人,这个局面不打破,就谈不上团结抗战。”

“老蒋这个人向来是‘卧榻之旁,岂容他人鼾睡’。但目前他还不至于公然搞分裂,打内战。杜先生,你是一位铮铮有声的钢铁好汉,但处在这个环境,你要特别谨慎,好汉不吃眼前亏嘛。如果此地你呆不下去,可以到桂林去,我负责你的生活和安全,那里不是有你很多进步朋友吗?”

“宗仁兄,谢谢。我是非到万不得已的时候,不能离开这里的。我在这里如鱼之依水一般,到外地去完全等于逃难流亡了。”

“那好吧,咱们今天就谈到这里,以后再会。”

在何竞武公馆,李宗仁递给尹冰彦一张条子,说:“你拿上这张条子,到经理处找关仲芳,将钱取出来,送给杜先生。”

尹冰彦接过条子,说:“是。”

杜斌丞这两天好像交了财运,先是尹冰彦送来了李宗仁给的五千大洋,他收下了。这不,蒋鼎文又派人来要给他送钱。他想了想,拒绝了。

事情原来是这样的。一天,李家鼐来到田一明的办公室,说:“蒋长官知道杜先生两袖清风,想给杜先生送些钱,请你疏通一下。”田一明说:“好吧,我试试。”田一明来到西安王家巷32号公馆,告诉杜斌丞第一战区的蒋鼎文,想给他送些钱,让他来做做工作。杜斌丞说:“这钱我不能要,你要设法加以阻止。”田一明了解杜斌丞的为人,便没有多说,聊了几句后就告辞了。田一明前脚刚踏进办公室,李家鼐就跟了进来,说:“怎么样,跟杜先生说好了没有?”田一明说:“我去说了,杜先生说他不要。”李家鼐说:“唉,这真是个难办的差事,在蒋长官那里我不好交代呀。这样,你再陪我去一趟。”于是,田一明和李家鼐又来到西安王家巷32号。李家鼐对杜斌丞说:“杜先生是西北的人望,铭三非常敬慕,让我给您捎话,欢迎你到洛阳去游玩。”杜斌丞说:“谢谢铭三的挂念。”李家鼐说:“铭三知道杜先生两袖清风,叫我送一点钱,表示一点心意。”说着,拿出用手帕包的一包钞票,要递给杜斌丞。杜斌丞推辞着,说:“蒋长官在西安与我共事一场,相处不错。他赠款给我的好意,我十分感谢。但我的生活并不困难,不劳铭三兄费心。以后我有机会去洛阳时再烦劳铭三兄。现在这些钱,我绝不能接受,请你婉言转陈。”

“杜先生,你还是收下吧,不然,我回去不好交差。”

“这钱我真的不能要。你请回吧!”

“那我走了。”说完,李家鼐怏怏不快地走了。

杜斌丞对田一明说:“蒋铭三在陕与胡宗南有矛盾,在河南与汤恩伯闹不到一块儿,他想拉地方杂牌部队以自重。我们可以利用蒋胡和蒋汤之间的矛盾,但不能接受任何形式的馈赠。这种钱一分一厘都不能要。”

重庆八路军办事处。

周恩来正在办公,门外传来报告声。

“报告。”

“进来。”

米暂沉走进来后,说:“周副主席,您找我?”

“来,小米,坐下说。”

米暂沉坐下后,周恩来说:“你这次到西安,去找一下杜斌丞先生。请他把民盟的事抓起来。”

米暂沉说:“西北的民盟组织可能还没有建立起来。”

“请他放手活动,广泛联系进步人士,进行民主活动,不必采取什么具体组织形式。”周恩来嘱咐道。

“那民盟的具体纲领是什么?”

“就以抗日救国十大纲领为纲领,不必再搞别的。”

“好。”

米暂沉回到西安，马上来到王家巷32号公馆。他对杜斌丞说：“杜先生，我来西安时，周恩来先生让我给你捎话，请你把民盟的事情抓起来，放手活动，广泛联系进步人士，进行民主活动，不必采取什么具体组织形式。并说，民盟就以抗日救国十大纲领为纲领，不必再搞别的。”

杜斌丞说：“我会的。谢谢周公的信任。”

“再过几天，我要到老河口去一趟，您有什么吩咐？”

“第五战区的王鸿韶和参议王复初是我的老朋友，你到那里后，可以找他们，和他们谈谈，希望他们能在第五战区把民主运动开展起来。”

高建白到西安王家巷32号公馆找杜斌丞。

高建白坐下后，杜斌丞说：“你来得正好。中国民主政团同盟领导的民主运动正在蓬勃发展，我希望你也加入进来。”

“好啊。我听你的。”

“建白，你回去后，要注意团结部队中的进步爱国军人，坚持抗战，反对投降，争取民主，反对老蒋的反共反人民的政策。”

“我明白，我们高军长和中共的联系越来越密切了。”

“培五近年来颇有进步，我对他抱的希望很大。你回到部队后，要多做做他的工作。”

“我知道了，表哥，你最近有什么要帮忙的？”

“噢，对了，民主同盟正在初创时期，经费有点紧张，我们正在酝酿集股办一公司，你回去和培五商量一下，看他能不能入上一股？”

“这件事，高军长肯定愿意。”

西安王家巷32号公馆。

杜良明引孔从洲走进来，说：“老爷，孔师长看您来了。”

“是从洲啊，快请坐。”

孔从洲坐下后，杜斌丞问道：“怎么样？部队情况还好吧？”

“很好。孙蔚如现在已经是第四集团军总司令，赵寿山也成了三十八军军长。”

“你现在是什么职务？”

“我现在是新编第三十五师师长。”

“不错。你们一定要坚持抗战到底，不要辜负杨虎城将军的期望。”

“一定。对了，杜先生，我从重庆来西安的时候，王炳南先生让我转交沈钧儒先生给你的民盟文件。”

说着，孔从洲从怀里取出一沓文件来，递给杜斌丞。

杜斌丞接过文件，看了看，说：“太好了，这是民盟的纲领性文件，今后可以根据这些文件精神，开展西北的民盟工作。”

西安建国路玄风桥32号。

王敦英、杜斌丞、杨明轩、蒙定军、杨荫东、张性初等人围坐一桌，正在开会。

王敦英说：“最近，随着第三国际解散之机，苏联顾问团被蒋介石解聘回国，第十八集团军驻陕办事处的电台也被西安警备司令部强行没收。我奉莫斯科的命令，接受苏联驻华大使罗申的领导，成立西安通讯组。组长由我担任，组员有杜斌丞、杨明轩、蒙定军、杨荫东、张性初等人，希望大家齐心协力，加强与各方的联系。”

杜良明走进书房，对杜斌丞说：“老爷，您快看，这是八办派人送来的《解放日报》，上面有毛泽东先生的文章。”

杜斌丞接过报纸，读了起来：“《质问国民党》，号召全国人民起来制止内战危机。毛泽东。延安各界群众三万余人举行紧急动员大会，发出呼吁团结，反对内战的通电，要求国民政府明令讨伐通敌叛国的33名将级军官。胡宗南部队侵入陕甘宁边区南部境内修筑工事。”

读着读着，杜斌丞把报纸往桌子上一惯，生气地说：“这国民党太不像话了，简直在干着卖国的勾当。”

西京招待所。

杜斌丞问邓宝珊：“最近，蒋介石、胡宗南对陕甘宁边区加强了军事部署，企图消灭中共的军队，对这种形式，你怎么看？”

邓宝珊说：“我是十分赞同中共抗日民族统一战线政策的。这次委座要召见我，让我绕道宁夏去重庆，我有意经过延安，住了20多天，受到了毛泽东、朱德等人的热情接待，和他们交换了对时局的看法。”

“那毛泽东先生对当前形势有什么看法？”

“毛先生认为，当前国际局势处于大变化的前夜，法西斯快要土崩瓦解，日本帝国主义就要走投无路了。在谈到胡宗南以大军包围陕甘宁边区时，毛先生指出，胡不过是挑两筐鸡蛋叫卖而已，我们给其丢两个石头，就全部砸烂了。”

杜斌丞见说，“哈哈”大笑起来：“还是毛先生站得高，看得远。很好，很好。这下我就放心了。”

从西京招待所回来，杜斌丞刚刚到家，就听见有敲门声。

来人是马师儒。杜斌丞赶忙招呼道：“表弟从陕北回来了？”

“回来了。”

“丧事办得怎样？”

“一切都好。”

“快请坐。”

马师儒坐下后，杜斌丞给他斟了一杯茶，马师儒一边喝水，一边说：“表哥，你猜，我这回在陕北见到谁了？”

“见到谁了？”

“我见到毛泽东先生了。”

“是吗？太好了。”

“毛先生还请我吃了饭，特意让范文澜作陪。他向我介绍了国共两党建立抗日民族统一战线的过程，介绍了他自己的家庭和革命经历，同时也询问了国统区大学教育的情况。”

“那你没到边区参观参观？”

“怎么能没有参观。我在延安参观了学校、工厂、农村，亲眼看到共产党领导的陕甘宁边区人民艰苦奋斗、团结抗战的景象，真是耳闻不如目见，信然，信然！”

“你的感触是什么？”

“边区是国家民族新的生机。国民党报刊对边区的宣传是传闻掩盖了事实，误解埋没了真相啊！边区虽小，有新气象。反过来说，重庆摊子虽大，但有死气，倒像一个破落户。毛主席体大思精，大家群策群力，中国大事已定，共产党必胜，共产党必胜啊！”

第三十三章

张性初来到一家饭店，坐在一张桌子旁，店小二过来问："客官，要点啥？"

"来两碟菜，一壶酒。"

"好来，您稍等。"

过了一会，店小二上来，把菜和酒摆好，说："客官，你慢用。"

一会儿，田一明走进来，坐到张性初对面。张性初说："来，田兄，喝一杯。"

田一明端起酒杯，一饮而尽。然后问道："找我有什么事？"

张性初说："上级指示，《秦风日报》和《工商日报》要合并，并要求你参加进来，在资金方面给予资助。"

"为什么要联合，分开出不是挺好吗？"田一明有些不解。

"具体问题，你去向杜先生请教。我有事先走一步，改日再聊。"

说着，张性初放下一块银元，走了出去。

田一明来到西安王家巷32号公馆杜斌丞的书房，说："杜先生，我不理解，为什么要把'秦风'和'工商'两报合并起来？"

"一明，别急，坐下听我给你解释。"

田一明坐下后，杜斌丞说："'秦风'和'工商'两报，自抗战以来，努力宣传，目今胜利日近，困难飞增，根据中共周先生的提议，两报最好合并，扩大发行。"

"原来是这么回事。"

"你给咱跑一下腿，把两报的负责人请来，共同商谈一下。"

“好。”

西安百乐饭店。

杜斌丞、刘文伯、成柏仁、张性初、田一明、耿坚白、李子健、葛凤梧、肖屏如、赵燕南、徐景星、刘剑涛、党寒波等20余人齐聚一堂。

杜斌丞说：“据我长期的观察，在国民党统治区，除了共产党的《新华日报》外，在重庆、成都、桂林等西南重要城市，都有一批进步报刊积极宣传团结抗战，活跃在大后方的舆论界。但作为西北重镇的西安，尚缺少一个大型公开合法的宣传工具。周先生在重庆指示王炳南与我共同商议，要加强西北的统一战线和宣传阵地。西安的《秦风日报》和《工商日报》，本来都是与杨虎城将军有关的两家民营报纸。最近，由于国民党的刁难和经济上的困窘，两报在经营上都处于困难阶段。故经过我和成柏仁、刘文伯等人商量，两报合并为《联合版》，以利扩大发行。一明，你要利用在银行界担任高级职务之便，大力协助募集资金。”

田一明说：“没问题。”

刘文伯说：“现在由我宣读经协商后的董事会分工名单。由我担任董事长一职，成柏仁担任社长，张性初担任副社长，耿坚白担任主笔，李子健担任总编，葛凤梧担任发行部经理。杜先生由于担负着更多的重要任务，在报社就不再担任具体的职务了。反正，杜先生就是我们的后盾。”

众人鼓起掌来。

杜斌丞用手示意，掌声戛然而止。杜斌丞说：“根据周先生的指示，为了让报纸在国统区长期存在，我们要讲求策略，开始时表面上不要太红，斗争要有理、有利、有节，要很好地发挥统一战线的作用，广泛团结社会各阶层。这样，才能与法西斯势力作长期斗争。”

成柏仁说：“大家有没有意见？”

众人说：“没有。”

成柏仁说：“好，没有意见。那咱们就定在‘八一三’抗战六周年纪念日出联合版。”

众人又一次鼓起掌来。

刘文伯端起酒杯，站起说：“我提议，为咱们合作愉快，干杯！”

“干。”

众人端起酒杯，一饮而尽。

十余天后，田一明又一次来到西安王家巷32号公馆。

杜斌丞问田一明：“一明，经费落实得怎样了？”

“前几天，我出面联系，请白水新生煤矿作担保，向中央、中国、交通、农民四家银行驻西安联合办事处，贷款法币2000万元，然后用这笔钱在上海买到一大批纸张。纸张到手以后，我同张性初与肖屏如联系，在他的帮助下，报社承印了陕西省的中小学课本。这样，就赚了一大笔钱，使报纸经费问题得到了解决。”

“干得不错，一明。”

“另外，刘剑涛和党寒波都出了一些资金，”田一明接着说道。

“很好嘛，众人拾柴火焰高嘛。”

“不过还有一个问题，不知该怎么办？”

“什么问题？”

“胡宗南的高级参议周天寥说他也愿意出一份钱，并表示不干涉笔政、不参加董事会。您说该怎么办？”

“这个人我晓得。他与张性初有往来关系。他愿出一份，和我们拉关系，这好么！他参加一份是有好处的，更有利于冲淡报纸的颜色，使报纸更显得灰色一些。这些人请都请不来，他来了，我们怎能拒绝呢？”

这天，杜斌丞正在书房看书，杜良明送来一封重庆寄来的信。

杜斌丞接过信件，打开一看，是张澜的一篇文章——《中国需要真正的民主政治》。

“《中国需要真正的民主政治》，张澜。”

杜斌丞默看了一会，忍不住出声读了起来：

“要从速实行真正民主政治，使人民有权来监督政府，纠弹官吏，并协助政府办理各事，政治才可望合理改善，挽回颓势。”

读到这里，杜斌丞一拍大腿，大声喊道：“好啊，表方兄说得真好。”

正在收拾房屋的杜良明问：“老爷，表方是谁？”

杜斌丞说：“表方是我们中国民主政团同盟的主席，四川人。”

杜良明赞叹道：“你们民盟的能人真不少。”

“那当然。哎，良明，我再过两天，又要到南方去一趟。你可要照看好家哟。”

“老爷，您就放心走吧！”

一天，李公朴走进周新民家，周新民招呼道：“李先生来了，快请坐。”

李公朴坐下后，说：“告诉你一个好消息。”

“快告诉我，有什么好消息？”

“杜斌丞先生来了。”

“是吗？太好了。我早就想和他见见面了。”

“是啊，我们也有很长时间没有见面了。”

“李先生，你快说说，杜先生长什么样？”

“个头比我高一些，胡子比我长一些，身体比我壮一些。”

“那他现在住在什么地方？”

“住在第五集团军司令部。”

“怎么会住在那里？”

“我也是刚知道的。关麟征是杜先生的同乡，杜聿明是杜先生的学生。”

“噢，原来是这么回事。”

第二天，李公朴和周新民来到第五集团军司令部杜斌丞住的房间。李公朴说:“杜先生,你好。”

“公朴先生,您怎么来了,有失远迎,快请坐。”

杜斌丞和李公朴的手握在了一起。

稍顷,李公朴对杜斌丞说:“来,我给你们介绍一下。这位是周新民先生,他可是昆明的社会活动家。”

杜斌丞上前握住周新民的手说:“周先生好。”

周新民说:“杜先生好。我是从王复初先生那里知道您的大名的。他可是对您赞赏有加啊!”

“你说王复初啊,那是我的同学,也是我的好朋友。二位别光顾着说,快请坐。”

李公朴和周新民坐下后,周新民说:“我们是来请您参加我们‘九老会’活动的。”

“什么是‘九老会’?”

李公朴笑着说:“所谓‘九老会’,是我们的戏称。就是由张天放、楚图南、艾志诚、周新民、孙起孟、冯素陶、杨春洲、刘达夫和我,为了聚会方便,搞的一种形式。其实年龄都不过40岁上下。我们经常相互了解一些情况,交换对时局的看法。”

“原来是这样。行,我参加你们的活动。”

昆明商务酒店内,李公朴、张天放、楚图南、艾志诚、孙起孟、冯素陶、杨春洲、刘达夫等人围坐一桌。桌上备着各种菜肴及酒水。

周新民引杜斌丞走进来。众人站起来,鼓起掌来。杜斌丞转圈和大家一一握手。口里连连自语道:“杜斌丞,杜斌丞。认识大家很高兴。”

众人坐好后,周新民站起说:“杜先生是我的好朋友王复初先生的同学,每次我们谈到西北问题,王先生总是说,杜先生眼光远,气魄大,能力强,他是西北惟一人物,将来西北问题,只要杜先生号召,各方均会响应。今天,我们有幸能够请到杜先生参加我们的恳谈会,这是一件令人高兴的事情。来,我提议,为杜先生的身体健康,干杯!”

众人端起酒杯，一饮而尽。

周新民接着说："下面，请杜先生发表对时局的看法。大家欢迎。"

众人热烈地鼓起掌来。

杜斌丞站起说："刚才，周先生的介绍，有些过誉，实在是愧不敢当。鄙人只不过是比诸位虚长几岁，经历的事情稍多一些。今天，我能够和西南的朋友坐在一起，参加你们的'九老会'，共同探讨民主，关心国家大事，我是很高兴的。我想，无论是现在，还是将来，咱们都应该多来往，多交流，共同努力，把我们中国的事情办好。说到时局，我谈一点粗浅的认识。大家记不记得四一年的时候，国民党八万军队，把新四军的九千人围在茂林地区，企图一举歼灭，制造了震惊中外的皖南事变，这是令亲者痛，仇者快的事情。实在令人发指。还有，胡宗南的几十万军队不去抗日，干什么呢？他们把陕甘宁团团围住，企图用闪电战把边区打垮。要不是中共及时得到情报，戳穿了国民党阴谋，恐怕陕甘宁边区已经不存在了，中国也已经亡了。同胞们，蒋介石实行的是假抵抗、真反共啊！我对国民党早已不抱任何幻想，这个党已腐烂透顶。我们必须联合一切真抗战真爱国的力量，唤醒全国人民，揭露蒋介石的反动面目，扫清抗战阻力，最后把日本帝国主义赶出中国去。"

杜斌丞的一席话迎得了大家一片掌声。

这时，楚图南说："杜先生，听说你跟中共的周先生经常来往，又离边区很近，您能不能给我们介绍一下中共的情况？"

杜斌丞继续说道："大家知道，中国有两大党，除了国民党，还有共产党。提起共产党，叫人不得不佩服。抗战以来，解放区的抗日战果极其辉煌，人民在共产党的领导和组织下，抗日情绪高昂，不论男女老少，都动员起来了，人民一面抗战，一面生产，享受着既无压迫，又有充分民主的政治待遇，尽管物质条件还十分艰苦，但人们能过上温饱的生活。这与蒋介石统治下的贪污、腐化、无能，以及特务横行、军队溃退等情形相比较，是何等的鲜明。我相信，共产党领导的革命是真正为人民大众谋福利的革命，共产党就是中国的未来和希望。”

众人又一次热烈地鼓起掌来。

唐家花园。

周新民、罗隆基、潘光旦、唐筱溟、潘大逵、杜斌丞坐在一起正在交谈。

周新民说：“我受周恩来先生的委托，前来筹备民盟云南省支部，已有月余，先后得到了诸位的大力支持，今天，我们又请来了西北的杜斌丞先生，请他讲讲民盟的发展方向，以使我们的组织更加强大。”

众人热烈鼓掌。

杜斌丞说：“国民党和共产党是两个不同性质的党，分别代表着各自的阶级利益。我们民主政团同盟虽说代表的是中间势力，但我们的宗旨是实行民主。凡是有利于民主的我们就拥护，凡是反对民主的我们就反对。据我多年的观察，共产党是喜欢民主的。在延安，共产党还建立了‘三三制’政权，什么是‘三三制’？就是共产党员大体占三分之一，左派进步分子大体占三分之一，中间分子和其他分子大体占三分之一。这样就团结了各抗日阶级、阶层，争取了中间力量，孤立了顽固势力，巩固和发展了抗日民族统一战线。我想，这些就是我们想要的，也是我们所追求的。”

众人又一次鼓起掌来。

一天，杜斌丞来到周新民家，说：“周先生，我和杜聿明已经说好了，以他的名义请民盟的同志吃顿饭。”

“这样做合适不？”

“我想是合适的。第一，我们可以减轻反动势力对民盟的压力，有利于民主运动的开展。第二，可以使杜聿明和民主人士接触，拉他一把，起到分化反动派的作用。”

“好，我听您的。”

“那咱们拟一下名单，”杜斌丞说。

“李公朴、张奚若、潘光旦、罗隆基、楚图南、冯素陶、李文宜，再加上你、我和杜聿明，正好一桌。”

“张奚若也在昆明？他可是我的老同学，老朋友。”

“张先生是西南联大的政治学系主任。他主讲的西洋政治思想史等课程，颇受学生欢迎。”

“我听说，他还当面顶撞过蒋介石。”

“是啊。他在国民参政会二届一次会议上发言，尖锐抨击国民党政府当局的腐败和独裁统治，蒋对此极为恼火。但他未予置理，发言后便愤然离去。后来，国民参政会还给他寄发开会通知和往返路费，他当即回电：‘无政可议，路费退回。’从此再未参加国民参政会会议。”

“一定要把他请到。”

“没问题。”

昆明翠湖公园湖心亭。

杜斌丞站在门口，迎接客人。首先进来的是李公朴，接着张奚若走了进来，说：“斌丞哥，还认识我吗？”

“奚若，没想到会在昆明见到你？”

“是啊，咱们有三十多年没见了。”

“快请坐。哪天咱们好好聊聊。”

紧接着，潘光旦、罗隆基、周新民、楚图南、冯素陶、李文宜等人相跟着走了进来。

杜斌丞说：“诸位，快请坐。”

然后，和刚进来的人一一握手。

杜斌丞、李公朴、张奚若、潘光旦、罗隆基、周新民、楚图南、冯素陶、李文宜等人围坐一桌，桌上摆满了美味佳肴。

这时，一副官大声喊道：

“杜司令到。”

众人都站了起来。

杜聿明急匆匆走了进来，向大家道谦："让大家久等了，对不起，对不起。实在是公务繁忙。"

说着，杜聿明端起一杯酒，说："诸位都是杜斌丞先生的朋友，那么，也就是我杜聿明的朋友。今天在此略备薄酒，为杜斌丞先生接风，希望大家能够畅饮。来，大家干杯！"

众人一饮而尽。然后都坐了下来。

杜聿明坐下后，操起筷子，说："来，大家都动筷子。"

杜聿明、杜斌丞、李公朴、张奚若、潘光旦、罗隆基、周新民、楚图南、冯素陶、李文宜等人还在喝酒。

此时，一辆卡车正在川滇公路上疾驰。一会儿，卡车开进第五集团军医院，几个士兵从车上抬下来一副担架。担架上躺着杜鸿范。

张奚若喝得有点大了，端着一杯酒，走到杜斌丞跟前，说："斌丞哥，我敬你一杯。"

"行，我干了，你随意。"说完，杜斌丞一饮而尽。

张奚若说："我不随意，我要干了。妈的，现在中国害的政治病是：政权为一些毫无知识的、非常愚蠢的、极端贪污的、极端反动的和非常专制的政治集团所垄断。"

"奚若，你喝大了，少说两句。"杜斌丞急忙劝道。

"我没喝大，来，干。我在报纸上马路上常常可以看到一个名词'赤匪'，假如共产党可以叫做'赤匪'的话，我想国民党就可以叫'白匪'。其实'白'字还太好了，太干净了，他们简直就是'黑匪'！"

杜斌丞站起，硬把张奚若扶到座位上。说："奚若，我叫人送你回家。"

张奚若挣扎着，抬起头，说："我不回家，我很清醒。为了国家着想，也为蒋介石本人着想，老蒋应该下野。假如我有机会见到蒋先生，我一定对他说，请他下野。"

这时，副官走进来，在杜聿明耳边耳语一番。

杜聿明对杜斌丞说："鸿范病了，住进了医院。"

杜斌丞站起，双手抱拳，对众人说："诸位，对不起了，我儿子病了，我得先走一步。"

周新民说："那就到这里吧。谢谢杜司令，谢谢杜先生。"

众人都站了起来，杜斌丞急匆匆跟着副官走了出去。

第五集团军医院楼道门口站着两个士兵。一副官引杜斌丞走过来，说："就是这间病室。"

杜斌丞来到杜鸿范病床跟前。躺着的杜鸿范说："父亲，您怎么来了？"

说着，欲想坐起。杜斌丞按住道："躺着，别起来。"

杜斌丞拉了条凳子，坐了下来，说："范儿，你怎么老不注意身体？"

杜鸿范说："前方的将士都在拼命杀敌，我怎么能图安逸呢？"

"你现在感觉如何？"

"就是感到特别疲劳。"

"范儿，没有好的身体，怎么能搞好工作呢？你一定要爱惜自己的身体。"

"我记住了。"

"我再过几天就要回西安了。"

"您回去吧！我的病不要紧。休息一段时间就好了。"

"那好，我让你弟弟来照顾你一段时间。"

"不用。我这里有团里的弟兄照顾。好着呢。"

杜斌丞告别杜鸿范，告别杜聿明，在朱蕴山和韩望尘的陪同下，来到成都。一天，杜斌丞、朱蕴山和韩望尘找到张澜公馆，经过通报，走了进来。杜斌丞说："表方兄好。"张澜招呼道："三位来了，快请坐。"

杜斌丞、朱蕴山和韩望尘坐下后，张澜说："你们三位是从昆明来的？"

杜斌丞说:“是啊！昆明的民主气氛渐渐活跃起来了。”

“听说你在昆明参加了好多次座谈会。”张澜问杜斌丞。

杜斌丞笑了笑说:“主要是和一些朋友交换了一下对时局的看法。”

“这很好嘛。”

“你前一段时间写的《中国需要真正的民主政治》真不错。我看在各地都流传开了。”

“那还要感谢蒋委员长呢。要不是他下令查禁,还不会有这样的效果。”

众人都笑了起来。

张澜说:“你对中国民主政团同盟有什么好的建议？不妨谈一谈。”

“民主政团同盟以民主为宗旨,号召人民开展民主运动,是一件非常有意义的事情。但我觉得,民盟内部必须整顿,求得坚强的战斗力。还有,我认为在三党三派里,不能有青年党这样落后的党派。青年党不是民主党派中的一支力量,青年党靠不住,不可信任。”

张澜问朱蕴山和韩望尘:“你们的意见是怎样的?”

朱蕴山说:“暂时还看不出什么。”

韩望尘说:“我没有接触过青年党,不能乱发表意见。”

杜斌丞说:“我看青年党迟早会出问题的。”

张澜说:“那就大浪淘沙,让历史作检验吧!”

成都望江楼。

第三十四章

杜良明打开门，杜斌丞提着手提箱走了进来。杜良明赶紧接过手提箱，说："老爷回来了？"

"家里最近没什么事吧？"杜斌丞问。

"都好着呢。"

杜斌丞和杜良明走进客厅，杜良明放下箱子，又去打洗脸水。

过了一会，杜良明端着洗脸水过来，放在脸盆架上，说："老爷，先擦把脸。"

杜斌丞走过去，洗了起来。

杜良明说："最近，省主席又换人了。"

"换成了谁？"

"换成了祝绍周。听说是个十分反动的家伙。"

"那有什么？没有什么好怕的。"

西京招待所。

杜斌丞和赵寿山正在交谈。

杜斌丞问："前方的情况怎样？"

"不太好。我已奉命调到第三集团军。"

"那三十八军军长一职由谁接任？"

"张耀明。不但这样，老蒋还把胡宗南部的参谋长于达派任第三集团军副总司令。我现在是徒具虚名啊！"

"这老蒋真是太狠毒了。"

"先生有没有那边的关系，给我介绍一下。"

“甘肃的吴鸿宾、任谦、杨子恒都非常可靠,他们正在那边开展民盟活动。”

“那太好了。”

杜良明走进杜斌丞的书房,说:“老爷,鸿模来信了。”

杜斌丞接过信,打开一看,顿时瘫坐在椅子上。

“老爷,您怎么啦?”杜良明赶紧上前去扶杜斌丞。

杜斌丞抬起头,脸上流着泪水,说:“范儿病逝了。”

第二天,杜斌丞来到七贤庄,周子健的办公室。

周子健关切地问:“杜先生,听说您儿子鸿范病逝了。”

“是啊。”杜斌丞声音有些哽咽。

“先生,您要节哀啊!”周子健安慰道。

“没什么,人总有一死嘛。”

“我们中共中央秘书长任弼时来电,让我告诉您一声,边区政府已经免除了您家里的公粮负担,以后还可酌情予以接济。”

“谢谢。”

杜良明引郭则沉走进杜斌丞的书房,说:“老爷,郭先生来找您。”

郭则沉自我介绍道:

“我叫郭则沉,是张澜主席派来的。”

杜斌丞说:“欢迎,欢迎。”

郭则沉从怀里掏出一封信递给杜斌丞,“这是张主席给您的信。”

杜斌丞接过信,拆开看完后说:“郭先生,请坐。”

郭则沉坐下后,说:“中国民主政团同盟已经改组为中国民主同盟。”

“这我知道。”

“张主席邀请您主持西北盟务,并立即成立民盟西北总支部筹备委员会。”

“谢谢表方兄的信任。”

杜斌丞、杨明轩、王菊人、郭则沉等人正在客厅开会。

杜斌丞说:“今天,咱们民盟西北总支部筹备委员会就算成立了。我们在座的各位,就是这个组织的发起人。”

众人鼓起掌来。

杜斌丞接着说:“西北民盟惟一有利的条件,是与中共中央所在地的延安接近,可以得到友党的有力协助。我们必须坚决地依靠中共,并在工作上与其保持密切的联系,才能取得斗争的胜利。”

王菊人问:“那我们的政治纲领是什么?”

杜斌丞说:“那当然是亲苏,友共,努力实现新民主主义。”

杜斌丞来到七贤庄,对周子健说:“我已与高桂滋说好了,他允许在他的防区内秘密恢复与边区的商旅活动。”

“太好了,这下就可打破胡宗南对边区的封锁。”

“我想,这样做有两大好处。”

“哪两大好处?”

“一是可以解决民盟西北总支部的经费问题。二是可以解决边区的部分需要。”

“那你准备让谁负责这项工作?”周子健问道。

杜斌丞说:“人我已经选好了,就由韩望尘主持这件事情。”

“很好,很好。”

“我准备最近到高处看一看,并观察一下那里的地理环境。子健,希望你们到时能派人来商谈一下。”

“没问题。”

杜斌丞来到杨明轩家,对杨明轩说:“民盟现在仅在名望高、年龄大、官职大中活动和发展,这是很不够的。这样下去,民盟就不会有活力。”

杨明轩说：“是啊，这样做就不会有广泛的群众基础和坚实的力量。”

杜斌丞说：“我看，很有必要把青年发动和组织起来。”

“李敷仁和武伯纶等同志在西安主办《农村周刊》《经世》杂志，并正在酝酿筹办《民众导报》，在他们周围团结了一批中小学教师和青年学生。王维祺和陈唯诚等人以知行书店为据点，正在筹办《文化周报》，也联系了不少青年和学生。”

“对，我们先把这两方面的力量汇合在一起，在文化教育界和青年学生中建立组织，进一步开展民主运动。”

杜斌丞对来访的王维祺说：“维祺，成都11月5日成立了民主青年协会，11日爆发了成都广大学生反对国民党法西斯统治的民主大游行。四川民盟负责人向我通报了情况。”

“咱们也应该向人家学习。”

“我也是这个意思。我和明轩商量了一下，决定派你到成都跑一趟，看看人家是怎样干的，回来咱们再商量。”

“好，我明天就出发。”

陕北安边国民党第十一旅旅部。

曹又参对宁夏一中校长黄执中说：“黄校长，杜斌丞先生来信说，让我在陕北组建民盟。我现在代理十一旅旅长，不便出面，你能不能在宁夏先组建民盟，然后再向陕北三边一带发展。”

“行啊。”

杜良明引尹冰彦走进来，说：“老爷，尹先生来看您来了。”

杜斌丞上前握住尹冰彦的手，“尹秘书，你是几时来的？”

“昨天刚到。”

“快请坐。”

尹冰彦坐下后，杜斌丞问尹冰彦此次来西安有何贵干。

尹冰彦说："我是和参谋处长高松元奉李宗仁之命，来敦请董英斌出任新成立的第十战区李品仙部的参谋长的。"

"那你们住在哪里？"

"住在西京招待所。"

"有空我来看你。"

"不用了。临来之前，李宗仁亲自交给我银耳、猴头各一包，另有法币若干，叫我一定亲手交给您。"说着，尹冰彦把东西递给杜斌丞。

杜斌丞接过东西，说："谢谢，谢谢德公。我与德公相识恨晚哪！蒙见不弃，对我关切备至，使我很不安哪。将来如果我能为国家做点啥，也算是我对德公深情厚谊的一点报答。"

"杜先生近况如何？"

"比从前更困难了。经常有人监视我，等于丧失行动自由一般。"

"既然如此，还不如早日离开，反正在这里做不了什么事，何必留此苦守呢？"

"虽然困难，工作还是要做的，我要和他们斗下去，我看他们还不敢对我下毒手。"

几天后，尹冰彦回到了老河口。李宗仁问："见到杜先生了没有？"

"见到了，杜先生处境很不好。"

"你没劝杜先生到咱们这里来？"

"劝了，他不愿离开西安。"

"杜先生这样坚贞倔强，将来是要吃他们的亏的。"

一天，甘肃的王新潮来到西安王家巷32号公馆，向杜斌丞、杨明轩作汇报。王新潮，1909年出生，甘肃省秦安县人。1938年，王新潮在伍修权的介绍下，进入抗大学习半年。为了取得掩护身份，遵照苏联驻兰州代表处的决定，王新潮又去西安中央军校第七分校受训，于1940年回到兰州，以邓宝珊新一军驻兰办事处上尉副官为掩护身份，从事地下工作，任中共地下党组织甘肃省工委联共情报组组长。当下，王新潮向杜斌丞和杨明轩说："甘南的农民起义军在国民党的重兵围剿下被打散了，西北民主政团也随即进入了低潮，吴鸿宾让我来请示，我们今后该怎么办？"

杜斌丞说："如今中国民主政团同盟已改组为中国民主同盟，民盟西北总支部已开始筹建。按民盟中央的指示精神，民盟西北总支部将统一领导陕西、甘肃、宁夏、青海四省的民盟工作。如果你们愿意和我们采取一致行动，我建议，你们可将西北民主政团改建为中国民主同盟甘肃省支部。"

王新潮说："我们愿意接受并拥护民盟西北总支部的领导。"

"我们欢迎你们加入到这个大家庭，"杜斌丞说："你回去后，给盟友们传达一下，民盟西北总支部的政治纲领是亲苏、友共、努力实现新民主主义。"

王新潮用笔在本子上开始记录。

"不要拿笔记，要拿脑子记。"

王新潮收起了纸和笔。

杜斌丞继续说道："我们的指导思想是'三反''三不反'。'三反'就是反帝、反封建、反官僚主义。'三不反'就是不反苏、不反共、不反人民。"

王新潮说："太好了，我完全拥护。"

过了些天，杜斌丞带着杜良明从西安来到平凉，听取了吴鸿宾关于甘肃民主运动和民盟工作的汇报。然后又从平凉出发，来到固原第十七军军部。这次，杜斌丞是和高桂滋密商建立"西北民主联军"，竖旗反对消极抗日的蒋介石等事宜的。一天，杜斌丞对高桂滋说："咱们应该立即成立西北民主联军，由你任总司令，我任政委，通电全国,宣布中立,造成声势,不成则投靠共产党。”

高桂滋说:“要竖旗反蒋,必须占据一个有利地盘,这是最重要的。第一步先要请共产党解决马鸿逵,以利咱们夺取宁夏。即使共产党不便协助,我要取代他马鸿逵也不成问题。第一,马鸿逵、马鸿宾兄弟不和,只要打马鸿逵,马鸿宾是不会援助的。第二,以久经战阵的第十七军,对付马鸿逵部队是没有问题的。”

“没有那么简单吧?古人常说‘兄弟阋于墙,外御甚侮。’你别看马氏兄弟平日不和,如果你打马鸿逵,马鸿宾必然竭尽全力援助马鸿逵。你忘记了从前孙殿英打宁夏,不但甘肃的马鸿逵回师宁夏,连青海的马步芳、凉州的马步青都出兵援助马鸿逵。现在咱们插旗联共反蒋,成立西北民主联军,最好暂不惊动马鸿逵。这样,马鸿逵也会估计他自己的处境:东有共产党的部队,南有我们十七军,他也可能表面上和咱们合作,至少不敢蠢动。咱们不打马鸿逵,就不会引起其他‘三马’的反感,这对咱们是有利的。”

听杜斌丞分析得很有道理,高桂滋点了点头:“那咱们就分头准备吧。”

晚上,高桂滋急急忙忙地来到杜斌丞家,说:“杜先生,这是延安截获的电报,你快看一下。”

杜斌丞接过电报看了起来。

高桂滋说:“杜先生,这是老蒋给胡宗南的电报,说你是奸党分子,游说我图谋不轨,要速逮捕法办,我看你还是到边区去躲一下。”

杜斌丞说:“我走了,咱们的事情怎么办?”

“你走了,胡宗南要问我,我就推说不知道你哪里去了,他能把我怎么样?”

“怎样走法?”

“边区有人来接。我们和边区建立了一条秘密交通线,路上不会出问题的。”

杜斌丞在房子里来回踱了几步,然后说:“现在全国各党派、各界人士都在联合抗日,老蒋他还不敢撕破面皮,公开杀害民主人士,但他们会暗杀我。不过,有你这位大军长保镖,他们无奈我何。”

“好我的杜兄哩,你还是赶快走吧!”

杜斌丞坚定地说:“我不走。”

杜斌丞在固原是住在第十七军副军长高建白家。由于长期操劳过度,杜斌丞病了。一天,杜斌丞躺在床上,高建白坐在旁边一把椅子上,说:“表哥,去医院吧!”

杜斌丞说:

“不用。我这只是感冒,过几天就好了。”

这时,杜良明端着一碗面走了进来,说:“老爷,刚煮的面条,您趁热吃了。”

杜良明把杜斌丞扶起来,在背后垫了一个枕头。然后把面碗递给杜斌丞。

杜斌丞接过面碗,吃了起来。

杜斌丞吃了两口,说道:“哎呀,我差点把一件大事给忘了。”

杜良明问:“有什么事?”

“良明,你赶紧到庆阳去一趟,找一下那里的曹力如曹先生,请他到固原来一下。”

“我不去,那您这里怎么办?谁来照顾您?”

“这里暂时先不要你管,有我表弟呢!”

高建白也说:“良明,你放心去吧。这里有我呢。”

杜良明不情愿地答应了。

杜良明向高建白借了匹马,急奔庆阳陇东地委而来。这时,西北局已派副秘书长曹力如来和杜斌丞联系。杜良明见到曹力如后,说:“曹先生,我叫杜良明,是我家老爷派我来的。”

“杜先生有没有让你带信件来?”曹力如问杜良明。

“没有。我家老爷这几天病了,写不成信。”

“那怎样证明你的身份呢?”

“我在杜家已经生活了10多年,难道还有假的?”杜良明有些着急了。

“不是这个意思。不过我没见过你,总得核实一下身份吧!”

“那好办。我见过你们党的刘志丹、谢子长、高岗、张德生。还有,常黎夫和我一块生活了10多年。”

“这些事我都听说过。”

“那你应该相信我了吧!”

“杜先生,对不起。因为现在形势复杂,我只能这样做。这样吧,你先住下,等我办完手头的事,咱们就一块走。”

“那好吧!”

高岗正在西北局办公室里办公,门外传来报告声。

“报告。”

“进来。”

机要员进来后,说:“高书记,陇东来电。”

“念。”

机要员念道:“杜良明今早抵庆,未带杜老信件。在该员到后判断是真的。杜老在平凉病了几天,因此迟延时日。”

高岗说:“给曹力如回电。段、曹:力如可随良明去见杜老,但必须十分秘密谨慎,化装、路线、见面地点等必须布置得十分周到,以保证安全第一。见杜时,告知他29日电情况,劝他随你同来边区。”

机要员记好后,转身走了出去。

曹力如、杜良明,还有两个警卫员,骑着马,在去固原的山路上奔驰。

杜斌丞躺在病床上,杜良明引曹力如走了进来,说:“老爷,曹先生来了。”

“杜先生好,我是曹力如。”

杜斌丞欲坐起,杜良明赶紧上前把杜斌丞扶起来。杜斌丞招呼道:“曹先生快请坐。”

曹力如坐下后,寒暄道:“杜先生病情如何?”

“已无大碍。”

一天,在第十七军军部,高建白对高桂滋说:“军长,我看你还是和曹先生当面谈一下比较好。”

高桂滋说:“有你招待,有杜先生和曹先生谈,就很好嘛。”

“军长有什么顾虑?”高建白问道。

“一是怕特务知道,二是怕中共在必要时公布出来。”

“也罢。那军长有什么具体意见?”

“我说三点:一、我绝不跟独裁者走。二、我不封锁边区。三、形势再发展,咱们十七军会很自然的和中共合作,”高桂滋说。

高建白说:“好罢,我就把这几点转告我表哥。”

第三十五章

庆阳陇东地委书记段德彰正在办公，突然接到西北局来电。

“据确息，蒋令胡宗南立即逮捕杜老斌丞就地适宜处理，望立即派一可靠同志绝对秘密的化装出去，通知力如转告杜，劝杜无论如何立即与力如一同来边区，以免遭暗害。力如最近有无消息及情况望立即电告。”

段德彰想了想，说：“给延安发报。”“我们商量派孙君一化装成商人前往通知曹力如，转告杜进来，并密带保安分处电台到苦水掌临时工作，以便随时反映情况。力如4日离开庆阳至今已14天，估计孙抵苦可能（尚须三日）曹可能已返回该地。若杜已离固，则无法挽回。……妥否，请电示。”

在高建白家，杜斌丞坐在病床上，曹力如站在病床旁，握着杜斌丞的手，说：“杜先生，咱们这次谈得很好，再见。”

杜斌丞说：“良明，你去送送曹先生。”

杜良明说：“曹先生，请。”

杜良明和曹力如走了出去。

一会儿，高建白走了进来，问：“曹先生走了？”

“刚走。建白表弟，你说我该不该去延安？”

高建白说：“曹先生传达共产党中央的意思，欢迎你到延安去，这自然是为了你的安全，但同时也是革命圣地需要你去担任政治工作。我认为，无论是就革命意义上着想，还是就个人安全意义上着想，都是以到延安去为上策。”

杜斌丞说："就个人的安全上着想，当然是到延安去为上策，但是就革命的意义上着想，就要考虑在哪里工作的价值更大。我们不应当只顾个人的安全，而忽略了对革命贡献的价值。在此抗战期间，蒋介石不用全力保卫国土和人民，却在关中屯集重兵，占据地盘，防范人民革命武力，因而关中人民所受军队的扰害和负担，痛苦达到了极点。在不久的将来，把日寇打垮之后，蒋介石如不受人民制裁，继续倒行逆施，那就只有消灭老蒋的全部武装，人民才能解放。必须先把关中解放，才能南下巴蜀西入甘宁。在此紧要关头，我怎能为个人安危，把正在进行的解放工作半途而废呢？这不但对不起关中父老，也对不起共患难的同志。解放区的工作固然重要，但蒋管区的民主运动更为重要。来日的奋斗，将要日益艰苦。个人牺牲的命运是随时要来临的。不过我们能多活一天，就要多尽一份力。到了不能活的时候，那就为民主而死，这是极自然的。我们防范小人暗算是为了多尽责任，并不是为了苟且偷生。现在的民主运动已经高涨起来了，人民的力量是不可侮的，乌云遮不住太阳的光芒，我想那投降帝国主义的儿皇帝是不敢把我怎样的。"

"表哥，你太激动了，还是要注意身体。"

曹力如回到庆阳陇东地委，对段德彰书记说："我在固原住了两天，和杜老谈了四次，和高建白谈了两次。高桂滋起初准备和我谈，后来又顾虑犹豫，没有直接和我谈。"

"你估计他顾虑什么呢？"段德彰问。

"可能有两点。一是怕特务知道。二是怕我们在必要时向外公布。"

"那杜先生来不来延安？"

"杜先生认为在外边的作用会大一些。暂时不来了。"

"你们这次谈的结果如何？"

"这次谈的结果尚好。孙蔚如和高桂滋对咱们的五点建议完全赞成。高桂滋通过杜先生向我表示：一、绝不跟独裁者走。二、他不封锁边区。三、形势再发展,他们十七军会很自然的和咱们合作。”

“成果不小嘛。”段德彰听了十分高兴。

这时机要员进来报告说:“西北局来电。”

“念。”

“段、曹:关于与杜、高谈判一事,应严守秘密,并嘱咐所有知道此事或知道一点的同志绝对不准讲。如有泄露秘密者应以纪律制裁。”

“好,你先下去吧。”

一天,西北局书记高岗找到原三十八军军医处长张归仁,让他第二天去一趟枣园,毛主席有事要和他面谈。

第二天上午,张归仁来到枣园毛泽东住的窑洞:“主席,您找我?”

毛泽东招呼道:“归仁同志,是你呀,快进来,来,坐下谈。”

张归仁坐下后,毛泽东说:“听说你要回三十八军去。”

“是,主席。我在中央党校马上就要毕业了。”

“赵寿山将军希望你做他的保健医生,中央也同意你去。还有些事情需要你向赵将军及其他人士传达。请转告赵将军,他虽然离开了三十八军,但要保持与三十八军的有关军官的联系,一旦形势发生变化,便于实施指挥。要对自己周围的环境造成一个灰色的局面,要有意识地与反动头目交往。要妥善安排家属,从精神上做好准备,以便随时行动。”

“是。”

毛泽东又说:“还有,请赵将军约见一下杜斌丞先生。告诉杜先生,他在外面的历史任务已经完成,请他速回边区。”

“那杜老的行动路线是怎样的?”

毛泽东说:“经我们研究,杜先生回边区的路线,最好是走甘肃庆阳,经过高桂滋部队的防区,到时,边区会派人去接。”

张归仁站起,说:“保证完成任务。”

毛泽东吩咐道："你要好好照顾赵将军，一定要保障他的身体健康。"

"请主席放心。"

一天，高桂滋在军部对杜斌丞说："杜先生，我和西安的朋友联系过了，回西安暂时不会有太大的危险。"

杜斌丞说："民盟的同志也来电，让我回西安。"

"我马上要到重庆受训，那就让我陪你一道回西安吧！"

"好啊。"

早晨，杜斌丞起床后，来到高建白的房间，说："老弟，我要走了。共产党的统战政策你是了解的，争取中间势力、发展进步势力是当前的一项重要工作。西北的知名人士、地方武力、兄弟民族的领袖人物，如水梓、张鸿鼎、王造禹等先生，应同他们交朋友。对吴鸿宾、任谦、贺凤梧等革命的好同志应多照顾，他们为民盟工作，如有经济上的困难时，你要接济一下。西安同志要我回去，因为全国民主运动正在蓬勃发展，这是可喜的。但是今后的斗争也将更尖锐，更艰苦，我们都要有精神准备。毛泽东先生说，中国自有科学的共产主义以来，人们的眼界提高了，中国革命也改变了面目。中国的民主革命没有共产主义指导是决不能成功的。那么要救中国，建设一个新中国，不跟共产党走能行吗？希望你把《新民主主义论》多体会，和朋友多讨论，人们的认识总是会提高的。"

"你的话我会记住的。但你回到西安后一定要注意安全啊。"

"放心吧。"

杜斌丞和杨明轩走进田一明公馆。田一明招呼道：

"二位先生，你们怎么来了？快请坐。"

杜斌丞和杨明轩坐下后，杜斌丞说："今天借贵公馆商量一下民盟的事情。"

“那好啊！”

杜斌丞说：“眼看抗日战争到了关键阶段，咱们的民盟组织再不发展壮大，就跟不上形势了。”

杨明轩说：“一明，我们今天来，就是商量正式成立民盟西北总支部的事情的。”

“哎呀，可惜。”

杨明轩问道：“可惜什么？”

“我再过两天要到上海去，可能参加不成民盟了。”

“那就让你的秦夫人参加进来，把财务负责上。”杜斌丞说。

田一明叫道：“秦琳，秦琳。”

秦琳走进来，问候道：“二位先生来了？”

杜斌丞说：“秦夫人，你愿不愿意参加民盟？”

“跟上二位先生干，我当然愿意。”

杜斌丞来到八办，对周子健说：“周处长，我们筹备了很长时间，准备在西安成立一个公司，以利西北、西南和你们中共三方面的联络。”

“这是好事啊。那经费方面，你们是怎样考虑的？”

“这件事呢，四川的刘文辉非常积极，同意打1000万元。还有孙蔚如、赵寿山、高桂滋、韩望尘几个人筹集了500万元。我的意思是，你们也出上一部分资金。”

“资金方面，我方可以出一些，但不会很多。”

“现在关键问题是管理人员问题。看贵方能不能多派些人来管理这个公司？这些人都必须以商人面目出现，而且还要有相当的社会经验。”

“那就难办了，我们缺的也就是这方面的人才。”

“如有困难，那就请派出几个主要人员，把这项工作主持起来。”

“等我请示了延安后，再给您答复。”

“那好吧。不过要快点。”

田禾夫走进王家巷32号公馆杜斌丞处，找杜斌丞借几本书看。

杜斌丞说："你想看哪方面的书？"

"宣传民主方面的。"

杜斌丞从桌子上拿起一本杂志说："我这里有一本新出的《民主周刊》，你看喜欢不喜欢？"

田禾夫接过书说："太好了。我正到处找这本杂志呢。"

"那你就拿去看去。"

田禾夫一边翻着书，一边说："谢谢杜先生。"

"禾夫，你听说过民盟没有？"

"听说过，我的几个老师都加入了民盟。我真羡慕他们。"

"那你愿不愿意加入民盟？"

"愿意。就是不知道该怎样加入？"

"你去找一下李敷仁和武伯纶，让他俩给你当介绍人。"

"行。"

杜斌丞来到甘露巷赵寿山公馆，见到杨明轩后，交谈起来。

杜斌丞说："周处长说，延安已经回电，同意出资100万元，和咱们合作办公司。"

杨明轩说："太好了。那管理人员说没说？"

"周处长说，他们的经商人才也比较少，无法多派，只物色了两个管理人员，可能现在已走在路上了。"

"看来也只能这样了。不行的话，开始时规模可以小一些。"

二人正说着，王维祺走了进来，"原来二位先生在这里啊。让我好找。"

"维祺，你几时从南方回来？"杜斌丞赶忙让他坐下。

"昨天刚回来，正要给二位先生汇报呢。"

杜斌丞说："怎么样？这次收获大小哩？"

"我这次去了成都和重庆两个地方，分别会见了张澜、张友渔、李相符、邓初民、屈武、王炳南等人，并同李相符、王晶尧、黄寿金等人商讨了在陕西开展青年运动和建立青年组织的问题。”

杜斌丞说:“快说说咱们应该怎么搞?”

“根据他们的经验,以往那种以单线联系的方式开展斗争,已经不能适应形势发展的需要。必须以中共为核心,在其外围建立青年组织。把过去的一些秘密组织或分散的小组织联合起来。”

杨明轩说:“是公开好,还是秘密好。”

杜斌丞说:“这倒是个问题。”他想了一会,说:“我的意见是这样,咱们可以利用民盟合法的地位,以民盟的名义进行活动。”

杨明轩说:“我看可以。咱们的青年组织就叫成西北民主青年社。但对外不要公开。”

杜斌丞说:“那就这样。让民青的成员都加入民盟。以民盟的名义发展民青成员,并以民盟的名义开展民青活动。”

杨明轩又说:“咱先给民青成立一个领导小组,等以后组织壮大了,再健全组织。”

杜斌丞点了点头,对王维祺说:“维祺,你算上一个,再加上李敷仁、武伯纶、张光远、郑竹逸他们几个,具体的就由李敷仁负责吧。”

杨明轩说:“我同意。”

杜斌丞说:“维祺,你愿意不愿意加入中国民主革命同盟。”

王维祺说:“我听说这个组织的人大多是全国知名人士,或者是社会上有地位的人,我是个青年,有参加的资格吗?”

杜斌丞爽朗地笑着说:“你是怕人家看不起青年?我看中国的希望就在青年身上。滚滚长江东流,总是后浪推前浪嘛。青年人犹如旭日东升,光芒万丈,前程灿烂啊!”

杜斌丞又一次来到八办,周子健说:“杜老,我们党的‘七大’已经召开,毛泽东的《论联合政府》报告已在5月2日的《解放日报》全文发表,我们中央指示,让我把些书送给你,以使你能了解我党对时局的分析及政策全貌。”

“太谢谢了,我还正愁找不到这本书呢!”

周子健说："我党分析，德国投降后，击败日寇一定会加快。但就整个形势看，尤其是中国的民主运动仍是一个长期复杂的斗争。请杜老谨慎运用各种可能，联络西北军人，动员知识分子下乡，为民主培养广大的基础，以利长期斗争。"

"好的。"

周子健又说："国民党企图利用美援进行内战，但在日寇败退前，还不敢放手做，故蒋介石在目前正在伪装民主，加强独裁统治，为内战做准备。我们除扩大抗日武装，扩大解放区，筹备解放区代表会议外，极望大后方民主人士，多注意民主运动、农村工作，特别是军队的联络，以便在情况变化时能与我们一道来制止内战。"

"没问题。"

《秦风日报工商日报联合版》报社。

杜斌丞、刘文伯、成柏仁、张性初、田一明、耿坚白、李子健、关梦觉八人围坐一桌。

杜斌丞说："抗日战争现在已进入最后阶段，八路军和新四军在敌后解放了大片国土，而国民党躲避与日寇决战，力图保存实力，准备用于内战，因此，我们这一时期的社论应按照共产党的宣传方针，强调加强团结，反对分裂，要求召开党派会议，结束国民党一党专政，建立联合政府。你们今年初发表的《新的警惕，新的热望》、《拥护团结，反对分裂》和《团结需要在今天，也需要在明天》、《万事莫如团结》等社论，就写得很好，很切合实际。要知道，希特勒与墨索里尼之死，及德意法西斯独裁政治之崩溃，这教训不见得使那些法西斯的学徒们洗心革面。"

众人热烈地鼓起掌来。

杜良明走进来，对杜斌丞说："老爷，重庆寄来了急件。"

杜斌丞接过来，拆开信封，念了起来："中国民主同盟发表时局宣言，对国民党及其政府再次重申四项要求：一、确实保障人民身体、言论、出版、集会、结社、迁徙、居住之充分自由。二、释放一切爱国政治犯。三、彻底取消一切特务及类似特务之法令及结构。四、承认各党派公开活动之权利。”

杜良明说:“说得真好。”

杜斌丞说:“以上四项都是任何民主国家内人民应该享受的最起码之权利。蒋介石却迟迟不想给人民兑现。”

杜斌丞来到甘露巷赵寿山公馆,对杨明轩说:

“明轩,中国民主同盟最近发表了对时局的宣言,你听说了没有?”

“听说了。宣言再次重申了四项要求。”

“我们应该大力宣传,共同呼吁民主的到来。”

“杜兄,咱们小民革的盟员已经不少了,我看是不是把西北地方组织成立起来?”

“现在有多少人了?”

“快有20个了。除你、我和屈老外,最近咱们又发展了成柏仁、关梦觉、张锋伯、王菊人、姚晓尘、马文彦、张性初、李敷仁、武伯纶、张光远、郑竹逸、王维祺等人。”

“好啊。我想咱们是不是规定一下?”

“怎样规定?”

“一、小民革属秘密组织,不得对外公布。二、小民革是民盟西北总支部的核心。”

“我同意。”

在西安东大街红十字会医院,戴铭九坐在病床上,杜斌丞坐在床前的凳子上。

杜斌丞说:“国民党暂编第五十九师突然向陕甘宁边区的关中分区发起了进攻,遂后又派预备第三师和暂编第十五师加入进攻,占领了宽100里,长20里的地方,并继续向边区腹地进犯。”

戴铭九说:“这是国民党冒天下之大不韪,要挑起内战啊。”

杜斌丞说:“所以,我们应该揭露国民党的丑恶嘴脸。”

这时,戴铭九之子戴居仁走了进来,说:“父亲,你的病怎样了?”

“怎不向你杜伯伯问好?”

戴居仁连忙说:“杜伯伯好。”

“这是居仁啊,都长这么高了。你学习怎样?”

“还可以。”

“年轻人一定要有志气,不仅要学好知识,更要学会做人。要有理想,讲品德,做个爱国青年。”

戴居仁说:“谢谢杜伯伯。”

这时,外面变得热闹起来了,西安城里到处都在放鞭炮。还有人高声欢呼。

戴铭九说:

“居仁,你出去看一下,到底发生什么事了?”

一会儿,戴居仁跑进来,说:“父亲,杜伯伯,日本人投降了。”

杜斌丞和戴铭九见说,拥抱在一起。脸上都流出了激动的泪水。

戴居仁一边跳着,喊着:“噢,噢,日本鬼子投降了!日本鬼子投降了!”

戴铭九说:“杜先生,走,咱们喝酒去。”

“你身体能行吗?”

“行。”

第三十六章

这是 1945 年 8 月 15 日夜晚,西安整个大街亮如白昼,许多人家挂起了灯笼。

街上到处都是人。有许多人举着火把,有的人敲锣打鼓,还有的人把帽子抛在空中,激动万分。

杜斌丞、戴铭九和戴居仁三人相跟着,走在一起。一会儿,他们三人来到大差市同来吃餐馆,要了些酒菜。杜斌丞端起酒杯,说:"来,为抗战胜利干杯!"

戴铭九和戴居仁也端起酒杯。戴铭九说:"为日本人投降干杯!"

杜斌丞说:"居仁,你也说一句。"

戴居仁说:"为咱们将来的好日子干杯!"

三人同说:

"干!"

三人将酒一饮而尽。

十余天后,杜斌丞急匆匆地走进甘露巷赵寿山公馆,对杨明轩说:"明轩,大事不好了,毛泽东先生要去重庆谈判。"

"消息确切吗?"

"《大公报》上都登了消息。"

"那怎么办好呢?"

"蒋介石接连三次电邀毛泽东先生去重庆谈判,我想这肯定是个圈套。咱们赶紧发动几个人,联名上书中共中央,劝毛先生不要轻信蒋介石的承诺,不要去重庆谈判。”

“也只能这样了。”

几日后,杜斌丞又急匆匆地来到八办,对周子健说:“周处长,千万不能让毛先生去重庆。这是我们民盟几个人的联名信。请你转交你们中央。”

周处长接过信,说:“谢谢杜先生。您快请坐。”

杜斌丞坐下后,说:“蒋介石是从来不讲信义的。张学良和杨虎城二位将军到现在还被关押不放。毛先生深入虎穴,怕有危险。”

“杜先生,您先喝口水,听我慢慢给您解释。”

周子健给杜斌丞斟茶倒水。然后说:“这个问题一开始在我们党内,也有过激烈的争论,许多人都不同意毛主席到重庆去。后来,还是毛主席说服了大家。毛主席说,到重庆谈判是为了避免内战,争取和平。蒋介石是假戏真做,我们是将计就计。更何况我们有一百多万军队和全国的老百姓做后盾。”

杜斌丞说:“毛先生一身系天下安危,真是弥天大勇啊!”

成柏仁、关梦觉、张锋伯、王维祺几人相跟着来到西安王家巷32号公馆,王维祺一进门就说:“杜先生,我们有点想不通。”

“什么事情想不通?”

王维祺说:“毛先生他们到重庆,老蒋连一点谈判的准备都没有,这不是明摆着没有诚意吗。”

关梦觉也说:“是啊,更糟糕的是,中共一让再让,把长江以南地区都让出去了。这样下去怎么行呢?”

张锋伯说:“国民党有260多个师,却硬要把中共的军队缩编成12个师,这也太不公平了。”

成柏仁说:“更可气的是,蒋介石竟不承认解放区及一切收复区的民选政府。”

杜斌丞见大家情绪激动,劝慰道:“大家说的都有道理。这说明中国共产党是真诚地谋求和平的，是真正代表全国人民利益和愿望的。”

王维祺说：“必要的让步，我们也觉得有必要。但是，共产党的军队少了，解放区小了，将来一旦老蒋翻脸，吃亏的还是老百姓。拿什么来保卫胜利果实？”

杜斌丞说：“看来问题还是很严重的。这样吧！你们先回去，让我去和周处长交换一下意见再说。”

杜斌丞再次来到八办，说：“周处长在吗？”

周子健从里屋出来，说：“是杜先生啊，今天找我有什么事？请坐。”

杜斌丞坐下后，说：“有许多民盟盟员都有些想不通。”

“对什么想不通？”

“在重庆谈判中，作必要的让步是应该的。但是，同志们觉得，让步太大，会引起不良后果。人民的军队少了，解放区小了，国共一旦分裂，将来拿什么保卫胜利果实？”

“杜先生，您知道我党初创时期有多少人？”

“听说贵党召开一大时，只有12个代表。”

“是啊，12个人代表了几十名党员。在外人的眼里，人数是何等的少，力量是何等的小啊！但是，毛主席说过，星星之火，可以燎原。只要我们代表的是最大多数人民的利益，能够全心全意为人民服务，我们就可以战胜一切困难，打败一切敌人。”

“我懂了。贵党是要得到民心，得民心者得天下啊！”

夜里，杜斌丞说：“良明，收拾一下，咱们明天到平凉去一趟。”

杜良明说：“好。”

甘肃平凉任谦公馆。

杜斌丞说：“这回我是真正了解了共产党的伟大。”

任谦说:“愿闻其详。”

“这次重庆谈判,毛泽东先生是明知山有虎,偏向虎山行。他一身系天下安危,心里装的是全国的老百姓。为了最大多数人民的利益,让不能再让,忍不能再忍。这样的领袖,我们能不真心拥护吗?”

任谦说:“是啊。看来,和平真的要来了。”

杜斌丞接着说:“能争得和平当然好。但我认为内战的危险依然存在。我们必须提早做好准备,积极联络各方人士,特别是国民党军队中的爱国人士,积极开展工作。一旦内战打起来,我们民盟的同志就要以坚决的态度,跟共产党走。”

“没问题。”

杜斌丞从甘肃回到家,积极联络各方,积蓄力量。一天,杜斌丞从外边回来,杜良明说:“老爷,这是省主席祝绍周派人送来的电报。”

杜斌丞接过电报,看了起来。然后说:

“是老蒋邀我到重庆去和他谈谈。”

“这老蒋到底安的什么心?我看这是黄鼠狼给鸡拜年,没安好心。您不能去。”

“管他什么心,我不怕他。”

在去重庆之前,杜斌丞觉得有必要再和杨明轩沟通一下。这一天,他又来到甘露巷赵寿山公馆,见了杨明轩,说:“明轩,现在国内情况复杂,我们民盟一定要做好两手准备。”

“杜兄,您说,咱们应该怎么做?”

“一方面咱们期望和平,另一方面,在和平无望的情况下,我们必须有所准备。”

“您是说在军事方面……”

“对,我们一定要做好这方面的准备。现在,高桂滋、赵寿山、高建白、任谦等人已经加入了民盟,我们还要物色更多的这方面的人。”

“好，我记住了。”

“噢，对了，蒋介石来电邀请我去重庆，说要和我谈谈。”

“谈什么？和他老蒋有什么好谈的。”

“人常说，不入虎穴，焉得虎子。谈了之后，就知道了。”

重庆是一座山城。只见整个城市由浓雾笼罩着，嘉陵江的波涛拍打着江岸。等到雾气消散了一些，薄雾中露出林园的街牌。

杜斌丞来到蒋介石住所，在一副官引导下，来到客厅，刚坐了一会，蒋介石走了进来，说：“杜先生来了。”

杜斌丞欲坐起，蒋介石用手示意，说：“坐，坐下谈。”

蒋介石说：“杜先生，你来重庆还习惯吗？”

“还可以。”

“听说你在西安很活跃嘛。”

“委座过誉了，我只不过是为了民主。”

“杜先生不如到中央来，我委你为军事参议会参议。到时，你有什么意见，就可直接给我提出来嘛！”

“我已上了年纪，就不用委座操心了。”

“杜先生参加过什么党派没有？”

“没有。”

“那就好，那就好。”

“委座，我能提一些建议吗？”

“杜先生，我还是能听一些不同意见的嘛。”

“现在抗战胜利了，全国人民都在期望政治民主化，可胡宗南所部在西安胡作非为，民怨沸腾。我希望委座能够顺应民意，整编军队，选贤荐能。”

“好好好，你提的意见很好，你以后可以随时来找我。今天，我累了。”

“委座，告辞。”

杜斌丞走了出去。

蒋介石狠狠地说道:“娘希匹。”

杜斌丞这一次来重庆,住在胜利大厦。夜色中,灯火簇簇相连,车流如织。霓虹闪烁,楼顶上的“胜利大厦”四个大字赫然醒目。王炳南带着王昆仑来找杜斌丞。

杜斌丞说:“炳南来了,这位是?”

王炳南说:“我给您介绍一下,这位是王昆仑先生。”

“王先生,咱们是神交已久啊。坐,请坐。”

三人坐下后,王昆仑说:“杜先生,你这次来重庆是?”

“我是受老蒋的邀请来的。”

“噢,是这么回事。杜先生,你对革命胜利后政权中心应该设在哪里怎么看?”

“你说呢?”

王昆仑摇摇头。

杜斌丞说:“老蒋垮台后,我看政权的中心应该建在北平。”

王昆仑说:“我们这些人总有一天要与蒋介石闹翻的,也许三年之后,也许明天。”

杜斌丞说:“我这次见蒋错了没有?”

“没有错。”

“是啊,要和老蒋斗,就要了解老蒋。”

“这是因为西安这条革命的线,蒋介石打不断,没法子了,就把杜老您请到重庆来,又是接见,又是委任,进行拉拢啊!”

“我才不会上他的当。”

“您这种革命精神很宝贵,能坚持,一定要坚持。如果在西安待不住了,要缓和一下,可以找高桂滋,得到高的保护,暂时离开。”

“为了革命,我早已将个人安危置之度外。”

10月1日,中国民主同盟临时全国代表大会在重庆召开,有48

人参加了会议。在会上，杜斌丞积极发言，介绍了西北开展的民主运动，受到了与会同志的好评。

一天，杜斌丞走进特园，来见张澜。两人坐下后，张澜说："国共两党经过 43 天谈判，终于签订了《会谈纪要》，国民党政府接受了中共提出的和平建国的基本方针，双方协议'必须共同努力，以和平、民主、团结、统一为基础'，'长期合作，坚决避免内战，建设独立、自由和富强的新中国'。这次谈判，表明国民党方面'承认了中共的地位'，'承认了各党派的会议'。中国共产党关于和平建设新中国的政治主张被全国人民所了解，从而推动了全国的和平民主运动的发展。"

杜斌丞说："共产党真是伟大。不但为全国人民谋利益，而且为咱们这些民主党派谋利益。"

张澜说："杜先生，你这次在总盟大会上的发言，获得了大家的一致赞许。为此，总盟决定选你为总盟常委，兼政协会顾问。"

"谢谢大家的信任。"

"考虑到现在的实际情况，西北民盟就交由杨明轩负责。"

"好，我回去后，尽快做出安排。"

周子健听说杜斌丞回来了，便来到王家巷 32 号公馆。只见杜良明引周子健走进来，说："老爷，周处长来了。"

杜斌丞说："周处长，来，请坐。"

周子健坐下后，说："告诉你一个好消息。"

"什么好消息？"

"陆军新编第十一旅旅长曹又参率部起义了。"

"这确实是好消息。"

"这下三边地区就都成了解放区，陕甘宁边区的范围又扩大了。"

"曹又参终于走上了革命道路。"

"这可都是杜老您的功劳啊！"

杜斌丞说：

“这反映了人心向背。我只不过做了一些力所能及的事情。”

“最近，全面内战的危险依然很大，中共中央来电指示，要我们做好进一步的对策。”

“好，我去安排。咱们开个会研究研究。”

在七贤庄，周子健、杜斌丞、郭则沉、杨明轩、李子健、韩兆鄂、吕向晨、张锋伯、王复初齐聚一堂。

周子健说：“根据中央指示，要我向各位作以传达。最近，国民党在美国扶蒋压共反苏政策下，可能使冲突扩大为全国内战。现在，国民党在重庆召开的军事会议，就是商讨继续进攻解放区问题。至于美国，大概不会直接参战，而以武器交国民党，或在技术和经济上帮助国民党来进行内战。苏联仍抱不干涉中国内政的态度，红军将按期由东北撤退。前一时期，高树勋起义在反内战上有重大意义，杜老可利用此事在西北军人中扩大宣传，如有更多地方系军队在内战问题上表示中立，进而起来反内战，则在停止内战，争取和平事业上将有积极作用。”

杜斌丞说：“好啊。大家再谈谈。”

吕向晨说：“陕西省参议会议长王宗山的侄儿是胡宗南部的师长，当年是我送他到黄埔军校上学的，我和他已经说好了，一旦发生内战，他尽可能保持中立。”

杜斌丞问谁还有渠道。

王复初说：“国民党新编第六路军总司令郝鹏举，原是冯玉祥的旧部，我和他关系很好，看能不能让我去做郝鹏举的工作？”

周子健说：“很好，如果在做的过程中，有什么困难，尽管提出来。”

第三十七章

成柏仁、王复初、高宪斌三人走进杜斌丞的书房，说："杜先生好。"

"三位来了，快请坐。"

成柏仁坐下后，说："西北革命领袖井勿幕先生，27年前，遇害于兴平之南仁村，时值军事倥偬，草葬于原籍蒲城。凡属党人，无不饮恨吞声！认为对先生忠魂实多负负。现在官民各界及其故人旧属，自蒲城旧茔启殡，移灵西安，将于明日改葬城南清凉寺。国民政府已于19日明令追赠陆军上将。凡兹盛典殊荣，虽仅享受于身后，或且不足表扬于万一，然得此一举，亦可少慰幽魂而鼓励来兹，作后死者报国之气，以竟国民革命全功，在今日民气消沉之西北，固有甚多之启发作用在也。"

杜斌丞说："是该好好纪念一下。"

成柏仁说："现在就差挽联了，您给拟一副。"

"行。宪斌，我说，你记。"

高宪斌摊开纸，"你说。"

杜斌丞想了想，说："为争取自由，不惜头颅策后进；且漫谈民主，徒资口耳愧先生。"

成柏仁说："好。王先生，你是书法家，你给书一下。"

"行。那我就班门弄斧了。"

王复初把纸摊开，提笔写了起来。当写到"不惜头颅策后进"时，搁下笔来。高宪斌问怎么不写了？

王复初说："能不能另撰一副？"杜斌丞说："就照这写。"王复初又一次提笔写了起来。

1945 年冬天，杜斌丞又一次来到重庆，住在第五军驻渝办事处。在这里，他又见到了卢广绩、朱蕴山，通过卢广绩介绍，他新认识了卢广声和梁秋水。因谈得来，他们经常聚在一起，谈笑风生，对革命充满信心。

1946 年 1 月 10 日，政协会议在重庆召开。参加者有国民党代表 8 人，共产党代表 7 人，民盟代表 9 人，青年党代表 5 人，无党派人士 9 人，共 38 人。杜斌丞以中国民主同盟代表团政治顾问的身份参加了会议。一天，在八路军驻渝办事处，王炳南对杜斌丞说："杜先生，这次政协会议确定了 8 个人为军事考察团成员。"

"哪 8 个人？"

"有你、何基鸿、李可现、章元善、李德全、周炳琳、王葆真 8 个人。"

"我是不会去的。"

"为什么？"

"蒋介石一面假惺惺地接受调解，一面却在暗中调兵遣将，这不明摆着要掀起内战，消灭共产党嘛。知道是骗局，为什么还去干这种蠢事呢？我要回陕西，继续搞民主运动，壮大进步力量。"

1 月 31 日，马拉松式的政协会议宣布闭幕，杜斌丞准备动身回西安。章伯钧、韩兆鄂、李健先三人来到胜利大厦杜斌丞房间，一阵寒暄后，众人坐了下来。章伯钧说："杜先生，你就不要回西安了，西安是蒋介石的亲信胡宗南、祝绍周控制的地方，太危险了。"

韩兆鄂说："是啊，听说国民党反动派已密令部队抢占战略要地，准备向陕甘宁边区进攻，局势随时有恶化的可能。"

"谢谢你们的好意。你们不要再劝了，我的主意已定。你们想，政协会议虽然开了，但内战的危险依然存在。西北的民主力量如果没有人去组织，就等于是一盘散沙。西北需要人啊！更重要的是几千万西北人民要出于水火，登于衽席，没有一点牺牲精神是达不到目的的。”

李健生说：“杜先生，你就和我们一道到上海去，到那里也可以组织民主运动嘛。如果胡宗南他们一旦恼羞成怒，必然会拿您开刀的。我们何必人为刀俎，我为鱼肉呢。”

“你们在这里与反动势力斗争，我去面临前线。虽说你们为其易，我为其难，但这是斗争的分工。没有什么的。我早已把生死置之度外了。”

天气阴冷，夜幕低垂。风卷雪花，在地上打着旋儿。周恩来找到杜斌丞，诚恳地说：“杜先生，你在反动派面前的目标太大了，难免有遭受不测的危险。你还是不要回西安，先到其他地方住上一段时间。更何况你是革命的教育家，如果从事革命的教育事业，在培养人才方面不是也能做出伟大贡献吗。”

杜斌丞说：“谢谢中共朋友们的关心，但是国家到了这个关头，我怎么能坐到后方不动呢？西安是延安的大门，我不去进行抵抗，就太便宜敌人了。这几天，我想了很久，我熟悉那里，我应该回去。我惟望人民共同起来进行自救，早一日获得解放和自由。”

周恩来站起来，握着杜斌丞的手说：“杜先生，你要保重啊。”

在中共驻渝办事处的一个房间里，王炳南问周恩来：“周副主席，你和杜斌丞先生谈过了没有？”

“谈过了。杜先生坚持要回西安去。”

“唉，杜先生也太固执了。”

“你和杜先生再谈一次，最好让他别回西安。”

“要是留不住呢？”

“要是留不住，你就给他交代这么几点。”

“哪几点？”

“一、杜先生在西北威望卓著，应该利用这个有利条件，发动知识分子和各界人士参加民主运动。二、杜先生在西北军中有影响，为众望所归,应在国民党军队中发挥争取进步力量的作用的。三、我们的首要任务是动员人民起来制止内战,这就是舆论的力量。要把《秦风日报工商日报联合版》办成西北舆论的堡垒。四、要发动西北方面的'反内战、反饥饿、反迫害'等爱国民主运动,这对动摇国民党的反动统治有着致命的打击作用。"

"好,我记下了。"

杜斌丞回到西安后,积极筹划盟务工作。一天,他对堂弟杜理丞说:"理丞,民盟总部和张澜主席叫我负责将西北民盟的组织正式健全起来,你去通知杨明轩、王菊人、韩望尘、成柏仁、杨子廉、张性初、惠兆民,请他们前来咱家商议。"

"好。"

晚上,杨明轩、王菊人、韩望尘、成柏仁、杨子廉、张性初、惠兆民、郑伯奇、武伯纶、王维祺等人,三三两两来到王家巷32号公馆。

杜斌丞宣布开会后,说:"鉴于目前形势,我本人已担任总盟常委,兼政协顾问等职,西北民盟需要做一些调整,最近一段时间,由杨明轩负总责并兼组织,杨子廉任秘书长,王菊人为秘书兼军事,成柏仁负责宣传,郑伯奇负责文化,韩兆鄂负责交际。新设一个青年部,由李敷仁总负责,武伯纶负责组织,王维祺负责宣传。大家有没有意见?"

众人道:"没有。"

"那好,下面咱们讨论一下,看西北民盟是公开好,还是不公开好?"

惠兆民说:"公开民盟组织,可能风险太大了。"

杜斌丞说:"我们要估计公开与不公开哪样效果大?不要计较风险与不风险,干革命还怕风险么!我认为公开后,西北各地凡是反蒋爱国的人,就是我们不认识的,也会来找我们,团结在我们的周围,力量就更扩大了。不公开,人们各自行动,力量分散,社会上的影响也就小。我们算算,哪种效果好?"

张性初说："咱们是不是谨慎一点，我看先由杜先生以个人名义发表一个谈话，试一试反应，然后再决定公开组织的时间。"

杨明轩说："我看这样稳妥些。"

一天，杜良明引一记者从门里走进来，说："老爷，这位记者要采访您。"

"好啊，记者同志，请坐。"

"杜先生，您好，我是《秦风日报工商日报联合版》的记者，听说您这次应蒋主席之邀，前往重庆。适值政协会议开会，您又被聘为民主同盟代表团政治顾问，后又被推选军事考察团成员，我想采访您一下。"

"好啊。"

"杜先生对政治协商会议结果如何观察？"

"政治协商会议结果共有五大方案，其内容一如报载。就本人观察，认为这一结果相当圆满，实为中国历史发展的新阶段之开始。就是说，政治协商会议已经结束了十余年来的国内纠纷，并替国家开拓了一个全新的远景，即和平、团结、民主、建国的康庄大道。"

"杜先生，中国国内纷争已非一旦，过去亦有多次寻求解决，而'政治解决'终成空话，何以这一次竟能用'协商'方式，使问题得到解决？"

"政治协商会议有很多优良的客观条件，都为以往所未有。就国际环境说，美国对华政策之确定，马歇尔元帅之使华，尤其是莫斯科三外长会议对中国问题之一致协议，实足以促进我国为谋国际需要而打开国内僵局；再就国内关系说，国共两党现均具有解决事端之诚意，而人民望治的情绪昂扬，民主党派促成和平团结的努力，都使政治协商会议非达成任务不可。"

"照已得协议之五大方案看，杜先生是否认为改组政府就是'政治民主化'，整编军队就是'军队国家化'，而国大问题与宪草问题所得协议也已足为实施宪政的预备工作？"

“改组政府之意义是结束一党训政，开始政党与社会贤达之合作。过渡时期的联合政府实为趋于政治民主化的起点。缩编及整编军队，先使军党分立，军民分治，实为军队国家化的必由途径。至于国大及宪草问题的协议，其中因有多少实际困难，迁就之处不少，难免有不能尽满人意的地方；但就本人看，今日的世界和中国，民主潮流正在澎湃汹涌，沛然莫之能御，只要大家一致促进民主宪政之实现，谁也阻止不住。”

“过去我们也有过不少很好的决议案，可是都不实行，这次政治协商会的决议是否都能不折不扣见诸实？不像过去徒为白纸黑字？”记者接着问道。

“当然最重要的还是这些协议的真正实行，这关键固然在各党派的诚意和努力，而人民促进的力量更为重要。政协闭幕后，我遇见中国代表周恩来先生，他于会后，曾和蒋主席作过长时间的谈话，又和马歇尔特使长谈过，据说都是谈的切实逐步执行的步骤问题。周氏表示，蒋主席很有决心与诚意，一定可以使协议各个得到实行，所以大家都乐观。”

……

“政协闭幕后，各方观感如何？”

“大体上说，各方都表示相当满意。譬如，就共产党方面言，共同纲领距离他们理想尚远，就民主同盟言，国大旧代表的承认及只改组中央政府而未及地方，都不能符合他们的民主要求，但是大家都还能本着互让精神，拥护这些协议。至于国民党方面，也有人不满会议结果，那却不是嫌其不足，而是嫌其太过。”

“杜先生与民主同盟的关系如何？”

“本人对民主运动向具热忱，三十年在渝，民主同盟当时叫做‘民主政团同盟’，有朋友邀我参加，我因自己并不代表任何政团，所以拒绝了参加，但因爱好民主，极愿推进民主运动，而这一方面的朋友也很多。这次应蒋主席之邀赴渝，与蒋主席也谈到这一点。去年十月民主同盟代表大会中，已将我选为中央常务委员。个人既拥护民主政治，志愿民主运动日趋展开，使中国迅速实现民主的新国家。”

……

1946年春，国民政府由重庆迁回南京。王彦亭也准备乘船到南京。这一天，王彦亭来到中共驻渝办事处，向王炳南辞行。

王彦亭说：“王先生，国民党政府已经还都南京，我也准备明天乘船去南京。特来向你告个别。”

王炳南说：“你来得正好，你就不要乘船了，赶快绕道西安，然后再去南京。”

“有什么紧急事吗？”

“杜先生有危险。你到西安后，赶快告诉杜老，马歇尔来华调解完全是个骗局。现在蒋介石调兵遣将的部署已经完成，全面内战即将爆发，杜老在西安处境非常危险，要他赶快离开西安，或去延安，或去上海都行。”

“好，我马上去。”

王彦亭到西安后，马上赶到杜斌丞家。

杜斌丞说：“彦亭，你怎么来了？快请坐。”

王彦亭坐下后，说：“我本来是要随中央政府到南京的。是王炳南先生让我绕道西安，要我告诉您，内战马上就要爆发，您不能再呆在西安了。”

“你去告诉炳南老弟，就说我知道了，谢谢他的好意。”

4月30日，蒋介石来到西安，住进了西京招待所。祝绍周前来汇报说：“委座，西安民盟及共产党组织活动十分频繁。”

蒋介石说：“你们不能以中央在渝之态度对共产党及民盟，因为重庆环境关系国际所闻，各地则尽可自己办理。”

“属下明白。”

5 月 1 日，一辆大卧车在公路边停了下来。严益敬走出汽车，仔细观察了一下地形和周围的环境，说："就在这里执行。"

特务乌斌、李华架着李敷仁下了汽车，在两侧抓住李敷仁的双臂推着他向壕沟走去，特务蔡剑锋手里提着枪，紧随身后，走了一段路后，进入壕沟，两侧的特务松了手。只听"叭！叭！"两声枪响，李敷仁凛然倒下。

乌斌说："不知打死了没有？"

"我这枪法你还怀疑？肯定死了。"

重庆民盟总部。

主席台上坐着梁漱溟、沈钧儒、张君劢、章伯钧、罗隆基、张申府、黄炎培等人，挂着横额"新闻发布会"。

台下坐着各报记者。

梁漱溟说："记者朋友们：查西安《秦风日报工商日报联合版》发行人为本盟常委杜斌丞氏，该报平日宣传民主，持论公正，为西北人士所爱戴。不意始则于 3 月 1 日被大批暴徒所捣毁，继则该报记者杨宾青于 19 日夜返家途中，被暴徒殴伤。该报社于 27 日又被暴徒三度纵火，次晨并发现慢性燃烧弹四枚。旋则报差被打，订户被迫停阅，甚则 5 月 1 日大批暴徒遍布该报周围，横施无理搜查，禁止携报出入。该报抗争二日，卒至被迫停刊。尤其甚者，律师王任为保护该报，接受常年法律顾问之聘，突于 4 月 9 日被捕，诬以'烟贩'被保安司令部枪决。本盟盟员李敷仁为西北通俗文学家，去秋受任陕西省立民教馆主编《民众导报》，对社会教育贡献极大，青年农民尊为导师。5 月 1 日突来暴徒将其从民教馆架上汽车，骗至咸阳以绳勒颈，并击中数枪而死。且闻陕西当局，将本盟盟员一率列入暗杀名单中。似此等现象勉为言之，令人痛心。蒋主席昭示四项诺言，言犹在耳，而本盟盟员之言论、身体、生命之自由，竟被完全剥夺，实不能不认为遗憾。本同盟对此暴行实不能忍受，特提出严重抗议，并提出下列意见，请予速办：一、立即彻查此案之主使人及执行人，并分别依法予以严办。二、除负责李敷仁、王任之殡葬资外，并应从优依法抚恤，使其家属生活及教育费用，得有着落。三、应准《秦风工商日报》继续复刊，妥加保护，并保证今后不再发生类似事件。”

王彦亭得知特务暗杀了李敷仁，便来到张光庭家了解情况。

王彦亭说：“听说李敷仁先生被特务暗杀了。”

“是啊。我也是刚听说。特务把李先生绑架到咸阳塬上枪毙了。现在杜先生也被特务监视起来了。他家对门有个小茶馆，经常有两个特务监视出入行人和杜先生的行动。”

“我想去看看杜先生。”

“如果没有必要，就不要去冒险。如果有必要，那就不要怕，干革命就不能怕冒险。”

“怎么能没有必要呢？我这次来西安就是帮助杜先生脱险的。”

“你要去也可以。有时特务不在茶馆，可以利用这个机会进杜家的门，出来时，可叫杜家先派人在外面看看，等特务不在时，你可出门向西走，再进莲湖公园。那里人多，万一特务跟踪，也好脱身。”

“好，我走了。”

说着，王彦亭走出门去。

几日后，王彦亭避开特务来到杜家。杜斌丞正在吃早点。见王彦亭走进来，说：“外面有特务，你怎么敢进来呀。”

王彦亭说：“听说李敷仁先生被特务杀害了，我不放心您，特来看看。”

“坐，坐下说。”

王彦亭坐下后，杜斌丞说：“李敷仁先生没有被打死，已被中共地下党连夜救往陕北去了。外边人现在都不知道，你可千万不要传出去。”

“您放心，我不会传出去。”

“反动派还要逮捕杨老、王维祺等人，杨已隐藏起来了，王马上要去陕北。”

“杜先生，特务已监视了您，您能不能离开？”

“我可以离开。高桂滋可以保护我出西安，通过他的防区，可以到延安。”

“既然能走开，您就赶快走吧！”

“我不走。杨老已不能出来活动，陕西民盟工作无人负责，我要对工作负责，我要坚持下去。”

“蒋介石这个人毫无信义，对你们参加西安事变的人恨之入骨。张学良、杨虎城至今被关押不放，即是证明。陕西省主席祝绍周又是个杀人不眨眼的魔王，现在敌人已开了刀。王炳南同志的估计是对的，你在西安确很危险。现在既然能走开，希望您赶快走吧！”

杜斌丞见说，背着双手，在房子里来回踱着步。突然坐下说：“我不能走，我走了西北民盟无人负责。即使有再大的危险，我也不能走，要对革命负责，革命就免不了有牺牲。你赶快去南京告诉炳南同志，要民盟中央向蒋政权提出抗议。”

第三十八章

秦琳走到王家巷32号公馆门口,见有特务在大门口守着,便问:“西北大学的高教授住在哪个院子?”

特务说:“在前院。”

秦琳走了进去。

原来,32号公馆是一个坐北朝南,有着三排房屋的旧式庭院。前院由高宪斌居住,后院由杜斌丞居住,中间一排有个过厅,连着前后两院。当时,杜斌丞坐在大书桌旁,面向东,背靠椅,侧着身子,借着窗外射进的光线,正在看书。这时,秦琳走进来,杜斌丞抬头见是秦琳,招呼道:“你胆量真不小。怎敢进来?”

秦琳笑着说:“您都不怕,我怕什么。”

杜斌丞说:“坐吧。”

秦琳坐下后,杜斌丞问:“外面的情况怎么样?”

秦琳说:“第十八集团军驻陕办事处已经撤回延安。杨明轩也已到了延安。菊人同志也已将秘密电台转移到乡间,电务人员也安全进了边区。明轩同志在延安发来指示,让菊人主持武,伯纶主持文。文武配合,盟共配合,派得力青年学生入国民党部队,以‘陕西人民自卫军’的名义作号召,组织武装力量。不知您有什么意见?”

“很好,我同意。”

“先生,同志们都想让您早点撤离。”

“我的岗位在西安,我不能回避斗争。假若离开,我在西北就没有什么作用了。敌人会讥笑我。不明真相的人会说我胆小,被吓跑了。一些在西北坚持民主运动的人斗志也会受到影响。我已经快六十岁了，还怕杀头！即使他们下毒手，我也无所畏惧。”

这时，杜良明走进来，端着一盘土豆，提着一小罐米饭，放在杜斌丞面前，说：“老爷，该吃饭了。”

杜斌丞对秦琳说：“要不，你就在这里吃午饭？”

秦琳说：“不了，我回去再吃。”

杜良明转身走了出去。

秦琳关心地说：“先生，您可得改善伙食，注意营养啊！”

杜斌丞一边吃，一边说：“这饭很香嘛。”

秦琳站起环顾室内，注意到杜斌丞身上短袖圆领汗衫已经破损，说：“哎呀，先生，你的汗衫已经破得不能穿了。”

杜斌丞说：“那就拜托你给我在上海托人代买两件大尺码的汗衫。”

在兰州，吴剑夫来到吴鸿宾家里说：“吴书记，你找我？”

吴鸿宾招呼道：“来，剑夫，坐下谈。”

吴剑夫坐下后，吴鸿宾说：“剑夫同志，现在需要派一位可靠的同志去西安，把我这里的工作向杜斌丞先生做一汇报，并请示今后的工作。经过考虑，决定派你去，你的意见如何？”

“行。我去一趟。”

“杜先生留两撇向上翘的胡子，穿一身棉袍，个子高大。住在西安王家巷32号，注意，他家周围现在经常有特务盯梢。你行事一定要考虑周全。”吴鸿宾叮嘱道。

吴剑夫说我记下了。

吴鸿宾说：“你稍等，我再给杜先生写一封信。”

“好。”

吴鸿宾提笔写了起来。

西安西京招待所。

蒋介石、宋美龄、赵寿山、高桂滋四人坐在一起，正在谈话。

蒋介石对高桂滋说:“据说你的西安办事处处长李少棠是民盟盟员?”

高桂滋站起说:“报告委员长,他过去是我的老旅长。”然后拍了一下胸膛肯定地说:“我保证他不是盟员。”又接着说了一句:“不过他常和杜斌丞下下棋。”

蒋介石就把桌子一拍,大骂道:“杜斌丞,无耻!他欺骗我。我先一天问他是不是民盟,他说不是,第二天就把民盟的牌子挂出来了!”接着又厉声对高桂滋说:“这种无耻之徒,不要同他来往,他会给你制造环境!”

赵寿山明显看到,蒋介石在说话时怒气冲冲,周身打颤。

西安大街上,阴霾蔽空,朔风怒号,路上行人寥寥无几。吴剑夫头戴礼帽,走在大街上。一会儿来到王家巷 32 号门口,上前轻轻叩了几下门环。不一会儿,门被打开,杜良明走出来,说:“先生,你找谁?”

“我找杜斌丞先生。”

“你从哪里来的?”

“我是甘肃吴鸿宾派来的,我叫吴剑夫。”

“请进。”

吴剑夫跨进门槛,门被迅速地关上了。

杜斌丞正站在屋廊下,杜良明引吴剑夫走过来,说:“吴先生,这是我家老爷。”

吴剑夫脱下礼帽,鞠了一躬,说:“杜先生,我叫吴剑夫,是吴鸿宾同志派我来看望您的。”

杜斌丞说:“到里屋谈吧!”说着,转身引吴剑夫走了进去。

杜斌丞引吴剑夫走进书房,说:“吴先生,请坐。”

吴剑夫坐在书桌对面的椅子上。房子中间生着一盆炭火,煨着一把水壶,嘶嘶地冒着热气。杜良明过来给吴剑夫斟了一杯热茶后,走了出去。

吴剑夫说:“杜先生,我在兰州志果中学任教,具体负责甘肃民盟民青的工作。我来这里时,吴鸿宾同志给您写了一封信。”说着,吴剑夫掏出信来,给杜斌丞递过去。

杜斌丞接过信,看了起来:“斌丞兄:恭贺年喜,并祝府上百吉。吴君祥泰顷有西安之行,拟趋府聆教。他志行忠贞,可与一谈。此间银根奇紧,生意清淡。弟况粗好,请勿远注。弟樾。”

杜斌丞看完信后,划了一根火柴,把信烧了。

吴剑夫说:“杜先生,鸿宾同志让我向您作四个方面的汇报。一是甘肃民盟的情况。二是甘肃事变失败后人员分散、武器保存的情况。三是甘肃最近的政局。四是甘肃几位重要同志的情况和处境。”

“好,你就重点说说甘肃民变的情况。”

“由于陇南大旱,饥荒遍野,生灵涂炭,国民党政府不但不开仓赈济,反巧立名目,横征暴敛,民生不堪疾苦。结果,甘南地区的饥民在藏族农民领袖肋巴佛,汉族农民领袖王仲甲,回族农民领袖马福善、马继祖父子的领导下,秘密起事,誓师起义,成立了‘西北各民族抗日救国联军’、‘西北农民义勇救国集团军’等自发组织,互相联络配合,提出‘甘人治甘、反对征兵征粮’等口号,得到汉、回、藏群众的拥护,影响逐步扩大,武装力量达 5 万余人,活动区域达 20 余县。民盟的同志与农民起义军互相配合,声势越搞越大,甚至切断了西兰公路,兰州惊骇,重庆震动。第八战区司令长官朱绍良和甘肃省主席谷正伦都向蒋介石告急,老蒋知道不镇压不行了,所以下令胡宗南调动大军,用武力进行镇压,并让朱绍良进行‘宣抚’。在范汉杰、盛文的指挥下,国民党军队与‘民变’力量在西和与礼县之间相遇,双方打了一场十分惨烈的恶仗,‘民变’终因寡不敌众,遭到失败。义军领袖肋巴佛等人,带领部分义军转移到洮河以西的深山密林中,与胡宗南的部队继续周旋。国民党方面宣传,毙匪首马福善、肋巴佛以下 1 万 4 千余人,俘降匪首张英杰、刘羽、张英魁、常喇嘛、唐伦等以下官兵 1 万 8 千余人,解散胁从 2 万余人,得骡马 3 千余匹,军事委员会奖盛师20万元。其实,‘甘肃民变’的重要领袖肋巴佛并没有被俘,也没有牺牲。有人在最近还看见过肋巴佛。义军失败后,国民党政府挥起血淋淋的屠刀,扑向各族起义群众,到处通缉肋巴佛等义军领导人。数千群众惨遭杀害,千里甘南乌云密布,一片白色恐怖。在这种恶劣环境下,吴鸿宾、任谦等民盟领导同志不得不转入地下工作。吴鸿宾同志说,‘甘南民变’虽然失败了,但胡宗南镇压‘甘肃民变’的行动,却意外地打乱了闪击延安的计划。”

杜斌丞细细地听着,没有插一句话,偶尔轻轻地把胡须向上捋卷几下。

吴剑夫说完后,杜斌丞叫道:“良明。”杜良明应声走了进来。

杜斌丞说:“良明,你叫任师傅给吴先生把午饭也准备上。”

“好。”杜良明应了一声便出去了。

杜斌丞站起走进里屋。一会儿,又走了出来,手里拿着两本油印的书。说:“吴先生,你先看看这两本书,里面重要的章节多看几遍,心里要记牢。”

吴剑夫接过书,一看,高兴地说道:“《论联合政府》、《新民主主义论》。太好了,杜先生,这是我第一次看毛主席的书。”

杜斌丞说:“你先看着,我还有事要忙。”

说着,杜斌丞走了出去。

夜里,杜斌丞躲过特务的监视,七拐八拐,走进了甘露寺赵公馆。赵寿山招呼道:“斌丞兄,快请坐。”

杜斌丞和赵寿山坐下后,黄居仁给杜斌丞沏好茶,也坐了下来。

赵寿山说:“斌丞兄,我看蒋介石已经对你恨之入骨了。”

“让老蒋恨不一定是坏事。”

“斌丞兄,长安虽好,但绝对不是你久居之地,应即迁往他地呀!”

“我从重庆回来的时间还不很久,暂且待着,再看情况吧!”

“西安僻陲西北,就不如大都大邑好隐蔽呀!你若不走的话,那目标就太显亮。我认为,毕竟站在有风处、风大处,还感觉不到有风嘛!而偏僻黑暗的地方,甚或门缝、窗孔中的小微风,一吹到人的身上,就会引起严重的病症发生呀!”

杜斌丞面带笑容,用手把胡须分左右两边摸着,说:“不要紧!不要紧!”

晚上,吴剑夫走进大麦市平民客店,店小二见了说:“客官,回来了。”

吴剑夫说:“回来了。”

店小二打开房门。吴剑夫走了进去。

吴剑夫走进房间,脱下帽子,往床上一甩,显得特别兴奋和激动,自言自语道:“我终于见到杜先生了。”

第二天,吴剑夫又一次来到王家巷32号公馆,见大门虚掩着,便轻轻推门进去,刚要转身,便见杜良明走了过来。杜良明向吴剑夫微笑着点点头,随即关上大门。

杜良明引吴剑夫走进来,杜斌丞站起,向吴剑夫颔首示意。吴剑夫会意,坐了下来。杜良明给杜斌丞和吴剑夫沏上茶,转身走了出去。

杜斌丞问吴剑夫:“昨天看的书,要点是否记住了?”

“记住了。”

“记住就好。你回去后,把书上的要紧话向同志们讲讲,这是建设新中国的指导方针。”

“我会的。杜先生还有什么指示?”

“蒋介石正忙着召开他们的国民代表大会,通过他们的《中华民国宪法》,叫嚷着要还政于民,他这样做是冒天下之大不韪,是倒行逆施,蒋介石是靠投机、冒险和欺骗起家的,他的本性决定了他今后还要干更大的投机、冒险和欺骗。他现在干着这些事。抗日胜利后,他搞军事讹诈、政治讹诈,进攻解放区,屠杀同胞,镇压民主运动,但到处碰壁。现在,他统治中国的政治基础已经从根底上动摇。他正坐在火山口上,给自己敲着丧钟,他总崩溃的日期不远了。中国正处在黎明前短暂的黑暗阶段。”杜先生又强调说:“共产党领导的革命是真正为人民大众谋福利的革命,共产党对国家忠心耿耿、大公无私,是中国的希望。反对蒋介石的独裁要靠共产党,打败蒋介石的军队要靠共产党。反对蒋介石的反动统治要靠共产党,建设未来的新中国要靠共产党。我们民盟和共产党合作,接受共产党领导,反对蒋介石独裁专政,反对美国支持蒋介石,这是坚定不移的。民盟和共产党合作,接受共产党政治主张,这是民盟生命力的所在,也是民盟政治上选择好的一条道路,要坚定不移地走下去。在国事问题上一切以共产党的马首是瞻。蒋介石骂民盟是共产党的应声虫,我们甘心情愿当共产党的应声虫。蒋介石过去对民盟曾经施加了很大压力,既用高压政策,也用软化政策,两个政策交替使用。最毒辣的是挑拨民盟和共产党的合作、团结关系,这些我们都及时识破了,揭露了,顶住了。现在对民盟更其变本加厉地实行高压政策,把民盟视为第二号敌人,威胁、监视、逮捕、监禁、暗杀民盟的人员,想使我们屈服于他的淫威之下,这是他的妄想。蒋介石现在很有可能唆使他的特务对民盟的一些主要人员进行阴谋陷害和暗杀,闻先生、李先生遭遇的事可能再现,这些法西斯暴徒是什么事都会干出来。我们要对此保持政治警惕,不能使其阴谋得逞。张表方先生现在被特务监视着,还经常接到特务们的恐吓信,威胁他的人身安全,他受到了很大的压力。”杜先生在谈到甘肃的斗争时,说:“甘肃向来在政治上比较闭塞,甘肃的同志在艰苦的环境里开创局面,干得很好。今后环境可能要变得更加险恶,遇到的困难将来会更多更大。要注意保存力量,有的同志要分散隐蔽,许青琪、王教五等同志也最好能转移一下,改变一下处境。甘肃事变是受苦受难的广大汉、回、藏同胞揭竿而起,共同反抗蒋介石、朱绍良、胡宗南、谷正伦、马步芳,是给他们很大的打击义举。从某种意义上讲,它牵制了蒋介石的一部分兵力,减轻了蒋介石、胡宗南对陕甘宁边区的压力。失败的原因是多方面的,有内在的也有外在的。对内在的原因要给以回顾,等到条件成熟时还要奋戈再起。要和回、汉、蒙、藏同胞中有代表性的人物广交朋友。只要是反蒋的、反朱的、反胡的、反马的，我们都要设法联络，建立感情，壮大反蒋力量。青年学生的爱国民主运动现在已经在全国范围内蓬勃开展起来了，这是反蒋介石的一支生力军，我们要响应、声援，配合青年学生的民主爱国运动。揭露蒋介石的内战阴谋，扰乱他的反革命部署，叫他们疲于奔命，叫他们经常患头痛病，患牙痛病。”

吴剑夫说：“先生说得真好，我回去后，一定会及时传达的。”

杜斌丞走进内室，拿出一个封贴严密的小纸包，还有针线，递给吴剑夫，说：“这个东西你带去亲自交给吴鸿宾同志。”

吴剑夫接过来后，将小纸包缝在自己的花裤里。

杜斌丞拍拍吴剑的肩膀，然后，两双手紧紧地握在一起。

吴剑夫欲要告辞，杜斌丞说：“等等。”“良明——”

杜良明走了进来。

“你先出去看看。”

杜良明转身走了出去。一会儿，手里拿着一把葱蒜进来说：“没啥。”

杜斌丞把吴剑夫送到院子中间，说：“你等会。”然后进到南屋里。一会儿，请出高宪斌，对吴剑夫说：“这是高先生，请他陪你出去。”

高宪斌看了一眼吴剑夫，没有说话，便和吴剑夫一道走了出去。

高宪斌和吴剑夫相跟着在街上走着。当走到北大街街口，高宪斌和吴剑夫握手告别。高宪斌叮嘱吴剑夫路上一定小心。

李公朴、闻一多被暗杀后，形势一天天在恶化，坏消息一个接着一个。这一天，杜斌丞、赵寿山、高建白来到玄风桥高桂滋公馆，几个人交谈起来。

高桂滋说：“蒋介石将我的十七军吃掉后，只给了我一个第一战区副司令长官的闲差。”

杜斌丞说：“老蒋这是在排除异己。建白弟，你呢？”

“我就更惨了。我堂堂一个副军长，被老蒋任命为第二十四军官总队总队长。我真不愿意干。”

赵寿山说：“我看你还是应该接受此职。我离职后，我的那些部下转业，还要请你帮忙呢。”

杜斌丞说：“就是，我也认为你应该干。你还可以利用此职做些掩护民盟活动的工作。你不干，连这点方便也没有了。”

杜斌丞从高公馆出来，在大街上走着。远处，周梵伯迎面走来，突然发现了杜斌丞，于是紧赶两步，走到杜斌丞面前，说：“杜先生，是你呀。”

“周先生，你怎么在这？”

“隔壁就是我家，走，到我家坐会。”

“走。”

周梵伯引杜斌丞走进家门，说：

“杜先生，请坐。”

杜斌丞坐下后，周梵伯说：“杜先生，我从孙蔚如、王宗山口中得知，你的处境不好。我的意思是你还是离开西安为好。那些混世魔王什么事情都能干得出来。”

杜斌丞说：“历来取胜之道，莫过于魁首身先士卒，镇定自若。我是民盟西北组织的负责人，如果只图个人安全，怎能实现民主救国，并为大家做出榜样呢？人生自古谁无死，留取丹心照汗青。我在乱世中度过多半生，残体留至现在也不容易。但历史无情地考验着每一个人的生命，生命应当有价值，价值就在于有益于国家、民族，有益于子孙后代。”

杜斌丞和周梵伯谈了很久，仍然言犹未尽。见时间已不早，杜斌丞起身告辞，杜斌丞握着周梵伯的手说：“我知道，你的处境也很困难，但你不要悲观。我相信天快亮了，你看，北极星就在北边。”

说完，杜斌丞转身走了。

周梵伯望着杜斌丞的背影，心里很不是滋味。

第三集团军驻西安办事处设在西安信义巷。这一天夜里,赵寿山、杜斌丞、杨晓初、晁晓愚四人相约在一起,进行交谈。

赵寿山说:“斌丞兄,你坚持不走的原因,我判断在你的思想中,是依靠三座靠山,所以才不愿意离开西安。这三座靠山是:一、杜聿明;二、在军队中的朋友;三、西北地区的民众。这都是你思想中的靠山。经我分析,这都不是有力的石山,而是无力的雪山呀!先说杜聿明吧,人家是为他的主子服务的,唯他的主子的命是从,马首是瞻,而绝对不是你家的顶门杠子和看门的狗。这座山已是雪山了吧。其次说军队中的朋友吧,固然在军队中你确实是有不少的朋友和乡亲故旧,但你就没有考虑到,人数虽多,而其中的哪一个朋友是真正地、负责地、挺出身来给你卖力呢?那能靠住事吗?又是无力的雪山一座。第三者再说西北的民众。在人家的心目中,只认枪杆子,他们才不管你民众不民众哩。假使现在你的思想中,完全依靠这些雪山,其结果,非失败不可。所以,我希望你还是早点走开为是。”

杜斌丞说:“猪烧肘(祝绍周)不过是个小鬼,能奈我老杜何?!”

晁晓愚说:“斌丞兄,寿山兄能几次劝你走,可能他对这事的认识比你清楚明了,旁观者对一些事物变化的认识,往往比当事人的认识较为清醒呀。寿山兄既然几次劝你,你是不是考虑一下,在外边走一趟,看看情况。”

杜斌丞说:“老弟,请你放心吧!不要紧的。寿山对这桩事的看法和我不同。一动不如一静啊!”

吴剑夫一早醒来,收拾好包裹,从房间走出来,说:

“店小二。”

店小二赶紧跑过来,说:

“客官,什么事?”

吴剑夫说:

“退房,结账。”

店小二说:

“好咧。”

吴剑夫一早醒来，收拾好包裹，坐上了去往兰州的客车。

吴剑夫坐上车上，自语道：“我不能就这样走了，丢下杜先生不管。”这样想着，吴剑夫突然叫道：“司机，停车。”

司机说：“干什么？”

“不坐了，我要回西安。”

客车停了下来。吴剑夫提着手提箱，走下车去。

司机丢了一句：“神经病。”

客车又一次疾驰起来。

西安天赐楼饭馆。

杜斌丞、赵寿山和他的夫人黄居仁、王干侯和晁晓愚等五六个人，坐在二楼的雅间。服务生正在上菜。

赵寿山说：“斌丞兄啊！我虽然几次劝你走，而你终是不听，也罢，我再没有办法了，将来人家要杀你的头，希望你死的‘光棍’些，不要窝囊，别给陕西人丢人，到那时，我只能回来收拾你的尸体，开追悼会，送花圈。”

“放心吧，事物都是向前发展的，我们看的不要太悲观了。”

晁晓愚说：“听说张锋伯早去了兰州，孙辅丞也去了汉口，斌丞兄可否向他俩看齐呢？”

杜斌丞举起酒杯，说：“谢谢各位对我的关照。但宇宙间的万事万物总都是彼此间有差别的，不能把‘举一反三’认为定律，也就是不能对待所有事物持一概而论的机械方式，张、孙二人和我的情况不同啊！放心吧，没有什么关系，喝酒。”

众人端起酒杯，一饮而尽。

黄昏时分，杜斌丞、赵寿山、晁晓愚、黄居仁、王干侯几人从饭馆走出来。

黄居仁对杜斌丞说：“你老对寿山的劝告，应当重视起来啊！”

杜斌丞说：“谢谢黄夫人。”

第三十九章

吴剑夫回到西安,来到甘露寺赵公馆,按起门铃来。

黄居仁听见门铃声,走了出来,问:“谁呀?”

“黄夫人,我是甘肃来的,我找赵司令。”

黄居仁说:“你来晚了,他刚坐飞机到上海去了。”

吴剑夫又来到玄凤桥高公馆。

吴剑夫说:“高军长,我是甘肃来的,叫吴剑夫。”

高桂滋问:“你找我有事吗?”

“我觉得杜斌丞先生处境很危险,想请您想想办法。”

高桂滋摇了摇头:“我现在处境也很困难,一筹莫展啊!”

静默了一会,吴剑夫站起说:“那我告辞了。”

“我送送你。”高桂滋把吴剑夫送到大门口,握着吴剑夫的说:“后会有期。”

“再见,高军长。”

“再见。”

一天,李馥清回到家里,从门里走进来,看见桌子上放着一封信,信封没有封口,李馥清从里边取出信,又把信封一倒,一颗子弹从里边倒了出来,落在桌子上。李馥清一下瘫坐在椅子上。

这时,杜斌丞走了进来。李馥清又惊又喜,说:“杜先生,您怎么来了?”

“我不放心同志们,过来打听一下情况。”

“同志们大部分都转移了。”

"我刚才怎看您脸色不太好?"

李馥清拿起桌子上的恐吓信说:"您看这个。"

杜斌丞接过恐吓信读了起来:"李馥清,早知道你是共产党员,如今你又大胆地钻进民盟来捣鬼,我们已给你准备好了新式武器,赶紧把你的后事安排好,倘若你要给我们说什么,可以写封信,交给你门上的黑衣人。"读完信,他又拿起桌上的子弹看了看。

李馥清说:"您总是叫我们办妇女刊物,现在特务叫我安排后事哩。他们很快就要收拾我了。"

杜斌丞说:"敌人把你枪杀了,我给你报仇。"

转眼到了1947年大年初一,杨晓初和李馥清早晨起来,从窗外望去,见大雪纷纷扬扬,便草草用了些早饭,换了身衣服,带上礼品,相跟着来到高桂滋公馆。高桂滋时任第一战区副司令长官,因和杜斌丞走的比较近,已不受重用。当下,杨晓初和李馥清从门里走进来,齐声说:"高先生,我们给你拜年来了。"

高桂滋和夫人叶惠贞站起说:

"新年好,新年好。"

叶惠贞对李馥清说:"让他们两个拉,咱们到我房间去。"

李馥清说:"走。"

叶惠贞和李馥清从门里出来,说说笑笑。李馥清突然看见院子里停着的小车,便说:"咱俩坐上军车拜年去。"

叶惠贞说:"怕不太好吧?"

"怕什么,正好咱们驱驱晦气。"

西安大街满是雪水和泥浆。叶惠贞和李馥清看见车窗外雪越下越大,家家户户都紧闭着大门。大街上死气沉沉的,没有一点节日的欢乐景象。

当汽车快开到北大街时,李馥清猛拍了叶惠贞一下,说:"咱们何不趁今天这个机会,给杜老也拜拜年。"

叶惠贞吃惊地说:"杜老门口有特务啊!"

“咳,今天雪下得这么大,那些狗特务窝里不会出来,何况又是大年初一。”

叶惠贞点了点头,对司机说:“从王家巷进去,到一个亲戚家看看。”

小车到了 32 号门口,叶惠贞说:

“就在这停车。”

小车停了下来。

李馥清和叶惠贞下了车,见门虚掩着,便推门直入。

杜斌丞正和戴铭九在家里围着火炉品茶。李馥清和叶惠贞走进来,说:“杜老,我俩给你拜年来了。”

杜斌丞感到突然,说:“他俩怎么没来?”

李馥清说:“我们是半路上决定来的。”

杜斌丞笑着说:“你们这是心诚不怕虎伤人啊!”

李馥清说:“大家都说你离开西安好,留在这里什么也做不成。大家都希望你把胡子剃掉,化了装,再设法送你走。你继续待下去,是不安全的。我和晓初已经决定先去上海,再设法去其他地方。”

“咱们不走,那一群狗把咱敢怎么样?”

李馥清说:“我认为,走不是懦弱,而是为了保存力量。”

“我不走,我是不怕牺牲的。”

过了一会,叶惠贞和李馥清告辞出来,杜斌丞送到大门口,招招手,说:“再见。路上小心点。”“再见。”

李馥清和叶惠贞同杜斌丞告别后坐上小车。有两个贼头贼脑的人过来看了看,甚觉诧异。

叶惠贞说:“回家。”小车向前开去。

李馥清和叶惠贞回到玄风桥。高桂滋焦急地问:“你们两个到哪里去了,这半天才回来?”

叶惠贞说:

“我们两个去拜年了。”

李馥清说:“你知道我姊妹俩还去了谁家?”

高桂滋说："猜不到。"

"我们顺路到王家巷给杜老拜了个年。杜老嫌你俩胆小，夸奖我姊妹俩胆子大。"

高桂滋说："你走时没说这，我这官不做又能怎样？去看看杜老，顶多他们把我押起来，再么把我头割了。我这么大的年纪了，还怕死嘛。"

赵寿山来到上海，急急忙忙找到张澜，说："张主席，杜斌丞在西安十分危险，我多次劝他，他都听不进去。"

张澜说："是啊，我也多次派人让他到上海来，都没把他叫来。他这人斗争精神很强，就是不会保护自己。"

"能不能以民盟总部名义，接他到上海来'开会'。"

"只能试一试了。"

西安陕西全省戒严总司令部。

祝绍周说：

"杜斌丞、王菊人等通匪有据，速即查办。"

警察局长说：

"是，总司令。"

王菊人来到王家巷32号公馆，走进杜斌丞的书房，说："杜先生，民盟总部来电了。"

"说什么事？"

"邀你到南京去。"

杜斌丞说："蒋介石在关中屯集重兵，关中人民所受扰害达于极点。为了个人安全把已进行的解放工作半途而废，对不起关中父老，也对不起共患难的同志。我不去。"

"先生，你在国民党层层监视中，想要有所作为而不能。我认为，只有离开西安为上策。"

"陕西当局决不会让我走,我在危难时决不求一身之安全,置诸同志于不顾。你为其易,我当其难,你走吧!我是决定不走的。"

"先生你一走,我把工作应有布置的,我布置好再走,还是你先走。"

"我不走。"

"你既不走,我不能舍你而去,那我也不谈走的事了。告诉你一个不好的消息。"

"什么消息?"杜斌丞问道。

"胡宗南已把延安占领了。"

又聊了一会,王菊人告辞离开。

王菊人刚走一会儿,门外传来敲门声。杜良明打开门,说:"干什么?"

一特务欲进来,被杜良明推了出去。

特务嚷道:"干什么?你不想活了?"

"你才不想活了。"

"我是奉了上面的命令,来看杜先生在不在?"

"杜先生当然在。"

特务便不再进来,迅即离开。

过了很长时间,又传来敲门声。

杜良明打开门,问:"干什么?"

特务说:"杜先生在吗?"

"当然在。"

特务又迅即离去。

杜斌丞正在看书,杜良明走进来,说:"特务每隔一两个钟头就来探查一次,已经来了20多次了。"

杜斌丞说:"早知有今日,听其自然。"

一辆卡车远远开来,停在32号门前。行动队长喊道:"快快,下车,下车。"

众特务纷纷跳下车来。上前“咚咚”地拍门。杜良明刚打开门，未及开口，七八个特务一拥而入。杜良明大喊着：“干什么，干什么？”

有两个特务用枪抵住杜良明，说：“再喊，妨碍公务，连你也一道抓起来。”其他特务直入房间。

杜斌丞还在书房看书。一群特务一拥而入，一特务用枪对准杜斌丞的头，杜斌丞愤而站起，怒斥道：“我姓杜的向不怕死，汝欲何为？”

行动队长说：“对不起，杜先生，我们要检查一下。”

“尽管检查吧，看我能犯什么法？”

特务们将杜宅所有人都赶到院子中间，留两个特务看守着。其他特务又一次回到房间，翻箱倒柜，搜查起来。

一个特务乘人不注意将一包烟土放到杜斌丞枕头低下，又将一包海洛因，放到桌子上。过了一会，一个特务大叫：“搜得毒品了。这里有一包海洛因。”又过了一会，又有一个特务喊道：“这里发现一包烟土。”

行动队长说：“在你枕边查得烟土一块大约三两，桌上搜得海洛因一包大约一两，你非卖即吸，有何话说？”

杜斌丞说：“你们在社会上打听打听去，我不卖不吸，到处可得真相。我不但不吸大烟及海洛因，并且连任何烟都不吸。即以事理来说，我若是卖或吸，也决不会摆在桌上和枕边。你们真是丧心病狂，栽赃陷害，还同你们有何话说。”

行动队长说：“事实摆在面前，你还嘴硬？签字。”

杜斌丞骂道：“你们这些特务，栽赃陷害，全非事实，我岂能具结。”

行动队长说：“你还是签了吧！我们也好向上面交差。”

“不签。”

另一特务拉开抽屉，取出杜斌丞的印章，在事先准备好的具结上盖上章。众特务用毛巾蒙住杜斌丞的眼睛，拉上杜斌丞就往外走。

众特务拉杜斌丞来到院中，杜良明上前欲救杜斌丞，被一特务打倒在地。高居恭大声喊着："放开我父亲，你们这些土匪强盗。"

杜希牧吓得哭了起来："爷爷，我要爷爷。"

众特务不顾众人哭喊，把杜斌丞强行拉出大门。出了大门，推上军用卡车。行动队长喊道："开车。"

卡车如风一般疾驰而去。

卡车开到西安看守所，众人跳下车，把杜斌丞押到审讯室门口。一特务把杜斌丞推了一把，说："进去。"

杜斌丞被押进来，坐到一把椅子上。过了一会，杜斌丞说："把蒙眼带给我放开。你们这些狗特务。"

行动队长说："杜先生，请你不要生气。我们对你是客气的，不然，早把手铐戴上了。"

这时，警察局长走了进来，坐到杜斌丞对面的一张桌子前，开始审讯。

警察局长问："姓名？"

杜斌丞说："知道了，还问什么？"

警察局长厉声道：

"正面回答。"

"杜斌丞。"

"年龄？"

"六十。"

"你同共产党有关系吗？"

"民盟今天的政策是同共产党合作，以求达到和平统一的目的。至于我个人则无关系。"

"你认得孔从周吗？"

"认得。"

"你认得王菊人吗？"

"那是我的朋友，当然认得。"

"八路军那方有人给你一封信，你见到吗？"

"没有。"

"此信交一姓方的转交你,你当然知道姓方的名字和在什么地方,你一定知道的,可以说出来。"

"不知道,我认得的朋友里,并没有个姓方的,我无从答复。"

"你哪里来的藏那么多的反动书籍?"

"国民党主张言论自由,我凡愿看的都买来看,何为反动?"

"你说你不吸大烟、白面,那么搜得之物从何而来?"

"我不卖不吸,人所共知,果是卖是吸,断无以禁品放在枕边或桌子上之理,你们这些特务栽赃诬陷,昭然若揭,你心中明白这毒品是哪里来的,这是特务从你们库里拿出来诬害我的。全非事实,我岂能承认。"

杜斌丞大义凛然,胸怀坦荡。警察局长哑口无言。过了一会,又改口说:"我叫你承认,是为你的,你既具结于前,现在何以不承认?"

杜斌丞厉声喝道:"你们这些特务栽赃,又代我妄写具结,今日在此,一对字迹,便知是谁写的,现在又强逼我承认,如此无法无天的政府。你们要杀就杀,何必多问!"

停了半晌,警察局长又说:"你有什么感想,可以写出来。"说着,然后走了出去。

一辆军用卡车疾驰而来,在 32 号公馆门口停了下来。

行动队长说:"快快,包围 32 号,不要让杜良明跑了。"众特务急忙跳下车来,去砸 32 号大门。

杜良明听见响声,忙从墙上翻了出去。

这时,特务们一拥而入。行动队长命令道:"你,你,还有你,给我守在门口,其他的人给我搜。"

特务们都进房间去了。

一会儿,特务们一个个出来,说:"没有。""没有。"

行动队长命令道:"他跑不远,给我追。"

这时,街上传来了枪声。

特务们都纷纷朝大门外跑去。

杜良明在王家巷和众特务对射着。突然,一颗子弹打在了杜良明的腿上。

行动队长说:“抓活的。”

杜良明瞄准一特务准备射击,突然发现没有子弹了。

一特务高声喊:

“他没有子弹了,上。”

众特务一拥而上,把杜良明押了起来。

第四十章

朱佩英背着半袋米，走在米脂县城街上。大街上，行人如织，熙熙攘攘。不断有人和朱佩英打着招呼。朱佩英也不断向打招呼的人点头。突然，朱佩英听见有人在议论。

“听说杜先生被胡宗南押起来了。”“哪个杜先生？”“你连这个都不知道？就是在榆林中学当了10年校长的杜斌丞嘛。”

朱佩英精神恍惚地向家里走去。朱佩英回到家里就病了。她躺在炕上，额头上盖着毛巾，一连几天，水米不进。这时，杜瑞兰一掀门帘，走了进来，说：“娘，我回来了。”

“瑞兰，你怎么回来了？”

“我听说您病得厉害，来看看您。”

这时，杜芳周、杜芳誉跑进来，扑在杜瑞兰的怀里说：“大姑，你可回来了，奶奶老在说胡话。”

杜瑞兰说：“你们怎能丢下你奶奶不管呢？真不懂事。”

杜芳周和杜芳誉哭了起来。“哭什么？你二姑呢？”

杜芳周说：“二姑给奶奶抓药去了。”

这时，杜鸿鹄提着两包子药走了进来，见杜芳周和杜芳誉正在哭鼻子，问：“周周、誉誉，谁逗你们哭的？”

杜芳誉用手指着杜瑞兰说：“是大姑。”

“大姐，你干什么？一回来就训孩子。”

杜瑞兰说：“我回来见娘跟前一个人都没有，就问了一下。”

“你知道他们干什么去了？他们是去拾柴去了。家里都快没烧的了。”

杜瑞兰弯下腰，哄着两个孩子，说：“周周、誉誉，是姑姑错了，姑姑向你们赔不是。”

杜芳周和杜芳誉止住了哭声。

这时，朱佩英挣扎着说：“兰，你父亲放出来没有？”

杜瑞兰见说，流着眼泪，跑到窑洞外边去了。

朱佩英剧烈地咳嗽起来。

杜鸿鹄爬到母亲身旁，说：“娘，你怎么了？”

朱佩英喘着气，说：“你，你们，一，一定要，把你父亲，救出来。”

杜鸿鹄哭着说：“娘，您放心，我们会的。”

朱佩英突然停止了喘气。杜鸿鹄感觉不对，用手一摸，发现母亲已经咽了气。遂大哭起来：“娘啊——”

杜瑞兰听到哭声也跑了进来。

一家人哭成了一团。

米脂山上，新起了一个坟堆，墓碑上写着“朱佩英之墓”。

杜瑞兰、霍维德夫妇俩和杜鸿鹄、常永安、常永生、杜芳周、杜芳誉分成前后两排，向坟墓三鞠躬。当下，杜瑞兰情不自禁，突然扑向墓碑，痛哭起来。

西安新城监狱。

监狱里，一房三室，窗子都封着，室内黑洞洞的伸手不见五指。前后左右都有岗哨看守，房内还守着两个特务。

这时，两个特务押着杜斌丞走进来，对看守的特务说：“这是党国要犯，一定要看严了，出了事情唯你们是问。”

随后，杜斌丞被关了进去。随着一声“咣当”闭铁门的声音，押杜斌丞的两个特务出去了，一切都归于死寂。过了一会，杜斌丞胃病发作，呻吟起来。这时，对面传来一个熟悉的声音：“是杜先生吗？”

杜斌丞听声音有些耳熟：“你是菊人？你也被押来了？”

王菊人说：“杜先生，是我，你怎么了？”

“我的胃病又犯了。”

杜斌丞躺在监狱的床上，不知是白天还是黑夜，他的胃病一阵阵发作。突然，窗子上有响动。一会儿，有人把窗子的砖头拆开几块，一丝光线照射进来。杜斌丞坐起身子，借着光线，开始写道：“菊人老弟：我今年60岁了，好像一辆破车，出了这门，就不能用了。你须好好排解，勿伤身体，为革命事业好好努力。”

写到这里，杜斌丞想了想，又接着写道：

牢中慰问同难王菊人同志

国家正多难，南冠到此城。
望门思张俭，慷慨感侯生。
我志非石转，君心比月明。
衷怀诚怛怛，自足慰我情。

这时，进来两个看守，开始换班。杜斌丞把写好的纸条藏了起来。又过了一会，过来一个看守，对杜斌丞说：“杜先生，休息得可好？”

杜斌丞骂道：“你们这些强盗，要杀就杀，何必这么折磨人。”

看守低声说：“杜先生，你不要骂，我是很同情你的。我叫王宏勋，原在杨虎城手下当过兵，到过你们陕北。你有什么事，我愿意帮忙。”

“那你能把这张纸条递给对面王先生吗？”

王宏勋接过纸条，看都没看，就递给了王菊人。

杜斌丞说：“你能再帮我一个忙吗？”

“你说。”

“你到我家看看，家里情况如何？”

“好。”说着，看守便离开了。

南京民盟总部。

一秘书进来说:“章先生,西安杜斌丞儿媳高居恭寄来了一封信。”

章伯钧接过,拆开后,读了起来。信中写道:“中国民主同盟总部秘书先生并章、罗两先生钧鉴:赐函敬悉。家父自上月 20 日下午被陷后安置何处,迄今无法得知,衣服饮食,亦无由馈送。居恭一弱女子耳,奔走经旬,毫无着落,只有日坐愁城,徒呼负负而已。辱承关注,无任感荷。敬恳鼎力施救,俾能早获自由,则阖家有生之日,即载德之年矣。情迫事急,草复不恭。敬叩钧安。杜高居恭叩复,四月八日,王家巷 32 号。”

翌日,还是在南京民盟总部。

记者:

“罗先生,民盟对最近连续发生的盟员被捕事件有何看法?”

罗隆基说:

“我们对政府无端逮捕民盟领袖及盟员,如杜斌丞、骆宾基、王菊人等提出严重抗议,并要求政府对被逮捕者立即释放。”

西安新城监狱里,王宏勋对杜斌丞说:“杜先生,你被捕后,他们又把你家搜查了一次,你的侍从杜良明也被捕了。”

杜斌丞说:“这些强盗。”

“这是高宪斌先生给你的信,还有换洗衣服。”

杜斌丞伸手接了过来。

在西安的另外一所监狱里,杜良明被绑在木柱子上。一特务挥舞着皮鞭,狠命地抽打着杜良明。杜良明骂不绝口:“你们这些土匪,强盗,不得好死。”

特务一边打,一边说:“我叫你不要交代,我叫你不要交代。”

一会儿,杜良明昏了过去。

西安王家巷 32 号前排的院子里,高宪斌正在备课。马存善身穿袭衣,腰别手枪,走进来说:“老伯,忙着呐。”说着,马存善坐在了椅子上，“老伯不要害怕，我是公安局二分局的马存善，是奉命住此调查杜斌丞案子的，与老伯无关。唉，这杜斌丞，什么不好加入，偏就加入个民盟。民盟是什么组织，是反动组织，意在推翻政府。”

高宪斌说：“我还备课呢，陪不起你，请你自便。”

马存善说：“不要这样嘛。我说杜斌丞与你有什么关系？”

高宪斌“嚯”地站起，说：“此系政治问题，国家大事，我不知道，我也不愿知道。杜先生是我的同乡，也是朋友，你在我面前批评他，太不近人情了。我在师专教书，与这些事没有什么关系，当局尽知，我有什么可怕的？不劳阁下操心。”

马存善只好悻悻地说：“好好好，我走，我走。”

马存善转身走了出去。

高宪斌气愤难平，拿起毛笔，摊开纸，写了起来。

昔无天地只空空，阴阳鼓荡生冷风。
砂飞不归郁浩气，钟秀河岳诞生公。
中天灿烂悬日月，先生清操厉冰雪。
绝笔书成碧血飞，义气直可贯金铁。
日有阴晴月有缺，碧有尽时血自灭。
先生浩气塞宇宙，弥漫磅礴无时绝。
舒卷临风我浩歌，世人悲惨何其多？
大笑大笑还大笑，刀斫东风奈我何！

西安新城监狱的院子里，一特务说：“听说，解放军已经打到潼关了。”另一特务：“我也听说了。看来这西安城是朝不保夕啊！”

杜斌丞在监室里对王菊人说：“菊人，你听见了没有？天就要亮了。”

王菊人说：“听见了。这消息太好了。太振奋人心了。”

“菊人，我想下一首诗。”

“你念。”

杜斌丞念道：

人恨秦暴虐，群望汉旌旗。

我有擎天手，与子以为期。

王菊人说："好是好，就是少几句。再凑上四句就完整了。"

这时，看守把监狱门打开，王菊人的夫人李亚廉走了进来。

看守说："王夫人，你可要抓紧时间。要让当官的发现了，我可就惨了。"

王菊人坐起，见夫人来了，问道："夫人，你怎么来了？"

李亚廉见到王菊人，强忍住眼泪，说："这些挨千刀的，怎么把你关在这样的地方？"

"我挺好，不用担心。孩子们都好吗？"

"都好，全部转移到解放区去了。"

"最近还有什么消息？"

"噢，对了。赵寿山已在邯郸发表通电，公开反对老蒋。"

"亚廉，对面是杜先生。"

李亚廉转过身来，对杜斌丞说："先生，你女儿杜瑞兰已和边区财政厅长霍维德结婚了。还有，你家已住了个特务，不可送信。"

西安新城监狱院子里，一个人用架子车拉来一车砖头，倒在监狱窗前。总队李主任对另一个士兵说："快，再和些泥，把这个窗子堵严实了。"士兵和泥，砌砖，一会儿就把杜斌丞监室的窗子封严了。室内一片漆黑，王菊人说："看来，敌人要下手了。"

杜斌丞说："人自有一死，没什么好怕的。"

勤务兵引王宏勋走进第二十四军官总队总队长高建白的办公室，说："军长，这是杜先生派来送信的。"

王宏勋说："我叫王宏勋，是监狱的看守。杜先生叫我给你送来一

封信。"说着,把信递给高建白。高建白接过信,拆开后,读了起来:

"建白弟鉴:近日此间情况恶化,事急时迫,未知前致居恭之函,已否转达,兄困数月,诸病交作,日益沉重,自思三十年来,无日不为民主而奋斗,反动诬陷,早在意中,个人死生,已置之度外。彼独裁暴力,虽能夺我革命者之生命,绝不能阻挠人类历史之奔向光明,终必为民主潮流所消灭也。惟望人民共起自救,早获解放自由,则死可瞑目矣。请转告诸生至友,共同努力,以期实现合理平等之社会国家,则公理正义,自可伸张于天地之间。居恭遭遇至苦,弟应多去照料,并通知鸿模,此时不必返陕,良明随兄受害,令人悯痛,现在究押何处?设法营救为要。呜呼!悲愤交集,言不尽意,吾弟知我最深,务须珍重,信及款袜,均已收到。兄斌十月五日。"

高建白读完信后,说:"表兄真令人敬佩啊!"然后从办公桌取出一些钱来,说:"王先生,感谢你能给杜先生传递信息。这是20万元,你拿上。"

王宏勋说:"高军长,请你了解我,我是因为敬佩杜先生,同情杜先生,纯然是为了帮助杜先生完成事业,才来送信的,并不是为了要钱。"说着,王宏勋哭了起来。

高建白见状,大为震惊,说:"对不起,我没想到你是个侠义之人。我表兄在狱中情况怎样?"

王宏勋止住哭声,说:"杜先生在狱中情况很不好。每天大小便都不让出去,天气一热,房内空气恶浊,令人发呕。杜先生的肾结石、胃病又犯了,常常吃不下东西。现有又把窗子封严了,监狱里又成了暗室。恐怕他们马上就要动手了。"

高建白说:"唉,表兄受苦了。"

西安新城监狱。

黎明,王菊人一觉醒来,听闻外面雨还在下,遂坐起,看见有人打着雨伞,走了过来,进到监狱后,将睡着的看守叫起来,又一同走出去。王菊人赶紧穿上衣服,站起,隔着门缝,望着外面发生的一切。

过了一会,看守所长杨克刚手提钥匙和特务蔡剑锋立在杜斌丞监室门口。杨克刚低声说:“杜先生,请起来。要搬到旁的地方去。”

杜斌丞一夜没有合眼。他躺着回顾了自己的一生。先是在北平高等师范蓄须明志,在榆林中学走教育救国的道路,结识了魏野畴、李子洲、王森然、杨虎城等有识之士。在自己的倡议、支持下,兴办了米脂高小、米脂三民二中、榆林女子师范、绥德省立第四师范、延安省立第四中学等学校。后来,认识到只有中国共产党才能救中国,便与中共亲密合作,代表杨虎城与中共签订秘密协议,在结识了高崇民之后,促成了中共、东北军、十七路军三位一体,最后终于爆发了西安事变。随后,为了实现民主,自己多次奔走西南,结成了秘密的民主阵线。自己现在虽然身陷囹圄,随时都有生命之虞,但自己绝不后悔。遭受国民党反动派的迫害,这是自己早已预料之事。为民主献身无上光荣。他清楚地记得,毛泽东先生一到陕北,就派人给自己送来了一封信,后来又派人送来了一封信。他虽然和毛先生没有谋过面,但在自己的心里,和毛先生是神交已久。当下,躺在地上的杜斌丞见姓杨的催促,知道自己的大限已经到了,便坐起身,说:“现在几点了?”

杨克刚说:“5 点多钟了。”

杜斌丞开始点灯,穿棉衣,穿长袍,然后又套上袍罩子,戴上礼帽。

杨克刚打开门,特务蔡剑锋上前用手巾蒙住杜斌丞的双眼。这时,又进来两个特务扶着杜斌丞从王菊人窗下走过。王菊人从窗缝往外看着发生的一切。只见院中有十几支手电筒到处照射,灯光中穿军衣和穿便衣的站得满院皆是。杜斌丞来到院中,有两个特务上来给杜斌丞上了绑绳,架上院中停着的军用卡车。

一特务头子命令道:“上车。”众特务均爬上汽车。

汽车驶出院外。

西安大街上,寒风怒号,冷雨凄凄,一辆军用卡车向西驶去。车上,七八个荷枪实弹的军警押着杜斌丞。杜斌丞眼睛虽被毛巾蒙住,但一路上骂不绝口:“历史是无情的,不能顺应历史前进的人,只有走向灭亡。你们能逮捕我,屠杀我,但总不能挽救你们自己垂死的命运。你们等着吧，总有一天，你们是要受到人民公审的……”

汽车开到玉祥门外停了下来。特务们喊着“下车，下车”，硬要把杜斌丞拉到刑场。杜斌丞抗议着，说：“我是为国家、为人民而死，我不能倒在那烟贩盗贼的刑场。”

一个特务头子说：“那就在这里吧！”

三名士兵端起枪，瞄准杜斌丞。

特务头子下令：“预备，放。”

随着罪恶的子弹，杜斌丞栽倒在地。

这时，天空下起了倾盆大雨。特务们赶紧坐上车，疾驰而去。

玉祥门外，一个行人发现城门口，贴有布告。便走过来看，后来，布告前行人越聚越多。一个人念道：“中共关中地委杜斌丞私蓄武力，贩卖烟毒，图谋不轨，并怂恿国军叛变，经审问明确，应处死刑。押赴刑场，立即执行。”

田禾夫从人群中挤出来，向刑场跑去。田禾夫跑到玉祥门外刑场，这里什么也没有，只有地上隐隐约约的血迹。田禾夫失声哭了起来。

在南门外蒋家小店，杜斌丞尸体已被装进棺材，白伯英、杜鸿厚、高宪斌、高再斌、高居恭、任师等几个人坐在房子里，默默无语。

这时，田禾夫从门里闯进来，扑到杜斌丞棺木上，痛哭起来：“杜先生，我来迟了。”

高宪斌走到跟前，说：“不要出声。”

一会儿，一个人引着一男一女两个农民进来说：“墓地找到了。这是吕家壕的吕炳福和李春新两口子，是杜先生外孙常永安和常永生的乳父、乳母。他们愿意给杜先生一块墓地。”

高建白说：“谢谢。太谢谢你们了。”

西安北郊吕家壕村田埂旁，新起了一座坟墓。墓上没有墓碑，只有纸钱乱飞。白伯英、杜鸿厚、高再斌、高居恭、田禾夫、任师等几个人向坟墓行三鞠躬。这时,戴铭九跑来,扑在杜斌丞的坟堆上,哭了声“杜先生啊——”便昏了过去。

上海虹桥医院。

记者问:“张先生,你作为中国民主同盟中央主席,对杜斌丞被杀一案有何看法?”

张澜说:“对民盟中央常委兼民盟西北总支部主任杜斌丞先生本月 7 日在西安无辜被害一事,本人极端愤慨,同时亦极感悲痛。这不只是对被难者自身损失及民盟重大损失的悲痛,我对国家法治与民主的前途更感悲痛。地方军政机关可以这样任意违法杀人,国家还有什么法治与民主的前途可言。杜先生惨案,给予民盟重大打击远在旧年李闻惨案之上。昆明惨案实行违法杀人者,表面上尚谈为暴徒分子的狙击行为,西安惨案却是陕西戒严总司令部用‘判处死刑’的公开杀人手段残害在野党派的领导负责人了……”

杜斌丞遇害 20 天后,蒋介石明令解散中国民主同盟。

且说高崇民,1941 年被戴笠骗到重庆后,一软禁就是五年。日本投降后,国民党又要逮捕高崇民。周恩来得知情况后,安排高崇民顶替张友渔,扮作韩幽桐的丈夫,乘美国新闻处的船只逃离重庆,经上海回到东北。高崇民捎信让他的夫人王桂珊携三个子女走公路,到了西安。杜斌丞安排她们住在旅馆,并负责她们的食宿。后来,在杜斌丞和杨明轩安排下,王桂珊和高崇民全家终于团聚了。一天,王桂珊在市场买菜回来,对高崇民说:“不好了,杜先生在西安被杀害了。”

高崇民见说,犹如晴天霹雳响在耳边,不由得痛哭起来。说:“老天呀,你睁大眼睛看看,中国是多么地黑暗呀。”

在米脂杨家沟,姬伯勋向周恩来汇报说:“周副主席,杜斌丞先生是我们米脂人的骄傲,我们准备给他建一个图书馆,以资纪念。林伯渠主席还给图书馆题了词。”

周恩来说:“你们要建斌丞图书馆,这很好。斌丞嘛,是一位坚贞的革命战士,是鲁迅式的共产党员,为新民主主义革命奋不顾身地工作,做出了卓越的贡献。他那激昂慷慨的维护民主的言论,临危不惧的大无畏精神,蒋介石害怕他,人民需要他。他生的伟大,死的伟大,正气磅礴,足可千秋。”

延安城门外。

一支雄壮的解放军队伍开进延安城。老百姓载歌载舞,敲锣打鼓,喜气洋洋。

陕甘宁边区各界代表1000多人,齐集会场。主席台上悬挂着横标“杜斌丞先生追悼大会”和杜斌丞遗像。

习仲勋、马明方、林伯渠、杨明轩、赵寿山、王维舟、房文礼、李敷仁、杨步浩、张书林、常黎夫、杜瑞兰等人站在最前面。

会场上,悬有毛泽东的挽幛“为人民而死,虽死犹生”,摆放着彭德怀、沈钧儒、贺龙、习仲勋、吴玉章、罗迈、杨明轩、赵寿山、马明方、刘景范、高崇民、张德生、南汉宸、孔从周、汪锋、曹力如、杨拯民、马豫章、曹又参、马健翎、霍维德等人送的花圈。彭德怀的挽词是:“秦岭巍峨,悼先烈舍身成仁,光耀西北,永垂不朽;黄河怒吼,看三军气冲云霄,直捣长安,胡贼难逃!”沈钧儒的挽词是:“为西北民主革命前驱功高华岳,与蒋胡反动势力决斗死重泰山。”贺龙的挽词是:“热血溅透长安气节凛冽光增民主,红旗招展三秦西北解放藉慰英灵。”习仲勋的挽词是:“与各界人民痛悼西北民盟领袖,率秦岭健儿消灭蒋胡专制魔王。”

在延安清凉山上的窑洞里,印刷机不停地在印刷《解放日报·追悼杜斌丞先生特刊》。《特刊》报道:1948年10月7日,在杜斌丞逝世一周年之际,陕甘宁边区各界代表1000多人在延安举行了杜斌丞先生追悼大会。毛泽东主席亲笔题词“为人民而死,虽死犹生”九个大字。

后 记

长篇传记体小说《杜斌丞》终于画上了最后一个句号，让我长出了一口气。因为这部煌煌数十万言的作品倾注了我太多的心血。我是一个民盟盟员，一个主持过民盟地方组织工作的老盟员。每当我和一些盟友谈起民盟前辈的时候，就会自然而然地想起杜斌丞，就会热泪盈眶。这不仅仅是因为杜斌丞是西北民盟组织的创始人，更重要的是，他是一个著名的教育家，就连创建了西北革命根据地的刘志丹、谢子长、高岗等等风云人物都是他的学生。他还是一个坚强的革命战士，在国民党甘肃省政府、陕西省政府担任要职期间，他是真真正正身在曹营心在汉，和共产党人的心连在一起。鲜为人知的是，正是由于他的全力推动，才使张学良和杨虎城消除了相互间的猜忌与隔阂，进行了很好的合作，最终爆发了改变中国历史走向的“西安事变”。难怪毛泽东一到陕北就会和他联系，称他为“西北领袖”。可以骄傲地说一句，杜斌丞是一个值得大书特书的人物。他是我们陕北人的骄傲。

遗憾的是，随着斗转星移，杜斌丞成了一个被人们渐渐淡忘的人物。拂去历史的浮尘，我们看到的是一个光彩照人的形象。他在榆林中学担任了长达10年的校长职务，可以说是三秦学子半门生。他在民盟有着很高的地位，是民盟中央常委，民盟西北总支部主委。那时，全国有三分之一的盟员是在他的统领之下开展工作。他是国民党公开枪毙的为数不多的民主人士。他虽然不是共产党员，但他是共产党的同路人。他视共产党人为同志，视一切反动派如粪土。他是反动派的眼中钉，肉中刺，就连枪毙他的布告上，国民党都用了最"恶毒"的字眼，说他是"共匪关中地委负责人"。蒋介石一说到杜斌丞的名字，就恨得浑身发抖。毛泽东知道他的巨大贡献，称他是"中国共产党最忠实的朋友"，并为他题词"为人民而死，虽死犹生"；周恩来知道他的巨大贡献，称他是"鲁迅式的共产党员"，赞扬他"生的伟大，死的伟大，正气磅礴，足可千秋"；彭德怀知道他的巨大贡献，为他写下了"秦岭巍峨，悼先烈舍身成仁，光耀西北，永垂不朽；黄河怒吼，看三军气冲云霄，直捣长安，胡贼难逃！"其实，杜斌丞就是杜斌丞，他有自己的追求和理想。他一生追求民主，在民主的道路上，做出了卓越的贡献。他反对独裁，一切逆历史潮流而动者，他都坚决反对，不惜付出生命的代价。他的心里装着百姓，装着民主，装着国家。

我知道，写传记体小说，最重要的是要尊重历史，还原历史，还历史以真实面目。这种真实包括两个方面，一个是事件的真实，一个是艺术的真实。而要做到真实就意味着必须付出代价，下大功夫。近几年来，我到处搜集整理和杜斌丞相关的资料，到处走访历史见证人。在这里，我要真诚感谢杜斌丞的孙子杜芳滨先生给我以至始至终的支持，感谢陕西省党史专家、《杜斌丞年谱》和《杨虎城年谱》的主要撰稿人贾自新先生对本书的充分肯定，感谢延安市政协的领导对我搜集资料时的关爱，感谢延安盟友马雨平和我进行过的多次探讨，感谢榆林盟友张驰伸出友谊之手，感谢中共延安市委统战部副部长王润才先生对我一如既往的支持，感谢米脂杜氏家族的杜修义、杜飞、杜修喜、杜世恭、杜峰、杜世让、杜彦、杜方平、杜芳华、杜善忠先生给我以热情的支持，感谢我的妻子和儿子对我出力耗时不挣钱而造成家庭经济拮据的宽容。感谢本书责任编辑盛利君女士，她虽然至今还和我未谋一面，但她为这部书的出版进行了不懈的努力。她是一个高尚的人，一个无私的人，为了宣传民盟人物，不遗余力。尤其要感谢的是全国人大副委员长、民盟中央主席张宝文先生，他在百忙之中为本书作了序。

由于水平有限，书中错误在所难免，希望广大读者不吝赐教，以便再版时更正。

是为后记。

2013年11月29日于林泉居

跋

在《民盟历史文献》丛书付梓之际，掩卷回首，民盟先贤们的音容笑貌挥之不去，不绝如缕，久久难忘。在编辑此丛书的过程中，我们每每被他们为信仰、为理想奋斗的坚定精神所感召和感动。

人不能没有理想和信仰，一个民族也不能没有自己的理想和信仰。我们的先辈们，正是怀揣民族富强、人民福祉的赤诚之心，身先士卒、鞠躬尽瘁；凭借自身高尚的人文品格和社会良知，与中国共产党团结合作，为中国社会的前途和命运探索了一条新的宪政之路；和平、民主是人类社会的两大主题，也是中国共产党人和各民主党派所共同追求的理想。

如今，面对着他们的拳拳之心和丰功伟绩，我们感叹！赞叹！怀念！更要继承！

《民盟历史文献》在整个创作和出版过程中，得到了来自社会各界人士的关注和厚爱。我们要特别感谢为此丛书孜孜不倦地考证、核实、梳理、完善的各位专家、学者，是他们的认真严谨，才使此丛书能够客观地展现历史的真貌；更要特别感谢中共中央统战部与民盟中央给予我们的鼎力支持和重视，没有他们的指导和帮助，我们不可能完成如此厚重的出版工作任务;还要感谢各省、市、地区的民盟组织,为搜集、挖掘、抢救民盟的历史文献资料做出的不懈努力和贡献;感谢每一本书的作者,是他们的辛勤笔耕和一点一滴的忠实记录,才集成了民盟历史的全貌;感谢为此丛书付出辛劳的编辑以及所有工作人员,感谢你们辛勤的劳动和无私的奉献。

谨以此丛书献给所有伟大的民主革命先驱者;献给为共和国诞生抛洒了智慧和热血的先贤们;献给那一段筚路蓝缕、以启山林的峥嵘岁月。

《民盟历史文献》编委会